中国比较文学学会文学人类学研究会
CCLA-INSTITUTE OF LITERARY ANTHROPOLOGY

文学人类学研究

【2018 年第二辑】

LITERARY ANTHROPOLOGY
STUDIES

徐新建　主编

李　菲　执行主编

谭　佳　梁　昭　副主编

社会科学文献出版社
SOCIAL SCIENCES ACADEMIC PRESS (CHINA)

特别专题：文学人类学四十年

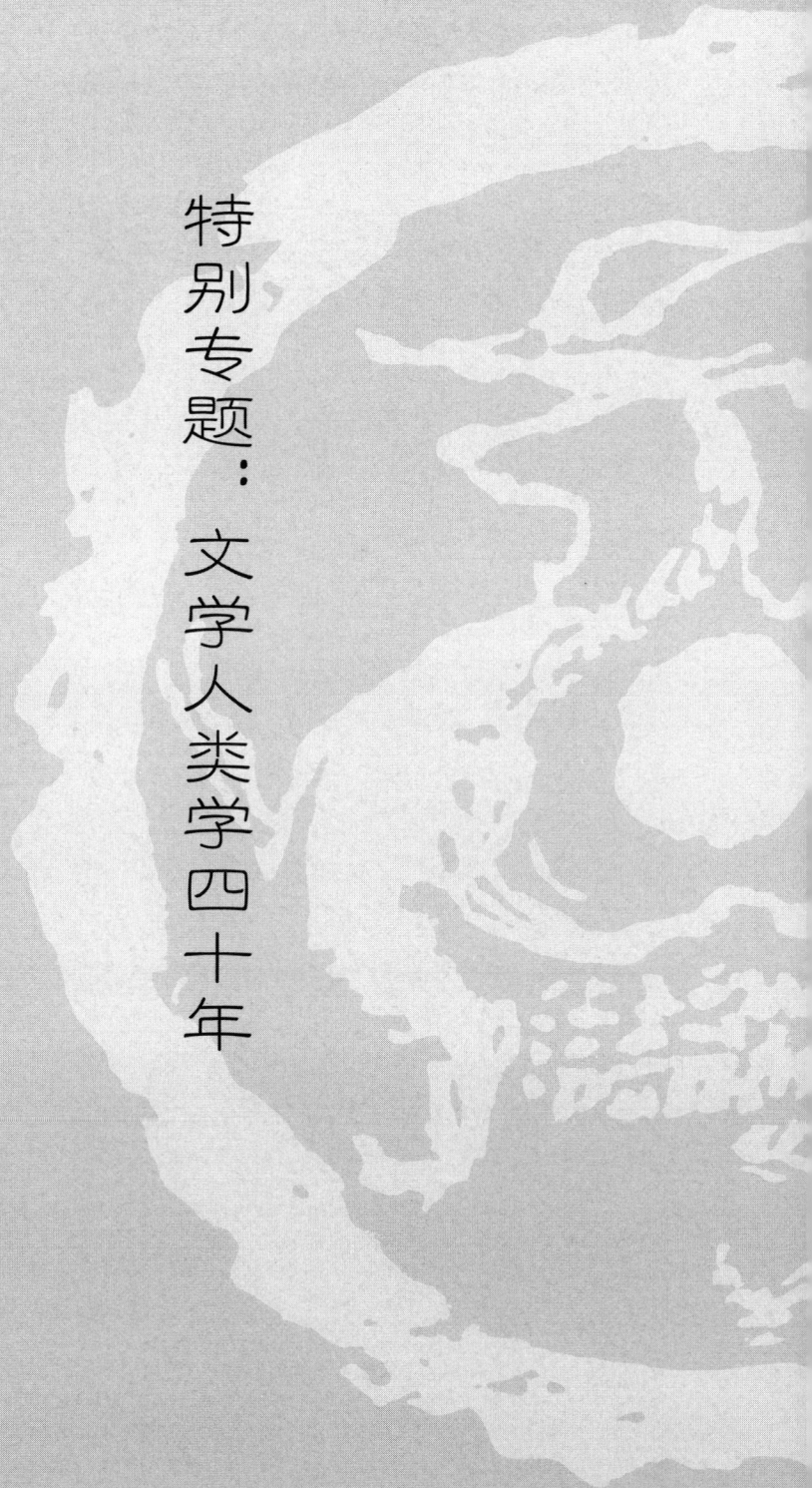

文学人类学对中国文论知识生产的启发

权雅宁*

文学人类学的发展可以划分为两个阶段。第一阶段主要是借鉴人类学理论与原型批评方法等研究文学文化文本，初步建构起文学人类学理论流派。西方"原型批评"理论、国内"寻根文学""中国文化的人类学破译"等可视为文学人类学第一阶段的关键词。而自1997年中国首届文学人类学研讨会开始，是第二阶段。如何从中国文学与文化的实际出发，对西方人类学理论、原型批评理论等加以清理与综合，自觉建构文学人类学的理论和研究范式，是第二阶段的探索重点。在此阶段，四重证据法、N级编码、文学三范式与批评史三阶段，以及重建文学人类学的本土文学观等重要理论与观点先后被提出。从学术活跃度看，近40年来明确以"文学人类学"为题、被中国知网收录的学术论文有3000多篇，有相当多的硕士、博士论文选择以文学人类学为研究方向。从学术影响力看，高建平先生据2007年的CSSCI数据统计，近年来文学人类学论文的引用率一直处于全国比较文学学科个人被引用率的前3位，文艺学学科被引用率的前7位。乐黛云教授评价文学人类学"无疑具有极其值得重视的前瞻性和创造性，可以跻身于世界学术前沿而无愧色"。

由于文学人类学对文学研究产生的巨大影响及其明显的跨学科特征，学界多将其归为比较文学。将文学人类学与中国文学理论联系起来，重视其批评方法所带来的批评实绩，文学观念所启发的文学研究成果，发现文学人类学的文学理论学科属性以及对于中国文论知识生产与创新意义的研究则比较少。以笔者所见，在方克强对文学人类学批评的专题研究之外①，

---

* 权雅宁，渭南师范学院教授，博士。研究方向为文学理论、女性文化、媒介文化等。

① 方克强：《原型题旨：〈红楼梦〉的女神崇拜》，《文艺争鸣》1990年第1期，第38~45页；《方克强的文学人类学批评（二）——原型模式：〈西游记〉的成年礼》，《文艺争鸣》1990年第3期，第26~32页；《方克强的文学人类学批评（三）——我国古典小说中原型意象》，《文艺争鸣》1990年第4期，第26~32页。

高建平的《当代中国文艺理论研究（1949—2009）》可视为此类研究的代表作。该专著共21章，全面总结了中华人民共和国成立后60年的文艺理论研究成果，第十章列专章"文学人类学及其在中国的发展"共四节进行专门研究，并做出了高度评价。笔者的专业是文艺学，难免以文艺学观照文学人类学，又以文学人类学启发文艺学。余虹认为，文学理论本无理论，文学理论的创新取决于哲学美学的逻辑演绎或文学批评实践的经验归纳①。其实，人文社会科学知识的生产路径无不如此。作为理论探索，文学人类学与文学理论一直处于知识生产的前沿阵地。不断反思自身，将学术扎根在文化的大地上，从万卷书与万里路中彼此参照，发现新观点，提出新问题，开拓新的理论视域是它们的共同之处。

文学人类学的文学观念和文学研究方法等对从20世纪90年代开始的中国传统文论的现代转换、"重绘中国文学地图"等重大问题具有极大的启发，以文学理论的五个基本问题为例，就可以看到文学人类学的重要启发与学术贡献。

文学人类学与中国文论基本范式。中国当代文学理论60多年的发展中，主要范式有三大类：政治权威范式，以马克思主义文学理论、苏联文学理论、毛泽东文艺思想为核心，注重文学与政治、意识形态的关系，多依据"现实主义""反映论"对文学作品进行外部研究和社会批评；文学本体论范式，以形式主义文论、心理学文论、语言学文论等为核心，对文学的"内部规律"进行研究；中国学派范式，着眼于中国文学实际，致力于中国传统文论的现代转换，努力使中国学者的文学理论能够具有更普泛的阐释力。文学人类学属于第三类，其着眼于中国文学实际，将人类整体经验加以提升与本土化，具有普遍的理论阐释力，是当代文论建构中最具有中国本土特色的文学理论学派。

文学人类学与中国文论新文学观建构。文学人类学提出了从"民族文学"到"比较文学"、再到"文学人类学"的"文学三范式"，这是对全球化时代文学历史和现状的深刻理解，是在时间维度对文学的历史意识。

---

① 余虹：《文学理论的学理性与寄生性》，《文学评论》2007年第4期，第201页。

文学人类学的"多民族文学史观"与杨义①提出的"中国文学地图重绘"互为呼应，勾勒了一幅新的中国文学图景，从空间维度构建出多元对话性的文学场域；研究中国文学发生谱系，发现了文学治疗与禳灾的特殊功能。重建文学人类学意义上的中国大文学观——"活态文学"——呈水到渠成之势。上述理路既与中国古代文化的文学观、文学史实相一致，又隐含着西方文化研究的学术逻辑。

文学人类学与中国文论研究方法更新。中国文学人类学的文学批评方法一是神话 - 原型批评应用；二是从"三重证据法"到"四重证据法"，既引导文学批评实践，亦是国学研究方法之更新；三是"N 级编码"的多重叙事文本观，对文学文本深层符号编码意义的挖掘，既有文学的历史自律，亦有媒介融合时代文学的符号经济功能发现。

文学人类学与中国文论知识生产的跨学科路径。中国文学人类学的知识生产有两个基本特征：一是知识范式的跨界性和跨学科性所显示的理论增值性；二是突出的问题性和实践品格。文学人类学不拘泥于现有的学科界限，着眼于现实存在的真实问题，其所显示的捕捉提炼问题、阐释文本、关注现实的特点，都是其实践品格的体现，也是其理论活力的保证。

文学人类学与中国文论知识生产的本土学术立场。本土文化自觉意识和人文价值取向是文学人类学知识生产的基本学术立场。后理论时代文学理论的知识生产非常重视文化政治，强调理论生产应承担公共领域内更多更大的社会责任。中国文学人类学积极解构西方中心主义的遮蔽，重估本土经典文本与非物质遗产的文化价值与符号经济价值，为 21 世纪"大国崛起"背景下的文化自觉、国学复兴、文化强国等国家文化战略起到了先导和示范作用。其敏锐的问题意识、文化资本意识、文化领导权意识，是中国文论乃至整个人文知识生产与增值、保持理论活力与安身立命的根本所在。

---

① 杨义：《重绘中国文学地图通释》，当代中国出版社，2007。

文学人类学的地方性知识表述

王　菊[*]

王　菊[*]

　　用南唐后主李煜的词"四十年来家国，三千里地山河"来形容中国文学人类学的发展还是比较恰切的。回首四十年中国文学人类学的一路行程，随着国家的蓬勃发展和山河日新月异的变化，中国文学人类学一直尝试着在发现地方性知识中建构自己的话语体系，书写在地化和民族性的思考版图。

一

　　20 世纪 80 年代，中国实行改革开放政策，国家开始重新融入大时代大背景之中。中国文学人类学研究也开始起步，相较于 20 世纪初一批学者不自觉的文学人类学研究——如王国维、闻一多、茅盾、鲁迅、郑振铎、陈寅恪等，新时代新学人——萧兵、叶舒宪、方克强、彭兆荣、徐新建等——一开始就以融通中西的大视野、瞻顾古今的大气魄将文学与民俗、宗教、神话、哲学、历史、考古、艺术、语言、心理、思维等综合起来，自觉地开始中国本土化文化体系寻根溯源式的大胆研究和建构。

　　借助原始思维和神话 - 原型批评理论，叶舒宪先生开始了对中国传统文化之源的探求，出版了系列专著：《英雄与太阳：中国上古史诗原型重构》（1991）、《中国神话哲学》（1992）、《〈诗经〉的文化阐释》（1994）、《〈庄子〉的文化解析》（1997）、《熊图腾——中华祖先神话探源》（2007）、《河西走廊：西部神话与华夏源流》（2008）……此外，2010 年先生主持了

---

　　*　王菊，西南民族大学教授，文学博士，民族学博士后。研究方向为彝族文学与文化、彝学史、比较文学、文学人类学。

国家社科基金重大招标项目"中国文学人类学理论与方法研究",发表了系列论文:《从玉教到儒教和道教——从大传统的信仰神话看华夏思想的原型》(2017)、《河出昆仑神话地理发微》(2016)、《白玉崇拜及其神话历史初探》(2015)……从中国传统文化文本解读到中国传统文化源头的实地调研,翻阅无数书卷、纵横几万里,结合文本、文物和古迹对中国文化展开中国特色的地方性知识探求:道、太一、混沌、黄帝、玉等。

萧兵先生出版了《〈楚辞〉研究》系列七种、《中国文化的人类学破译》系列四种、《中国小说的人类学趣读》系列四种。先生通过文献爬梳、中外勾连、跨学科比较,对《楚辞》中隐藏着和透露出的地方性文化进行了阐释和解读:高禖、社祭、人牲、求丰、祈雨、神恋、招魂等。

方克强先生的《文学人类学批评》(1992),从原始主义和神话原型批评两个维度对20世纪80年代中国极具地方性特色的寻根文学的原始主义表达以及古典名著《红楼梦》和《西游记》等中国古典文学中人生仪式的展演和原型进行结合时代的释读,力图对中国特色的文学人类学批评方法进行一种综合性建构……

彭兆荣先生主持了国家社科基金重大招标项目"中国非物质文化遗产体系探索研究",发表了系列论文:《论"大国工匠"与"工匠精神"——基于中国传统"考工记"之形制》(2017)、《城与国:中国特色的城市遗产》(2016)、《"以德配天":复论我国传统文化遗续的崇高性》(2015)、《黄土文明之"介休范例"的民族志表述》(2015)……回到了中国各种地方性知识语境来探求中国非物质文化遗产体系内在的自我规约和外在彰显……

二

中国作为多元一体的多民族国家,中国的文学人类学研究自然离不开对民族文学或文学的民族性的研究。中国文学滥觞的《诗经》当中分不清有多少是多民族文学的语言、韵律和意象,楚辞、汉乐府、唐诗、宋词、元曲、明清小说亦是如此,因此说中国文学本来就是多民族文学的结晶。在中国研究文化或文学,除了地方性的研究外,与之密切相关的就是民族性研究,同时这两者也是结合起来不分彼此的。而且,所谓的"礼失求诸野"中的"野"本来就是相对于中央、中原的地方和族群。因此，风雨兼程的四十年来，中国文学人类学一直以地方文化和文学的地方性和族群性研究为目标，凸显中国文学人类学的中国特色。

徐新建先生出版了《西南研究论》（1992）、《苗疆考察记》（1997）、《西南行走录》（2004）、《横断走廊：高原山地的生态与族群》（2008）、《民族文化与多元传承：黄土文明的人类学考察》（2016）等专著，从地方性与民族性的二维中建构起对中国西南地域和民族文化的认知和解读系统。先生主持国家社科基金重大招标项目"中国多民族文学的共同发展研究"，出版专著《多民族国家的文学与文化》（2016），从"国家、边界和族群""文本、表述和民族志""地域、世界和跨文化对话"三个层面探讨了"长江故事"、族源故事、"龙传人"与"狼图腾"、地方与世界、农耕与游牧、生态文明、身份认同、多民族文学史观等问题，对中国文学人类学的民族性研究进行了宏观的、整体的思考。

之前提及的叶舒宪先生、萧兵先生、彭兆荣先生等都将中国多民族文化传统和文学作品纳入自己的文学人类学的研究视域，在对各种神话的阐释和解读当中，在阅读山河物象之中，自然而然地融入了多个民族的民间文学文本、歌诗传统、民俗文化事象等。

此外，四川大学率先在全国范围内设立"文学人类学"硕士点和博士点，湖南科技大学、陕西师范大学、上海交通大学、西南民族大学等也先后开设"文学人类学"课程。以中国多民族文化及文学以及跨境民族文学文化为研究对象撰写的毕业论文，涉及壮族歌圩、彝族文学、嘉绒藏族锅庄舞、苗族歌诗、西南民族志、民族博物馆、甲居藏寨、广西跨境民族文学比较、多民族文学教育、多民族文学史书写等。

四十年家国变迁中，中华文化的崛起，中国文学人类学的发展早已不局限于文本一维解读，文本的、文字的、图像的、民俗的、本土的、地方的、民族的、田野的多重多维的研究范式逐渐形成，杂糅着民族性的地方性知识表述成为中国文学人类学研究的特色。

展望未来，期待能对中国山河和中国文化进行重新阐释的中国文学人类学的话语体系茁壮成长！研究成果更加丰硕！

中国文学人类学的理论创新：
文化大传统的新神话观

胡建升[*]

当国内知识界还在争论考辨"神话"概念的发生缘起与引进时间之时，中国文学人类学已经另辟蹊径，大胆立足于本土的知识境遇与历史事实，提出了"文化大传统"的新型理论与神话新学，强调了中华"神话"生成的原初媒介与原型价值，实现了 21 世纪"神话"观念的大转型。

"文化大传统"的新神话摆脱了传统文字中心主义的神话观念。传统知识界的文字中心主义的神话观念拘囿于文本文献，强调在文献中寻找神话故事，这样神话的外延与真意就在文字文本的物质性与优先性中失去了自身的活力，而且这种神话知识也可能仅仅满足世俗社会对神话的精神诉求与文化需要。"文化大传统"强调无文字时期的话语表述与文化基因，自然解构了文献文本的物质优先性，彰显了原初神话的口传话语与整体价值。只要是口传话语发出声音的地方，就是神话发生传承的地方。神话就不是一个单一狭隘封闭的文本状态，而是一个开放丰满多元的文化事件，与人类自身存在、神话想象是合为一体的。从文本中心主义解脱出来的新神话，将无形之神作为人类一切知识的源头，神话成为无形到有形的话语形式与原初知识，也将成为多学科乃至无学科研究的原初场域。神话不再是一种与生命存在无关的稀奇故事，而是打开华夏优秀传统文化神圣意义与原初编码的金钥匙。

"文化大传统"的新神话摆脱了神话主义的神话观念。"主义"是一个代表西方理性知识的话语符号，代表了一群知识人对某个学术观念的文化逻辑与价值理性。"主义"重视的是话语之物的物性逻辑与权力诉求，而

* 胡建升，任教于上海交通大学中文系，博士。研究方向为中国文学与文献。

往往忽略人自身存在的生命精神与灵性直觉。"神话主义"是神话理性的话语表述方式，传达当代知识人的神话诉求与价值逻辑。作为灵性存在的"神话"，在"神话主义"的话语表述与文化逻辑中，会逐渐变得僵化生硬，也会逐渐失去神话灵性的生命活力。"文化大传统"不是一种简单的话语知识创造，而是对人类生命存在的大发现，它重视深入探究自身神性生命的直觉体验与力量显现；"文化大传统"的文化价值是要祛除作为个体存在的私欲阴影而超越自身有形的物质遮蔽，发现神性根源的自然生命。作为神性生命话语形式的新神话，与神话主义的话语形式相比较，其最大的差异就在于，驱动神话话语的原动力是不同的，前者是神性生命力，后者是阴影自我。

"文化大传统"的新神话提倡人类心灵神性的神话观念。在工业文明时代，当人类迷失了自身心灵的神性维度，过分追求外在理性与工具理性的物质存在时，人类就以自身文化的近视方式，遮蔽了人自身生生不息的鲜活存在。与此同时，人类的五官与身体开始变得迟钝窒碍，就会逐渐失去自身器官与身体的自然生命与力量支配，人的身体器官就变成德勒兹等所称的"无器官的身体"（body-without-organs）。① "无器官的身体"就会无限制地挥霍作为有形存在的身体，空壳化的身体就成为没有力量源泉的物质形体与枯朽皮囊，身体在自身生命的缺失与迷茫中，成为虚弱垂危的病态存在，嗑药生病成为人类身体难以逃避的历史现状。"文化大传统"强调表述符号是一种生命的精神活动，关注人类自身精神潜意识的深度与广度，凸显人类身体中所蕴藏的潜意识原型力量与精神想象，将万物整体的神话原型作为人类有形身体的无形动力，强调心灵价值与神性存在可以成为拯救人类身体的新药方。此时，神话就不再是一种纯粹客观的知识理性存在，而是生命原型与身体质形的有机融合，是生命神理启蒙人类的新神话。

"文化大传统"的新神话提倡神圣象征符号的神话观念。当人重新发现了自身的真理力量，重新体验神秘力量的可能存在，重新探究到虚无深

<hr>

① 〔法〕德勒兹、〔法〕加塔利撰《资本主义与精神分裂：千高原》（第2卷），姜宇辉译，上海书店出版社，2010，第206页。

渊的厚实迷人，人就需要依赖各种话语的有形形式，来展现自身所发现的生命真理及其文化逻辑与神性价值，此时，作为人类生命力量的话语表述，就完全摆脱了话语的外部力量与利益引诱，而成为一种发自内在生命需求与真理言说的自发行为，"神话"就真正成为内在之"神"的话语形式。人类内在之"神"的话语形式作为一种隐喻的象征行为与表述方式，可以是多种多样、千姿百态的文化样式，如物质符号形态的、身体动作形态的、话语言说形态的以及文字书写形态的，等等。因此，在诠释"文化大传统"的新神话时，我们就可以全面利用这些样式不一的符号形态，综合运用四重证据（传世文献、出土文献、口传活态与物质图像）与五重叙事（文字叙事、口传叙事、仪式叙事、图像叙事与物质叙事）来展开神话的释义活动，这样才能揭示新神话的完整意义与文化语法。

可见，"文化大传统"的新神话观是一种文化的扬弃活动，既包括对旧学神话观的解构活动，也包括对本土神话观的新型建构。这样的"神话"观念，不仅是作为一种话语形式而存在，而且是作为一种神性原型而存在。神话原型成为新神话的同一价值与文化想象，就如"一元复始"，"万象"就会接踵而至，作为"万象"的话语符号形态则成为神话原型在世界之中的鲜活表征。也可以说，新神话重视揭示华夏文明本同末异的神话特质。

文化阐释诸向度

赵周宽 *

中国文学人类学从在比较文学的园地里播种发芽开花结果到发展成为引领当代人文研究范式革新的强劲引擎，经过了近四十年的筚路蓝缕。今天的文学人类学研究，正吸引着越来越多的学者加入人文创新的队伍中。文学人类学的吸引力，来自其对人文学科最大公约数"文化"的独特阐释。文化人类学对于整体自洽"异文化"的研究，指引文学人类学向文化腹地挺进，阐释学则提供了多维、弹性而辩证的方法论，历史学、考古学、思想史和当代大众文化研究诸领域也为文学人类学的方法创新形成刺激和挑战。但文学人类学不是对以上领域的无序糅合，其方法论创新意识历历可见。

一 考古还是展望

一方面，文学人类学从多重证据入手，打通了经由传世经典、出土文献、仪式展演、神话叙事和物证等"多信道"通向文化大传统的稽古路线，给人以"以古为信""以古为真"的经验还原主义印象。但另一方面，文学人类学在破译文化编码的基础上，对文化编码实施重组、再造和再编码，自觉站在编码序列历史终端，将自身熔铸成崭新的 N 级编码。"稽古溯源"（沿波探源）与"编码创新"（因枝振叶）两种不同的历史向度，在文学人类学中形成内在的争锋和辩难，开拓出双向开放的历史新视野。

* 赵周宽，西安外国语大学人文社科研究中心副教授，博士。研究方向为文学人类学、美学、比较哲学。

二 阐释还是实证

"稽古"与"开新"的历史向度之辩，揭示出深层的方法论辩难。文学人类学方法论的内在张力，可以简单概括为人文阐释法与科学实证法的对立争锋。在整个人文学科中，纯粹的阐释和绝对的实证都是不可能的。极端强调阐释的学科（比如阐释学）和极端强调实证的学科（比如考古学）都会在相反方法的渗透中做出微调，圣经考古学对圣经阐释学的支援是前一方面的代表，而考古学对于想象力敞开大门，则可视为后一方面的典型。人文学科的研究，如同在大洋中奔突于阐释和实证两岸之间的巨浪，在两极的吸引和拒斥中，在浩瀚的人文海洋中相背相牵又回流激荡，编码、符号、结构、证据等主要关切，就处于阐释与实证激荡碰撞的中心。文学人类学敢于激发两种方法论的对峙争辩，并在争辩中对人文学的研究范式提出挑战。方法论的紧张对峙，是文学人类学吸引力的秘密所在。

三 历史主义和结构主义

阐释与实证的恒久对决，是文学人类学研究方法创新的内在动力。这种富有强烈自我质疑精神的方法论体系，指向的是内蕴紧张关系的文化和文学之"实事"。对文化的发现和阐释，是文化人类学的重要贡献，文学人类学在对这一"实事"的具体表述和详细描述上做出积极推进。文化表述层面的核心问题是，我们该以静态结构的方式还是以历史性生成的范式面对人文学的最大对象。结构主义方法提供了对文化文本的"织体结构"予以梳理刻画的思路，证据间性如同文本中的"纤维"和"组织"。历史性的表述和阐释，则突出了文本织体的生长性，文字（文献）小传统对口传大传统有缺漏的记录、后起编码对先在编码的变异、偏移、置换、变形等，是文化文本生成过程中的历史传承机制。历史主义与结构主义的对峙性互益关系，立体而动态地展现了文化的活的机体。

四 文化织体中的三要素：言、物和人

人是文化的动物，以上关于文化的多重紧张关系，都可通过人在文化织体中的重要作用予以揭示。文化既有精神性的表征，也有物质性的表现。前者需要语言、仪式、符号等表现工具，后者则包括从文物、遗迹到人类至今仍在使用的器物等的"物的叙事"。笼统区分言与物，以文学人类学的视角来看，并不恰当。民俗仪式中，言与物、表述与表征的界限是模糊的，人以三元统合的方式介入文化的再生成过程中：他是与万物氤氲相生的"物"（身和心、圣和俗），他是言（符号）的使用者（符号动物），他是言与物的关联项，是言物关系的阐释者，在两者之间穿梭往复。如果说多重证据的证据间性关系是文化文本的内在脉络和肌理，人就是文本织体的编织者。换言之，通过编织文化的织体，人把自己和整个世界都织进了符号之网。

五 符号动物的文化担当

人是文化动物，但常人完全可以对此不自知而生存无虞，而文学人类学研究者则是对此有清晰认识并有自觉文化担当的人。中国文学人类学学者群的述行言动，基于以上对文化文本的深入解析，并形成多方呼应：叶舒宪侧重文化文本的本体探究，而徐新建侧重于文本的表达；徐新建侧重文字符号的表述策略，而彭兆荣侧重于物的言说逻辑；彭兆荣侧重非遗保护的观念伦理，而叶舒宪侧重文化观念的编码逻辑；叶舒宪侧重大传统的深层规范，徐新建侧重文化表述的与时俱迁。以上"侧重"云云，只具有相对照的意义，侧重点的区分，其应和性大于区分性。三位当代典范学者的研究，共同编织了自觉之人与人化之文的广泛互动。文学人类学不限于书斋中的深研覃思，也把救灾现场作为课堂；文学人类学不仅追溯无文字的口传大传统，还把眼光投向有别于生物智能的 AI 时代。文学人类学学者的述与行、言与动的多极交织，是文化文本生成活力的显现。人既是符号的发明使用者（文以明之），也是文化符号的编码之一（文以化之），文学人类学达到当代人文学科对于"人文互化"的高度自觉。

神话研究

相遇坎贝尔　期待文化医生

——《好莱坞神话学教父》序言

叶舒宪 *

　　研究神话学，需要先熟悉 20 世纪最有影响力的神话学家。在我四十年求学生涯中，最早遇见的三位大家是弗雷泽、弗莱和埃利亚德。他们三位研究神话的专业特点分别是文化人类学的知识全球化取向、文学整体的系统理论取向和比较宗教学模式取向。归纳三位的共同旨趣，则是科学主义的研究范式，要将研究结果归结到一种类似公式的原型或模式上去。这样的研究倾向对我自己的学术发展有着很大的影响，尤其是从神话原型模式的探究起步，根据中国文化资源的特质，发展出跨学科研究的一个新领域——文学人类学。

　　随后遇到的是约瑟夫·坎贝尔。他的研究旨趣是直指人心的，因而更具有人文主义的情愫。坎贝尔在北美国家的知名度，要远远大于他在中国的知名度。除了一部《千面英雄》（这是他所有著作中最能体现科学主义模式化倾向的一部）早有中文译本，并且在文学研究界流行以外，他的学术发展和整体成就基本不为大陆学界所知，尤其是他突出表现人文精神和治疗意向的特色方面。我在 20 世纪 80 年代对坎贝尔的关注，主要是看他的神话学四部曲大著中的第一部《原始神话学》，学习他如何让神话学研究走出纯文学的小天地，进入新石器时代的文化大传统中的。后来又知道，他不仅是纯学院派的学者，还是大众传媒方面鼎力传播神话学知识的第一人，在电视节目和电影制作方面都有很大作为。如今，思考神话资源与文化创意产业之间的关系，无论如何都绕不开这位美国神话学界的宗师

　　* 叶舒宪，上海交通大学文学人类学研究中心教授，博士生导师。研究方向为文学人类学、神话学。

级人物。至于坎贝尔学术的心理医学倾向，也被国内的文学人类学一派充分吸收并与文化人类学的民族志研究相结合，提升为一整套"文学治疗"的理论范式。①

在本书出版之前，坎贝尔的巨大学术成就和广泛的社会影响在我国学界的接受情况是不能让人满意的。张洪友在 2010 年考入四川大学文学与新闻学院。他本来报考的专业方向是赵毅衡教授领衔的符号学，学院调剂他跟随作为兼职博导的我读博，而我这边的研究方向是文学人类学。那时他的求知欲好像被攻读硕士学位时的对象——陀思妥耶夫斯基——的作品所主宰，一心想在解读陀思妥耶夫斯基小说方面有所建树。经历了相当长时间的商讨、纠结和筛选，他最终决定转向神话学研究，并听取建议，确定选题方向为坎贝尔的神话学理论研究。这也是一项非常必要的学术传播任务。他努力找来所有能够找到的坎贝尔的英文著作，一页一页地进入这位神话学研究巨匠的世界里。

从学术起步看，坎贝尔在美国读大学时的研究对象是 20 世纪英语现代派小说的代表詹姆斯·乔伊斯。《尤利西斯》这部经典昭示着利用古希腊神话题材进行再创作再编码的现代派写作诀窍。这样的再编码实验，也同样成为好莱坞和迪士尼的专业编剧们事业成功的一种"过关考验"。不过，要充分理解乔伊斯，光懂得希腊和罗马神话的知识背景还不够，还需要深入把握乔伊斯的文化认同特点，需要理解爱尔兰文艺复兴的整个文化背景。看到坎贝尔著作中随处引用爱尔兰诗人叶芝的作品情况，就知道他在这方面的积累也是相当深厚的。要理解爱尔兰文化的根脉，还必须懂得先于盎格鲁－撒克逊人登陆英伦三岛的"原住民"凯尔特人的传统。这是在希腊传统和希伯来传统以外的、对西方文明具有奠基作用的第三种重要文化传统。这也是让《指环王》和《哈利·波特》的作者——托尔金和罗琳们掀起一场席卷全球的魔法风暴的文化底蕴所在。国内译介西方神话已经有一个多世纪了，恰恰缺乏对凯尔特神话的译介。为弥补这个知识空缺，我主编的"神话学文库"第一辑（17 种书）中，就组织西安外国语大学的研究生利用课外作业的方式，翻译出版了一部题为《凯尔特神话》的专

---

① 参看叶舒宪《文学人类学教程》第七章"文学治疗"，中国社会科学出版社，2010。

辑。没料到这部书成为 17 种书中销量最大的一本，已经加印多次。张洪友当年专程从成都赶来西安外国语大学听课，就这样歪打正着地加入"神话学文库"的翻译校对者行列。现在他的博士论文经过修订，又加入著作系列。希望他的这部书，能够在当代美国神话学的智慧导师与中国读书界和文创产业界之间架起沟通的桥梁。

"纸上得来终觉浅"，按照文学人类学派最近对文化大传统的关注和重视，要理解欧洲文明中凯尔特人的文化根脉，光靠阅读历史书籍和神话民俗是远远不够的。凯尔特人的先民在英格兰大地上留下的最壮观的遗迹号称"巨石阵"，如今是世界旅游的大热点之一，其始建年代距今近 5000年。将巨石阵作为一种无字天书来解读破译，已经成为今日英伦学界和媒体的一大热点，吸引了无数人的眼球。在巨石阵西侧的格拉斯顿伯里小镇，如今是西方世界中新时代运动的聚集地，当地书店里出售有全球最全面的神话学书籍。希望每一个以神话学为专业的师生都有机会到那里去体验一番。这种文化氛围，是在课堂上永远体会不到的。

从早年热衷西方文学的青年，到晚年成为神话学大师，坎贝尔一生的学术道路，就是从文学出发，经过跨越东西方宗教的穿越之旅，又经过穿越原始与现代的心灵探险，最终成长为继弗洛依德和荣格之后，又一位著名的精神导师。跨越西方文化自身的壁垒，进入东方文化传统之中，是坎贝尔和荣格获得学术观念大变革的契机。穿越现代文明自身的壁垒，进入原始文化传统之中，这也是坎贝尔和众多人类学家一样，终于能找到诊疗现代文明病的秘方。看看坎贝尔是怎么看待神话的：神话和象征的思想资源意义，突出表现在精神医学所说的"感动意象"（affect image）。每一个特定的文化群体，都有这样一种"感动意象"。找到并且能够调动它们，正是一切堪称人类精神导师者的特殊本领。在古代西方，这是基督教牧师们的职业能力。在当今，则是一切心理治疗师力求掌握的秘诀。

笔者遵循这样的提示，希望在华夏传统的深处找到这种具有核心动力的"感动意象"。于是，聚焦到汉字"能"和"熊"的因果关系上，以及华佗五禽戏中的"熊戏"（一招一式都是模拟熊的动作）操练实践上，在十多年前写出一部《熊图腾——中华祖先神话探源》。什么是国人先民心目中的"能"？会在冰封的寒冬季节里冬眠的陆地猛兽——熊，即被狩猎时代先民理解为拥有死而复生之生命能量者，这就是在 10 万年前的狩猎社会筛选出来的史前人类的感动意象啊。今天人们所说的"正能量"，在史前时代就被理解和认同为熊、熊神和天熊之类的神话观念建构出来，影响非常深远。古代辞典《尔雅》称熊为"蛰兽"，意味深长。《山海经》则写到中原一带的熊山熊穴中年复一年地走出"神人"，没有人知道这是讲的什么意思。这个华夏初民时代的"感动意象"一旦得到揭示，古书中的一系列过去根本无解的哑谜，相继得以解读：从我们所认同的人文初祖黄帝号"有熊氏"，到伏羲大神号"黄熊"，鲧禹两代的"化熊"神话，乃至楚国王族 25 位统治者改称"熊某"的事实，一一变成现代人可以理解的东西。神话学知识所特有的文化符码解读意义，于此可窥一斑。

对于生活在原始文化范围中的美洲印第安人，集体表演的野牛舞便是部落最主要的仪式活动。其所围绕的核心意象，就是野牛。为什么呢？坎贝尔说："印第安人的生活方式与原始狩猎先民的生活方式惊人的相似。在以宗教维持的社会秩序中，人和能为自己提供食物来源的动物的关系是最核心、最关键的。因此，随着野牛的消失，黏合这个民族的象征不复存在。十年间印第安人的信仰在历史长河中得到沉淀和凝固，而来自南面墨西哥的异域宗教，则从此在印第安人中肩负起了救赎心灵的重担。"[①] 看到这里，终于能体会坎贝尔所理解的神话，为什么被重新定义为人类"赖以生存"的东西。人类走出狩猎状态主要在新石器时代到来之际，农作物取代作为狩猎对象的动物，成为农耕文明的新图腾，古汉语中指代国家政权的"社稷"一词，便由此而来。毫无疑问，"社稷"正是我们这个古老的文明——农耕文明"赖以生存"的东西。

要进入坎贝尔所描述的这种神话境界，需要设身处地先把自己转换成一个原住民。这需要当代知识分子自我培育一种心灵体验的功夫。这也当然和人类的仪式活动或修炼行为（如瑜伽）密切相关。当今的大学生在民间文学课堂上所惯常听到的那种被肢解为故事母题、人物和情节的文学神话，其实是大相径庭的两类东西。在坎贝尔眼中，神话一定离不开人的信仰和信仰实

---

① 〔美〕约瑟夫·坎贝尔：《指引生命的神话》，张洪友等译，浙江人民出版社，2013，第81页。

践。"一旦仪式和意象丢失，作为概念载体的文字在当代可能有意义，也有可能显得不合时宜。仪式由神话象征组成。只有在参与仪式的时候，个体才会直接真切地感受到这些。"他一方面强调关注神话与仪式体验的不可分割性，另一方面强调西方学生需要向东方传统学习。学什么呢？就是东方智慧者"朝向他们自身的神秘内在旅程"。他认为这样的文化寻根和文化转向，必然给西方文明带来积极的疗效："如果能和当代生活密切相连，这将会使人们在生活、文学和艺术领域重开历史新纪元。"①

神话不应是和文学课堂上的作家作品并列的东西，神话本来就是人类文化之根和信仰之根。对于"散失了灵魂的现代人"（荣格语），神话意味着重新教会我们怎样做人。学会做人的第一要义，则是学会面对现实。正如神灵世界里有善神和恶神：

> 我们必须首先承认生命邪恶的本质和这种本质中所蕴涵的光彩夺目的特色：认识到生命就是如此，不可能也不会被改变。很多人自认为他们知道如何将世界变得更加美好，并宣称如果他们是造物主，这个世界将没有痛苦，没有忧伤，没有残酷的岁月，也没有变化无常的生命。这都是一派胡言。也有很多人发出这样的心声："先改变社会，再抽时间改变我自己"，遗憾的是这些人永远无法进入神的宁静世界。其实所有的社会一直都是这个样子：充满邪恶、忧伤和不平等。如果你真的想有所作为，那么你首先要学会怎样在这个世界中生存。②

面对充满邪恶和忧伤的现实，人必须让自己的内心强大起来。至于如何让自己强大，坎贝尔通过他的博通的专业视角向人们表明：各民族古老的神话故事，能充当永恒的精神充电器和能量源。

张洪友的这部著作，既然以《好莱坞神话学教父》为题，其所侧重研究的，是坎贝尔神话学对文化创意产业方面的重要启迪，希望日后也能在神话的心灵治疗学功能方面，再有所进取和创获。我们这个时代，文化变迁的速度之快，是前所未有的。由此带来的社会竞争、价值冲突和精神压

① 〔美〕约瑟夫·坎贝尔：《指引生命的神话》，张洪友等译，第93页。
② 〔美〕约瑟夫·坎贝尔：《指引生命的神话》，张洪友等译，第95~96页。

力，对于每个个体而言，也是非常惊人的。在20世纪来临之前，德国人尼采就曾呼吁他那个时代的哲学家们，在"上帝已死"的精神空缺语境下，要努力去做一名"文化医生"。时至今日的21世纪初，全球化趋势已经势不可当，全社会浮躁地拥抱着未知是福是祸的新上帝——机器人，我们人文学界则更需要加倍努力培育"文化医生"这方面的专业人才和大智慧。

写出上述的期待，与张洪友博士共勉。

是为序。

2018 年 8 月 19 日星期日

草于上海北桥寓所

约瑟夫·坎贝尔的神话诗人观研究

张洪友[*]

摘要：神话学大师约瑟夫·坎贝尔从人类文化英雄传统的宏大视野审视西方近代以来的文化创新。在他那里，这种代表个体觉醒的文化创新象征着史前萨满精神的复活，而12世纪以来代表西方解放，并推动西方文化兴盛的科学家、文学家、哲学家则是史前萨满的现代化身，被他尊称为神话诗人。坎贝尔从神话学的视野打通古今和不同学科路径，值得关注。

关键词：约瑟夫·坎贝尔 神话诗人 创造神话 世俗神话

19世纪欧洲浪漫主义将具有创造力的个体推上了荣誉的巅峰，然而，却遭到后世思潮的批判。约瑟夫·坎贝尔的老师荣格一方面向东方神话学习，一方面否定西方的个体主义，他那著名的论断就是人物形象浮士德创造了诗人歌德。大诗人艾略特也在其名作《传统与个人才能》中对极端的文学创作中的个人崇拜进行反思。结构主义、新批评，甚至弗莱的神话理论虽然观点各异，但是在反思个体主义方面，他们却出奇的一致。然而，与各种清算个体主义的思潮不同，神话学家约瑟夫·坎贝尔却成为另类。他试图从张扬个人英雄主义的文化语境出发，寻找个体精神更为古老的神话源头（史前猎人神话），并从人类文化英雄的谱系来审视西方的文化创新。他将个体觉醒提到古老神话精神复兴的高度，从而打通了传统与当下之间的隔阂。在张扬个人英雄主义的环境中，坎贝尔为其文化信仰寻找到更为久远的神话根源，并梳理出相对清晰的文化演变。

坎贝尔将这些文化创新（包括科学、文学、哲学等张扬人的解放的文

---

* 张洪友，湖北民族学院文学与传媒学院讲师，博士。研究方向为文学人类学、神话学与电影、符号学与比较神话学。

化表述）定义为创造神话，而科学家、文学家、哲学家等这些 12 世纪以来的代表推动西方思想解放的伟人，被尊称为神话诗人（Poets of Creative Mythology）。坎贝尔这种包容不同学科的文化视野，非常值得尊重。从坎贝尔用神话诗人观审视歌词作家、音乐家鲍勃·迪伦获得诺贝尔文学奖这一事实可以看出，这本身是对跨学科的文化书写的尊重，而非迎合大众的媚俗化的表现。从这一意义来说，坎贝尔的神话诗人观具有启发意义。

文艺复兴以来，西方突破了长达千年的基督教神话叙事统治的时代，进入人的解放的时代；而 18 世纪启蒙运动推崇理性的法庭，将神话打成迷信，清扫入历史的垃圾堆。虽然浪漫主义反思理性的权威，推崇神话的力量，甚至新神话主义呼吁运用神话来拯救西方世界的文化荒原，然而，传统神话与现代世界之间的对立，已经成为大家的共识。比较宗教学大师伊利亚德认为，自文艺复兴以来，尤其是启蒙运动之后，人类的世俗化时代不可逆转。然而，坎贝尔却认为神话诗人的创造代表着神话神圣与世俗的界限被打破，世俗世界的神圣化时代已经到来。

一 从史前萨满到神话诗人

（一）解体的曼陀罗

坎贝尔意义上的曼陀罗（mandala）与荣格不同，曼陀罗是束缚个体自由的法则，源自史前农人神话，但是，西方近代以来，曼陀罗系统已经瓦解。现代科学将代表群体法则的曼陀罗打开，因此人类处于思想解放的伟大时代。[①] 坎贝尔从人类整体思想演变的宏大历程中反思这种解体。西方历史在黎凡特和希腊两种不同思想之间摇摆，在它们的碰撞交会中发展。欧洲在很长一段时间依赖狩猎，因此本土传统（以古希腊、北欧等为代表）形成强烈的个体意识。而外来的黎凡特传统则尊重集体生活、服从权威，个体仅仅是集体的一部分。因此，旧石器时代的个体原则和新石器

---

① 参见 Joseph Campbell, *The Flight of the Wild Gander*, Chicago: Henry Regnery Company, 1972, p. 189。

时代的群体原则之间的冲突，成为西方文化演进的动力。① 也就是说，在坎贝尔看来，旧石器时代的精神特质与新石器时代的精神特质又以新的面貌出现，而欧洲文化则是它们冲突和融合的结果。黎凡特传统中有限的自由意志却被体制化了的宗教制度湮没，个体觉醒所代表的萨满精神得以复兴。因此，人类现代精神转向可以与人类历史中许多伟大的时代相提并论：

> 无数世纪以来的所有的壁垒、所有的界限、所有的确定性，都在分解、摇摇欲坠。此前还从未发生过这类事情。事实上，这个我们依然参与其中的拥有持续敞开前景的时代，在其广阔性和前途方面只有公元前 7000 年到前 3000 年的伟大时代可以与之相提并论……②

旧石器时代代表个体自由的萨满与新石器时代遵守规则的祭司之间的冲突构成了人类诞生以来的精神史。猎人神话的萨满为人类的精神留下了弥足珍贵的遗产。史前狩猎部落是由具有同等价值的个体所组成的群体，每个个体都拥有重要的灵性力量。然而，在人类从狩猎转向农业的时代，此前支持史前猎人心理平衡的象征符号变为拥有复杂形式的曼陀罗。曼陀罗是人类农业社会的心理遗产。这些围绕中心而组织的结构，象征着统治宇宙的法则。在顺应宇宙法则才具有合法性的国家、社会等群体中，个体需要将自身的创造力量融入群体的目的之中，他们只能作为群体的一部分行使某种功能，而其独特性被抹杀了。

总之，曼陀罗的出现标志着神话沦为束缚个体的群体法则的代言人。有学者在其论文《我们赖以生存的神话：坎贝尔、荣格与宗教生命旅程》中，将坎贝尔的思想与马丁·海德格尔（Martin Heidegger）的哲学联系起来。海德格尔认为柏拉图遗忘了存在，将西方哲学引入错误的轨道。坎贝尔认为在狩猎社会向农业社会的转变过程中出现的曼陀罗符号也是一个错

---

① 参见 Joseph Campbell, *The Masks of God*: *Occidental Mythology*, London: Penguin Books, 1964, p. 34。

② Joseph Campbell, *The Masks of God*: *Creative Mythology*, London: Penguin Books, 1968, pp. 29 – 30.

误，因为这种符号意味着人类忘记了神圣的历史。曼陀罗使个体远离了神秘体验，它的作用仅仅是政治性的和功利性的，它将个体融合在群体之中，在个体的心灵之中打上群体法则的烙印，使个体重复群体生活的常规模式。坎贝尔的神话学与海德格尔在哲学领域的努力相似，他试图使神话重新回归正轨，使人们能够体验神话所呈现的神圣智慧。不过，坎贝尔意义上的正轨就是真的正轨吗？人类最早的猎人神话是西方个人英雄主义的最初源头，而与之相悖的遵守群体法则的农人神话使神话误入歧途。坎贝尔通过贬低、否定其他传统为个人英雄主义正名，其悖谬和独断之处，已经无须多言。

在坎贝尔看来，农业社会向工业社会的转变，象征着人类的解放。人类当今所处的时代是曼陀罗解体的时代，是需要重新复活萨满精神的时代。人类不再需要农人的虔诚，不用再向日历和太阳神鞠躬。尼采关于上帝已死的宣言，预示着普罗米修斯所代表的提坦力量的复兴。① 也就是说，时代转变预示着神话的更迭。狩猎时代向农业时代转变，农业时代向工业时代转变，神话必须随之发生改变。否则，神话就沦为僵死的教条。神话无对错之分，只能用有效或者无效、成熟或者病态来评判。他将有效的神话称为活态神话（living myth）。② 然而，人们所生活的时代是传统神话失效的时代，神话被世俗权威模式化，成为与人的灵性体验无关的教条，从而导致人类世界的文化荒原。最终，在现代社会，神话对个体灵性世界的引导微乎其微，这些过时的神话甚至成为束缚人的灵性体验的教条，人无法在这个时代寻找到与自己内在灵性世界建立联系的方式，于是，在疯人院中充斥着各样的疯子。因此，只有用新的神话、新的预言、新的先知和新的众神的诞生来治愈这种疾病。不过，在人们曾经传承的神的面具无法表达终极奥义的时刻，谁才是将人们从这种精神荒原中拯救出来的文化英雄？谁是新时代的圣杯骑士？坎贝尔由此关注西方世界天才的创作，因为这些创作促成了里程碑式的人类精神觉醒的时代。在他看来，人类面前正

---

① 参见 Joseph Campbell, *The Masks of God*: *Primitive Mythology*, London: Penguin Books, 1987, p. 281。

② 参见 Joseph Campbell, *The Flight of the Wild Gander*, Chicago: Henry Regnery Company, 1972, p. 6。

在展开一个拥有全新前景的世界，在这个时代，人们需要复兴从旧石器时代所传承下来的萨满精神：

> 为了支撑这一短暂的生命情境，每个个体必须发现自身之中的提坦——从而不再惧怕敞开的世界。①

个体需要像萨满那样，通过灵性修炼，获得自由。个体深入内在灵性世界进行探险，拓展精神空间，人"同时从外在世界和内在世界进入体验的根基之处。在那里，普罗米修斯和宙斯，我和天父，存在意义的无意义和世界意义的无意义都是同一的"。② 坎贝尔所列举的"普罗米修斯"和"宙斯"，"我"和"天父"，都是古希腊神话或基督教中相互对立的形象。他将曼陀罗体系中对立的形象并置，试图通过具有悖论特性的语言展示曼陀罗法则解体所带来的所有的二元对立消除、精神解放的状态。"存在感觉的无意义与世界意义的无意义"意味着主体与客体世界的对立被打破，因为在灵性世界的中心，这些对立都被融合在一起。也就是说，自由就是突破所有法则、融会所有对立所达到的灵性状态。

（二）现代文化英雄：神话诗人

坎贝尔将作家、艺术家和哲学家等表达个体体验的文化英雄看成传承萨满精神的现代神话的创造者，即神话诗人。他们表达个体觉醒的创作被称为创造神话。创造神话的血脉在西方文学中持续存在，西方许多伟大作家都可以被看成神话诗人。"以这一方式，莎士比亚和塞万提斯的艺术成为我们现在正在发展的人类真正的活态神话的启迪、文本和章节。"③ 小说家托马斯·曼和乔伊斯使 19 世纪自然主义的小说创作"转向了神话智慧

---

① Joseph Campbell, *The Flight of the Wild Gander*, Chicago: Henry Regnery Company, 1972, p. 190.
② Joseph Campbell, *The Flight of the Wild Gander*, Chicago: Henry Regnery Company, 1972, p. 192.
③ Joseph Campbell, *The Masks of God: Creative Mythology*, London: Penguin Books, 1968, p. 36.

和象征入会仪式的世俗载体"。① 因此：

> 无论是在文学领域，还是在哲学领域中，这些个体创作都表现出了广度和深度以及变化的多样性，他们因而成为文明的精神引导和建构性的力量。②

文化英雄——神话诗人是创造力量爆发的火山口，日常生活理性和世俗权威则是这种力量的冷却剂。正是由于此种冷却剂，人类才一次次陷入文化荒原之中。人类需要重新深入精神的原乡，激活文化的创造力。在这个时代能够完成这一任务的正是神话诗人。

在坎贝尔那里，诗有三个不同的种类：诗人的诗，被过度阐释的诗（先知），已经死亡的诗（牧师）。先知过度解释灵视，将诗歌意象当成超自然的现实，因而他们创作出过度阐释的诗歌；牧师有可能成为具有创造性的诗人或者先知，然而，在大部分牧师那里，诗已经死亡，因为他们只能重复由宗教权威认可的陈词滥调。③ 与他们不同，神话诗人必须将诗从牧师的陈词滥调中拯救出来：

> 在传统神话的语境中，象征会在社会保存的仪式中展示出来。个体需要参加这些仪式，去体验，甚至假装已经体验到了某些智慧、情感和责任。与此相反，在被我所称为的"创造"神话中，这一顺序被颠倒了：个体已经拥有他自己的某种体验——关于法则、恐惧、美或者仅仅是兴奋的体验——他努力通过符号来表达这些体验；如果他的认识已经达到了某种深度，他的表达将会拥有活态神话（living myth）的力量——也就是说，他们是通过自身的认识来接受这些神话并对其做出回应，而不是被强迫接受。④

---

① Joseph Campbell, *The Masks of God*: *Creative Mythology*, London: Penguin Books, 1968, p. 309.
② Joseph Campbell, *The Masks of God*: *Creative Mythology*, London: Penguin Books, 1968, pp. 3 – 4.
③ 参见 Joseph Campbell, *The Masks of God*: *Occidental Mythology*, London: Penguin Books, 1964, pp. 580 – 581。
④ Joseph Campbell, *The Masks of God*: *Creative Mythology*, London: Penguin Books, 1968, p. 4.

在坎贝尔看来，传统神话强迫个体接受，是群体法则在个体身上的烙印。神话诗人不会被动接受强加在自己身上的群体法则，他们会自己寻找和创造。神话诗人因此成为自由精神的代表，他们的创造是复兴注重个体灵性体验的萨满精神。

（三） 萨满神游与诗歌创作

坎贝尔认为每个个体都有成为萨满——艺术家的潜力，这需要他们通过获得新的灵性体验，从而唤醒存在最深刻的特征。[①] 而如何在人所生存的日常世界，在世俗的人身上，寻找到神话世界的表达方式，是这个时代神话诗人的首要任务。

科学造就了祛魅化的理性时代和庸俗化的日常生活，而神话诗人的创作则是为了实现现代生活的神话复魅。现实与幻想的融合是古代文化的特征。但是，此种融合被现代科学所打破。从 1492 年开始，人类的科学革命使新的世界诞生。世界由此而被分为两个不同的世界：日常世界和梦幻世界。知识分子从梦幻世界转入日常世界，而人类从神圣历史观转向科学历史观。在他看来，"要怎样才能让外在的世界与内在的世界交汇，这在今日当然是艺术家的任务"。[②] 因此，在这个时代，神话诗人成为《千面英雄》中的英雄。他们需要在前人没有探索的暗区进行冒险。而创作也成为萨满的灵性修炼。印度 AUM 是使人能够达到"梵我合一"的中介，萨满的鼓也是使他们进入迷狂状态的催化剂。神话诗人的想象被某些象征（此前的神话和文学艺术创作）所激发，它们引导诗人和艺术家摆脱传统，最终转向文字背后的终极真理（the word behind words）。他们在自身的体验中重新触到旋转世界中心静止的原点，他们用自己的方式到达象征停止的沉默座席。当他们回到现实世界时，他们已经从自己的内在深度学会了神

---

① 参见 Richard A. Underwood, "Living by Myth: Joseph Campbell, C. G. Jung, and the Religious Life-Journey", Deniel C. Noel, ed. *Paths to the Power of Myth: Joseph Campbell and the Study of Religion*, New York: Crossroad, 1990, pp. 13 – 28。

② 〔美〕菲尔·柯西诺主编《英雄的旅程：与神话学大师坎贝尔的对话》，梁永安译，金城出版社，2011，第 209 页。

秘创作的语法，并为创作赋予了新的生命。[①] 他们创造性的思想摆脱了本地传统观念的束缚，从而能够表达原型观念。这成为他们创造力的源泉。受坎贝尔影响的剧本理论家沃格勒在坎贝尔的基础上进行了自己的发挥。在他看来，"写作一般都是向内探索灵魂深度的危险之旅，带回来的万能药就是一个好的故事"。[②] 总之，这种探险就是神话诗人的英雄之旅。他们像中世纪的圣杯骑士那样，远离日常世界，在神话世界探险。他们通过个体体验到达灵性世界，进入神话的源头。他们在人类的精神原乡中探险，最终引领人们重新连接两个不同世界的恩赐。

神话世界仅仅是日常世界被遗忘的维度，英雄的伟大功绩在于重新将日常世界与被遗忘的世界连接起来。英雄在旅程中获得了融合两个世界的启悟，他成为两个世界的主人。西格尔认为，在坎贝尔那里，乔伊斯和托马斯·曼的小说中的人物都是进入另外一个世界并最终回来的英雄。归来是因为他们在日常生活中发现了另外一个世界。他们在肉体中发现了灵魂，在大地上发现了天空，在人类中发现了神。[③] 也就是说，托马斯·曼和乔伊斯作品中的人物是融合两个世界的英雄。他们的创作意味着人类重新与大地和解，重新与人类自身和解。现代艺术家会超越在现代社会已经破碎的象征，铸造新的意象，从而引导个体（新时代的萨满）踏上寻找自我的旅程。

二 世俗神话：神话诗人的创造

坎贝尔的神话学一直与中世纪以来的文学创作有着密切的关系。他最初的研究方向是中世纪的诗歌，后来留学欧洲也是为了深化中世纪诗歌的研究；他的第一部与人合作出版的著作是为乔伊斯的名著《芬尼根守灵夜》所写的导读。在提及乔伊斯的《芬尼根守灵夜》和托马斯·曼的《约

---

① 参见 Joseph Campbell, *The Masks of God: Creative Mythology*, London: Penguin Books, 1968, pp. 93–94。

② 〔美〕克里斯托弗·沃格勒：《作家之旅——源自神话的写作要义》，王翀译，电子工业出版社，2011，第269页。

③ Robert A. Segal, *Joseph Campbell: An Introduction*, New York: Garland Pub., 1987, p. 72.

瑟和他的兄弟们》的时候，坎贝尔认为两者"完全坠入神话的海洋和深渊之中"，在这些文学名著中，"神话本身成为文本"。① 在他那里，作家和诗人是这个时代的神话创造者。坎贝尔将中世纪的圣杯传奇所体现的英雄精神和爱情观，看成人的时代的精神萌芽，他甚至将其尊称为世俗神话。虽然他的观点会激发争论，但是坎贝尔打通神话传统与现代创作的探索还是值得关注的。

（一）世俗神话之圣杯传奇

12 世纪以来，个体创作成为西方文化创造力的源头。新时代的神话诗人依靠个体的灵性体验，反抗权威的束缚。中世纪的英雄骑士继承了萨满的探险精神，许多作家也释放出了萨满自由创造的能量。

在爱情、哲学和科学领域兴起的异端思想象征着新的精神能量的诞生。中世纪哲学大师艾伯亚德（Abelard）和哀绿绮思（Heloise）的爱情悲剧宣告了个体精神的觉醒。哀绿绮思认为世俗家庭生活会辱没一个哲学家的尊严，因此她宁愿做这位哲学大师的情人，也不愿让他们的爱情被婚姻的锁链捆绑。在这对情侣那里，婚姻成为束缚个体体验的世俗法则的代表，他们拒绝婚姻是为了反抗此种法则。

德国诗人戈特夫里德·冯·斯特拉斯堡（Gottfried von Strassburg）写出了关于特里斯坦（Tristan）和伊索尔德（Isolt）的爱情悲剧，沃尔夫兰·冯·艾什巴赫（Wolfram von Eschenbach）创作了圣杯传奇。坎贝尔认为艾什巴赫的《帕西法尔》（*Parzival*）是世俗化的基督教神话（secular Christian myth）。这部著作具有跨时代的重要地位。因为它体现了被神圣化的世俗世界，代表了生活在这个世界的人类表达神圣的方式。这部著作是为在这个世界生活的人创作的，这些人追求世俗的和人性的目的。爱情的忠诚和个体的本性成为他们的精神支撑。② 也就是说，在坎贝尔那里，《帕西法尔》代表人类精神的新时代——世俗时代的到来。世俗神话说明天堂在人

---

① Joseph Campbell, *The Masks of God: Creative Mythology*, London: Penguin Books, 1968, p. 39.

② 参见 Joseph Campbell, *The Masks of God: Creative Mythology*, London: Penguin Books, 1968, p. 476。

类所生活的这个世界，而不是另外的世界。神话诗人的创造是为了在这个
世界寻找到精神家园。这个时代神的故事已经转变为关于国王、骑士和贵
妇人的传奇。这些属于这个时代的英雄探险源于诗的魔力，就像传统神话
那样，它们也展示了自然的未知维度。①这些传奇就成为这个世界人类生
活的神秘书写。"艺术家的任务就是把永恒的奥秘透过当代生活的脉络呈
现出来。"②这些书写国王和骑士的传奇将永恒的奥秘通过他们那个时代的
生活呈现出来。而《帕西法尔》所书写的骑士探险故事中暗含着有关人类
堕落和救赎的永恒奥秘。年轻的圣杯之王——安佛特斯（Anfortas）象征着
基督教国家所陷入的危机。受伤的渔王需要具有治疗效用的圣杯。同时，
基督教世界呼唤着救赎的力量。在书中，圣杯这一核心象征与凯尔特神话
和古希腊神话联系起来，圣杯成为治愈时代的良药。圣杯是超越宗教、超
越文化束缚的护身符。人在世俗权威之中解放出来，在探险中完善自己的
本性，为这个世界服务是通过完美的爱来实现的。③这是坎贝尔从圣杯传
奇中发现的代表西方社会新的救赎力量的圣杯神话。

　　在《帕西法尔》中，帕西法尔与渔王的对立是史前萨满与祭司对立的
现代翻版。在史前神话中，萨满与祭司拥有不同的精神特质：前者象征个
体自由精神（史前猎人神话），后者则是群体法则的代言人（史前农人神
话）。与这种对立相似，圣杯骑士是按照自己本性行动的人，渔王仅仅是
因世袭而继承了渔王这份工作。

　　帕西法尔的探险是一个向本性复归的过程。在帕西法尔毫无准备的情
况下，圣杯城堡向他敞开大门，他进入城堡之中。如果他从自己的本性出
发，向渔王询问受伤的缘由，表达对渔王的同情，圣杯就会出现。然而，
他却由于矜持而压制了自己的本性，从而与圣杯擦肩而过。最终，他被放
逐到远离圣杯之城的地方。由于同情受伤的渔王，帕西法尔重新踏上寻找
圣杯城堡的旅程。

---

① 参见 Joseph Campbell, *The Masks of God*: *Creative Mythology*, London: Penguin Books, 1968, p. 566。
② 〔美〕菲尔·柯西诺主编《英雄的旅程：与神话学大师坎贝尔的对话》，梁永安译，金城出版社，2011，第240页。
③ 参见 Joseph Campbell, *The Flight of the Wild Gander*, Chicago: Henry Regnery Company, 1972, pp. 216-219。

　　然而，这部英雄传奇所表达的意义已经远远超越了那个时代。在帕西法尔探险的过程中，他遇到一位阿拉伯骑士。在与对方交战的过程中，他突然发现那人是他的同父异母兄弟。在相互厮杀的兄弟俩停下来相认的时刻，圣杯城堡再次出现。在坎贝尔看来，这个细节暗含着深邃的哲理：

　　　　显然，这关键的相遇暗含着对那时的两大对立宗教的讽刺性指涉——基督教和伊斯兰教："两个高尚的儿子"，也就是说，"一父所生"。绝妙的是，当兄弟俩发现他们的关系时，圣杯的信息出现了，邀请他们两个去圣杯之城——这在十字军东征年代的基督教著作中确实是一个显著的细节！①

　　这种和解已经超越宗教领域从而具有了属于全人类的意义。犹太教、基督教和伊斯兰教同源于闪族，彼此之间拥有颇为深厚的密切关系，然而，这些宗教却相互仇视，甚至同一宗教的不同派别之间也会互相厮杀。然而，因差异而相互厮杀的现象并不仅仅发生在宗教领域，本为一体的人类也因为各种差异而分裂，因此，当互相歧视、仇恨、屠杀的人们在对方身上发现彼此之间的血缘亲情的时刻，代表整个人类救赎的圣杯就会出现。因此，《帕西法尔》中的和解代表一种新的精神启迪，人们应该从世俗的相互区分的法则超脱出来，从人的本性出发，消除因仇恨所导致的分裂，这就是圣杯带给人类的救赎力量。

　　总之，坎贝尔分析和总结骑士传奇中的英雄旅程。圣杯是骑士需要通过一系列冒险才能获得的拯救世界的恩赐，因此，骑士必须远离"有超越教会的虚假的神圣化的中心所控制和监控的地方，在精神的领域持续地去寻求，他们不时地进入前人所没有探索的暗区进行冒险"。② 他们在外在世界冒险的过程中，灵性世界也会开启。因此，帕西法尔在经历了一番冒险之后，所获得的启迪成为他进入城堡的钥匙。

① Joseph Campbell, *Myths to Live By*, New York：Viking Press, 1972, p.170.
② Joseph Campbell, *The Flight of the Wild Gander*, Chicago：Henry Regnery Company, 1972, p.226.

（二）世俗神话之禁忌之恋

坎贝尔将中世纪突破世俗道德束缚的爱情命名为 Amor，也就是禁忌之恋，这是中世纪的恋人和游吟诗人所表达的爱情。在他看来，Amor 不仅代表着人类爱情观的改变，而且象征着人类精神的质变：

> 因为世界上根本不存在像纯粹的精神之爱和纯粹的肉体之爱这样的事物。人（Man）由肉体和精神（如果我们依然可以用这类术语的话）构成，因此在他自身之中就拥有本质的神秘；并且这一神秘的最深邃的核心（从 Gottfried 的观点来说）正是在爱的神秘之中被（by-and in-the mystery of love）触动和唤醒的原点，这一神圣的纯洁与任何对肉身和感觉的压抑和拒绝无关，而是包括甚至依赖肉体的认识。①

在西方历史上，纯粹的精神之爱是 Agape，纯粹的肉体之爱是 Eros。Eros 是古希腊的爱神，他是最年轻也是最古老的神，他的魔力可以使宙斯在人间处处留情，也可以使理性的太阳神阿波罗失去理智，拼命追求自己钟爱的仙女达芙妮，而达芙妮为了逃避他的追求，最终化为月桂树。Eros 代表人的生物本能冲动。Agape 是精神之爱，是基督教所宣扬的爱人如己、没有区别的大爱。

在坎贝尔看来，此两种爱情观都是人的身体维度（Eros）或精神维度（Agape）的片面表达，同时抽空和压制了与其特性相反的维度。Amor 的伟大之处是它超越 Eros 的纵欲主义和 Agape 的唯灵主义，它将人的身体被分裂的两个极端重新融合起来。有学者高度评价坎贝尔的爱情观，在坎贝尔那里，爱情使个体超越自己的狭小界限，从而使他与所爱之人融合为一。因此，浪漫爱情是使个体超越二元对立，从而达到完满融合的爱情关系。② 最终，爱成为神秘的力量，打开了融合的可能，互相区分的彼此通

---

① Joseph Campbell, *The Masks of God: Creative Mythology*, London: Penguin Books, 1968, p. 248.

② 参见 Joseph K. Davis, "Campbell on Myth, Romantic Love, and Marriage", in Kenneth L. Golden, ed. *Uses of Comparative Mythology: Essays on the Work of Joseph Campbell*, New York: Garland Publishing, 1992, pp. 105 – 119.

过爱之神秘确认了自身。

Amor 成为个体觉醒的宣言。在中世纪，青年男女仅仅是世俗世界经济和权力游戏中的棋子，完全被剥夺了婚配的自主权。而 Amor 的重要意义在于突破了权力对爱情的束缚。恋人所爱的是独一无二的对方。这种爱从眼睛和心灵之中诞生。从眼睛看到形象传到心灵而从心灵做出回应。[①] 总之，通过触犯禁忌的爱情，生活在此世的个体向世界宣示他的存在。

此外，Amor 与东方神秘主义的爱情观不同。在东方神秘主义传统中，爱情是获得精神升华的方式，女性因此成为男性体验至高无上的光明的机缘。伊斯兰教苏菲派神秘主义大师哈拉智（al-Husayn ibn Mansur al-Hallaj）的爱情即是如此。公元 922 年，哈拉智因宣称与他所敬爱的上帝是一体的而被逮捕，在受尽折磨之后被处死。他把自己对上帝的爱比作飞蛾对火的爱。飞蛾痴恋灯火，因此长时间绕着燃烧的灯火飞舞，最后带着灼伤的翅膀回到朋友们面前，告诉它们自己发现的美好事物。次日夜晚，因为渴望完全融入那美好的事物中，它飞进了火焰。在这位神秘主义大师那里，上帝便是他的火焰，出于这种疯狂的爱，他不惜因此而失去生命。

在神秘主义者的爱情观中，女性被爱并不是因为她们是具有性格和魅力的个体，而是因为她们被注入了崇高的精神，从而成为神圣意义的载体。传统印度教一般将情感分成几个层次：仆人对主人之爱、朋友之爱、父母对子女之爱、夫妻之爱。而触犯禁忌的爱情超越了这些情感，因为大神黑天与已经嫁人的拉达（Radha）的爱情传奇表达了印度神秘主义将 Kama 转变为 Prema 的努力。在坎贝尔看来，Kama 就是代表欲望的 Eros，Prema 是神圣的爱情。而世俗肉体的爱情向神圣爱情的升华是这则传奇的要义。[②] 也就是说，在这些传统中，被爱的女性仅仅是某种中介，是超越世俗世界的桥梁和通道。在此类爱情中，女性个体的独特性被抹杀，仅仅沦为承载某种神秘意义的工具。而 Amor 则是人性化的爱情，爱人所爱的是作为活生生的人的对方，而不是某种神秘的法则。

---

① 参见 Joseph Campbell, *The Flight of the Wild Gander*, Chicago: Henry Regnery Company, 1972, p. 210。

② 参见 Joseph Campbell, *The Flight of the Wild Gander*, Chicago: Henry Regnery Company, 1972, pp. 210 – 212。

不过，在这种爱情中，恋人会被一种超越自身的魔鬼般的力量控制。坎贝尔将特里斯坦和伊索尔德在森林中约会的洞穴看成女神的秘密洞穴，它成为代替基督教祭坛的爱情之纯净的异教教堂。①他们的爱情毒药将相爱双方的精神和肉身结合在一起。相爱双方一旦结合，就不能分离；如果分离，就会成为行尸走肉。爱情所促使的肉身与精神合一类似于双性同体的意象所象征的伟大意义，是夏娃被创造出来以后与亚当完美地融合为一体的状态，也是古希腊的众神没有将人类分开之前的状态。这些状态象征着时间世界与永恒世界的融合。也就是说，Amor 所代表的爱情跨越神圣与世俗的边界。在这种爱情中，爱人成为对方进入天堂的门径。

在坎贝尔看来，禁忌之爱的悲惨结局也具有重要的神话学意义。相爱的两人由于触犯禁忌而悲惨地死去，因此，Amor 所给予的冲击，恰恰与史前农人的性与死亡的入会仪式类似。②在史前农人的神话中，性与死亡往往是仪式中的核心主题。此种凸显性与死亡的仪式源自史前农人生死一体的观念。在中世纪，死亡是那个时代的爱情无法避免的宿命，相爱的双方由于背德而被处死。在 Amor 所代表的爱情中，性与死亡是融合在一起的。最终，Amor 所代表的爱情的甜蜜和死亡的惩罚是"人的时代"的入会仪式。

爱情悲剧是西方文学中的传统主题。在精神与肉体之间将两者进行融合的 Amor 也有向其中之一游移的危险。它会向无私的 Agape 或者纵欲的 Eros 偏移。《包法利夫人》中的爱玛滑向了纵欲的 Eros，她渴望骑士与贵妇人式的浪漫爱情。然而，她却生活在庸俗的环境中，被丈夫的缺少生命的无聊阴影所笼罩，最终，她对浪漫爱情的渴望幻化成过度透支的肉欲，而被释放出来的 Eros 也成为最终将其吞噬的魔咒。在这种神秘的激情和强大的世俗机器的夹缝中，《安娜·卡列尼娜》中的安娜的心灵被扭曲、生命被吞噬。总之，按照世俗需要而完成的婚姻成为个体精神的桎梏，这个在中世纪已经萌芽的人类精神之花，在压制人性的世俗世界被扼杀、摧残，最终枯萎。爱情悲剧就在一代又一代人的生命轮回中上演。

① 参见 Joseph Campbell, *The Flight of the Wild Gander*, Chicago：Henry Regnery Company, 1972, p. 212。
② 参见 Joseph Campbell, *The Masks of God：Creative Mythology*, London：Penguin Books, 1968, p. 67。

在坎贝尔那里，骑士探险和禁忌之爱是"人的时代"的世俗神话。骑士传奇中可以找到现代版的萨满精神，因此，这些探险、考验和获得恩赐的故事成为世俗时代的精神启迪。然而，坎贝尔的"世俗神话"能带来人间天堂吗？在人的时代，人在摆脱了束缚的锁链和保护的外壳后飞行，或许一个伟大的时代没有开始之前就已经夭亡。也就是说，人类由于沉迷于生命本然状态的自由，尚未飞升，或即毁灭。

在中世纪，宗教之间、城堡领主之间不断爆发战争。骑士传奇却将残忍的事实浪漫化为歌咏的故事，世代相传。然而，残忍的现实不会因为这些浪漫化的述说而被抹去。因此，有论者就对坎贝尔浪漫化地处理中世纪的骑士传奇提出质疑。在充满血腥的中世纪，骑士们杀人或者被杀，浪漫爱情仅仅是高贵的精神鸦片。[①] 在这些故事中，骑士们的决斗和偷情代表人类的破坏欲和性欲。骑士传奇将力比多中的原始力量用浪漫化的方式保存下来。这些虚幻的展示西方残忍历史的浪漫故事代表新的时代精神，历史现实与文本中的浪漫虚构之间的反差，使人不能接受坎贝尔的观点。

三 结论

坎贝尔在其著作中将人类神话演变史书写成一个伟大的故事。在他看来，这个故事的下一个精彩篇章已经转向了西方。西方当下所生活的时代是打破了压制个体的曼陀罗象征的时代。在这个伟大的时代，此前时代的所有法则和对立已经消失，坎贝尔将这一时代的特征概括为神圣的世俗化。也就是说，宗教敬畏感朝向世俗领域敞开，朝向整个世界自身的奇迹敞开。[②] 这个时代焚毁了神圣与世俗之间的对立，决定对立的意义体系也不复存在。在他那里，消解曼陀罗的法则是萨满修炼的最高阶段。[③] 因此，在他所谓的神圣世俗化的时代，恰恰是可以发扬萨满所代表的个体自由精

---

① Alfred Sundel, "Joseph Campbell' Quest for the Gail", *The Sewanee Review*, Vol. L X X Ⅷ, No. 1, Winter 1970, pp. 211 – 216.

② 参见 Joseph Campbell, *The Flight of the Wild Gander*, Chicago: Henry Regnery Company, 1972, p. 193。

③ 参见 Joseph Campbell, *The Flight of the Wild Gander*, Chicago: Henry Regnery Company, 1972, pp. 182 – 183。

神的时代。

为了给生活在世俗世界的个体寻求天堂的欢喜，坎贝尔从中世纪以来的天才创作中寻找启迪。他甚至将圣杯骑士的传奇尊称为基督教的世俗神话，因为它们用当下的方式述说属于永恒的神秘，从而重新建立与生命的永恒根基之间的关联，因此成为这个时代的神话。

不过，在人类所生存的世界，上帝不是为人类所杀，上帝是自动退隐，尼采只是说出了事实。因为人们所用的上帝的面具已经褪色，残缺不全，人们无法从这些残缺不全的碎片中获得启迪。然而，在坎贝尔看来，被荷尔德林称为世界黑夜的时代，是人出场的时代。在这个时代，诗人的使命是寻找与上帝对话的路径，诗成为唯一的救赎。他因此将创造现代神话看成解除西方现代社会弊端的良药。坎贝尔意义上的广义诗人成为神话的创造者。神话诗人是古希腊神话精神的继承。因为古希腊的神话存在于诗人的诗性道说之中，古希腊给了现代社会复兴神话的希望，也就是用诗道说神话。神话诗人则是包括哲学家、艺术家和作家在内的广泛的文化创造者。他们是文化英雄，是现代神话得以溢出的通道。坎贝尔式的神话创作更像火山口的爆发，在他那里，火山口就是文化英雄。从史前猎人神话、史前农人神话到苏美尔神话，甚至到现代他所称的基督教世俗神话或者创造神话，这一系列串联起来的神话演变史组成一个个火山口串联起来的地质图景。

然而，坎贝尔并没有认真思考他的创造神话与人们所说的文学之间的区别。他只是在《西方神话》的结尾提到如果诗过于沉迷于个体体验就会成为不成熟的诗。可是，神话与不成熟的诗之间的区别到底是什么？个体创作有上升为神话创作的潜质，坎贝尔从乔伊斯和托马斯·曼的创造中展示了此种潜质。然而，在西方文学史中，与托马斯·曼和乔伊斯处于同等级别的作家不在少数。比如卢·格德勒（Lew Girdler）认为坎贝尔忽略了弥尔顿等重要的作家。① 托马斯·曼和乔伊斯为何从他们之中脱颖而出，他们之所以被坎贝尔选中仅仅是因为坎贝尔自身的阅读范围限制了他的研

---

① 参见 Lew Girdler, "The Masks of God Creative Mythology by Joseph Campbell", *The Journal of American Folklore*, Vol. 82, No. 324（Apr. -Jun., 1969），pp. 171 – 172.

究吗？坎贝尔没有解释他所推崇的作家比其他作家优秀的原因，因此，就不能排除学界对他的分类过于随意的质疑。

另外，艾尔弗雷德·苏德尔（Alfred Sundel）认为《创造神话》与《神的诸种面具》的其他几卷不协调，这部书没有给《神的诸种面具》一个完整的结尾。坎贝尔在展示世界神话的全景之后，却在一个令人惊讶的狭小时代结尾，显得不够协调。① 在这位论者那里，坎贝尔在《创造神话》中所列举的作家完全不能与神话创造者并列在一起。可以从 N 级编码理论反思坎贝尔的错误。叶舒宪先生认为从一级编码（神话）到 N 级编码（后代创作）的文化创造过程是不断叠加的过程。不过，坎贝尔更倾向认为传统神话与后代创作之间是一种并列推演的关系。然而，需要指出的是，坎贝尔意义上的"创造神话"处于文化史的后期，它们处在文化支流和独创性交叉的十字路口。他仅仅论述了这些作品的创造性，却忽略了传统神话对后世创作的影响。作为文化的支流，创造神话不可避免地生活在传统神话的阴影之中。因此，即使这些创造能够代表人类精神的新觉醒，它们也不能和神话相提并论。

---

① 参见 Alfred Sundel, "Joseph Campbell' Quest for the Gail", *The Sewanee Review*, Vol. LXXVIII, No. 1, Winter 1970, pp. 211 – 216。

日本"万世一系"皇权神话的叙事研究*

摘要：日本所谓"万世一系"的皇权一直是其文化优越感之所在。这涉及两个层面的讨论。一是天皇存续至今的原因。目前的学界主要有"间接统治说"与"神权对世俗权力的保护说"，但都令人疑惑。在日本历史上，天皇掌握实权的"皇亲统治"时间并不算短，对于世俗权力来说，天皇并非毫无威胁的存在；以神权来保护世俗权力更不是日本文化独有的现象，"君权神授"可以说是王权统治的一种常规叙事。二是所谓的"真伪"问题。首先，天皇一脉的血缘并不仅限于直系继承，日本的皇权继承，不是"家族"传承，而是非严格意义上的"宗族"传承。其次，天皇的存在实际上几度岌岌可危。皇统"万世一系"不过是被建构的新"神话叙事"，值得深思的是其背后的族群文化心理和历史发展逻辑。

关键词：万世一系　宗族传承　神话叙事　天皇制度

一直以来，日本的史著都宣称天皇的传承是"万世一系"，认为所有的天皇都是来自同一个家族，也就是说，在日本历史上从来没有出现过王朝更迭的情况。很多日本学者，例如北畠亲房、虎关师炼、山鹿素行等都强调，相较于中国，日本天皇所谓"万世一系"的王权统治具有其优越性。甚至还有学者从历史观上否认政权鼎革的合理性，例如藤田东湖以为日本"皇统绵绵，传诸无穷，天位之尊，犹日月之不可逾，则万世之下，虽有德匹舜、禹，智侔汤、武者，亦唯有一意奉上，以亮天

---

* 本文为 2017 年度江苏省社会科学基金重点项目"中日王权神话的叙事研究"（项目编号：17ZWA001）；江苏高校哲学社会科学研究重点项目"中日王权神话的叙事研究"（项目编号：2017ZDIXM057）的阶段性成果。

** 方艳，江苏师范大学文学院教授，硕士生导师，文学博士。研究方向为文学人类学。

功而已。万一有唱其禅让之说，凡大八洲臣民，鸣鼓攻之可也"。① 联系天皇作为神裔的品格，鼓吹"大日本者，神国也。天祖开创基业，日神传下统系，我国之此事，异邦所共无，故曰神国也"②。不仅强调日本历史的特殊性，同时，对于中国王权鼎革的历史理念更是有所指斥。德川幕府时期的统治者、学者中都出现了夸耀本国、蔑视中国的倾向。山鹿素行撰写《中朝事实》，其唯一宗旨即阐明日本是"中国""中朝""神州"，反而将中国称为"外朝"和"西土"，以为"皇统与天壤无穷，礼仪因循"，远超"外朝"与印度。③ 纪传体《大日本史》把隋、唐、宋、明都编入"诸蕃列传"，与虾夷、琉球并列。事实上，这种文化心理的构建涉及两个层面的问题。

一 天皇存续至今的原因

无论历史过程如何，到今天日本还有天皇存在，这是不容忽视的现实。其内在原因是很多学者争论不休的学术焦点，综合起来看，有两种最为主要的观点。

（一）间接统治说

这应是目前学术界最为通行的观点，即强调日本天皇权力的非绝对性。认为"统而不治"，或曰"间接的统治"是其存续的原因。

中国史籍中最早详细记载日本皇室世系的是《宋史·日本传》，这也是首次记载日本天皇一姓传承的资料。对于造成两国帝制不同的原因，黄遵宪认为幕府将军等实际握有权力者"盖既已居其实，不必争其名……而王室一线之延，正赖以不坠"。④ 有相当多的学者持相同或相似的意见，认为日本天皇不具有实权，只是高高在上的一个象征，而中国皇帝把握国家

① 参见〔日〕藤田彪《弘道馆记述义》（上），日本学丛书本，雄山阁，1931，第4页。
② 〔日〕北畠亲房：《神皇正统记》，三秀舍，1940，第1页。
③ 〔日〕山鹿素行：《中朝事实》（下），日本学丛书本，雄山阁，1943，第59~60、75页。
④ （清）黄遵宪：《日本国志》，上海古籍出版社，2001，第25页。

实权，故而容易招来杀身之祸和王朝更替。① "回顾历史，我们可以清楚地看到，日本天皇'万世一系'的统治权威，实质上是一个统而不治的政治工具。它的权威先后被大氏族长们、大臣、皇族、外戚、太上皇、将军武士、元老、重臣和军阀所利用，战后则被作为'国家和人民团结的象征'保存下来。今天，仍然作为一种传统偶像被日本人普遍承认，因而天皇的'统而不治'是日本天皇的本质特征。"② 大体上说，众多学者倾向于认为，中日王权的区别在于，一个是绝对王权，是集权威与权力于一身、集圣与俗为一体的绝对王制，其兴衰直接导致王权的更替。而另一个则是相对受限的王权，或者说是如丸山真男所言的"天皇并非宗教的绝对者而只是祭祀行为的统率者"，并且，具体行政事务往往交由他人去处理，在重大的政治问题发生时，天皇似乎不需要承担根本性责任。③ 也就是说，日本天皇与权力执行相对分离的状态，避免了周期性的社会震荡。

这个看起来很合理的答案其实值得思考。首先，在日本历史上，天皇掌握实权的"皇亲统治"时间并不算短，而且是时断时续的。其次，更为重要的是，天皇并非遗世独立的超然存在。相反，他们从未真正放弃对于世俗权力的攫取。最为著名的是被幕府称为"主上御谋反"的后醍醐天皇造反事件，其最终影响是持续了100多年的镰仓幕府宣告灭亡。后醍醐天皇如愿重返京都，实施亲政。所以，对于世俗权力来说，天皇根本不是毫无威胁的一种力量。最后，至于说这是模仿中国的"挟天子以令诸侯"，则不知曹魏政权又从何说起，符号性存在的傀儡显然不能概括日本王权存续的真相。

（二）神权对世俗权力的保护说

日本的原始宗教意识虽然和中国类似，经历了万物有灵、祖先信仰和至上神信仰等阶段，但从时间上说，他们的祖先神和至上神信仰的形成要

---

① 参见汪向荣《日本有易姓革命吗?》，《古代中日关系史话》，中国青年出版社，1999；万峰《日本天皇制的历史特征》，北京日本学研究中心编《日本学研究》，科学技术文献出版社，1991。

② 黄焕宗：《试论日本天皇"万世一系"的统治》，《厦门大学学报》（哲学社会科学版）1985 年第 1 期。

③ 参见韩东育《丸山真男"原型论"考辨》，《历史研究》2015 年第 1 期。

晚近很多。迟至公元5~6世纪,才形成了以天照大神为主神的神统。相较于中国"帝"这一至上神的出现,滞后了两千年左右。一般认为,祖神信仰是日本神祇信仰的核心,也是天皇能够被神化的重要背景。

大化改新后,官修史书《日本书纪》继承以往史书记载的肇国神话,强调天皇家族的氏神、祖神是天照大神,历代天皇都是天照大神的子嗣和继承者。新天皇即位时,除了世俗的即位典礼,更要举行面向神灵世界的"大尝祭",这种非公开的仪式,是神化天皇的重要方式,起始于7世纪后半叶的天武天皇时,① 那是律令制国家建设的鼎盛期,也是神化天皇的高峰期。到8世纪后半期,孝谦天皇在位时,和尚道镜得宠,权倾朝野。孝谦无子,为定后事,派和气清麻吕为特使,前往宇佐八幡大神宫就皇位继承听取"神谕"。而道镜暗示清麻吕,所谓"神谕"就是让他继位。但清麻吕不为所动,听取"神谕"后,回奏说"神谕"是"我国家自开辟以来,君臣既定,以臣为君之事未曾有也,天之日嗣必立皇胤,无道之人宜早清除"。后来,在贵族集团的策划和拥戴下,天智天皇之孙光仁天皇即位。② 清麻吕传达的"神谕"反映了贵族集团对于作为日神后裔、拥有神圣血统的皇族成员才有资格成为天皇这一传统观念的深刻认同。"这种把日神作为祖先神的信仰方式,实际上意味着神权对于俗权的合法性保证。祭政合一的神权政治在日本早期地域国家开始萌芽,到大和统一政权时最终成型,此后一直影响着日本社会历史的发展。"③ 这里认为这就是历任幕府不愿或不敢废除天皇制的根本原因。

这种观点能不能成立呢?可能也需要再讨论。因为以神权来保护世俗权力并非日本文化独有的现象。首先,君主必须是精神权威,这是臣民服从统治的基础。在此基础之上,君主才能获取政治权力。而这种精神权威必须不断地通过繁复的仪式叙事来加以强化,并最终将君主神化。这种现象广泛地存在于世界文化的范围内。例如,古埃及的法老被认为是奥西里斯之子荷鲁斯的化身,罗马的每任皇帝都被尊为神来供奉、祭祀,印加的

---

① 中村生雄、『日本の神と王権』、法藏館、1994、第191页。
② 加藤友康、『ほか編. 日本史総合年表』、吉川弘文館、2005、第68~70页。
③ 王健:《"神体儒用"的辨析:儒学在日本历史上的文化命运》,大象出版社,2002,第28页。

萨帕·印卡也被视作太阳神印堤之子。反观中国的正史撰写，哪个王朝不竭尽全力证明其皇权神授的正当性？从尧舜开始，史籍所载之帝王世系，又有哪个王权拥有者不自述为黄帝苗裔？如汉代董仲舒所言："尊者取尊号，卑者取卑号。故德侔天地者，皇天佑而子之，号称天子。"（《春秋繁露》）"君权神授"，可以说是王权统治的一种常规叙事。中国历史文化中，帝王天命神话产生于奴隶制初期，至春秋时墨子创作商汤放桀和武王伐纣的神话故事而达到巅峰。① 秦汉以后，"帝王世系及其受命是谶纬的中心思想内容，其要义是论证汉政权之合法正统地位。其他内容都是围绕这个中心思想而展开。这一思想内容对于儒学和经学有所承继，更有所发明，它们一起构成了中国历史文明早期寻求政治合法性的思想历程，其影响至今仍绵延不绝"。② 应该说，大多数帝王发明了以神权推动王权的政治力学，这甚至可以说是体现人类心灵共通性的世界史上的普遍现象。只是中国文化的早熟或者理性，使得这种王权叙事仪式化或者程序化的意味更浓，就是说者和听者都未必尽信，姑妄言之、姑妄听之。所以，履迹斩龙的官方建构与高祖还乡的民间解构能够并行不悖。

在上述两类主要见解之外，还有学者提出，天皇之所以能够"万世一系"，是日本民族理性能力低弱而又长期得不到提升的结果。认为日本民族因为受到孤岛地理环境的限制和其他因素的制约，在早期的发展阶段就患上了严重的"理性先天发育不良症"。③ 虽然这样的结论可能稍显武断，但是从日本民族文化发展的历史地理原因出发，讨论其民族性格的形成与特征，无疑是一个非常好的角度。

二 "万世一系"的真伪问题

有关天皇制的论述中，以"连续论"和"断续论"两种观点最令人瞩目。在日本的大众话语中，前者占据主流地位，其主要观点是以皇统的"万世一系"和"祭政一致"为基础建构的近代天皇制为日本固有的文化

---

① 参见赵沛霖《墨子与帝王天命神话》，《文学遗产》1997 年第 3 期。
② 曾德雄：《谶纬中的帝王世系及受命》，《文史哲》2006 年第 1 期。
③ 武心波：《日本古代"天皇制"的象征意义及其批判》，《国际观察》2006 年第 6 期。

传统。但也有很多中日学者提出不同的意见,例如安丸良夫认为所谓"万世一系"的近代天皇制及其观念,其实都是伪造的传统,或称为"伪造的建筑物"。安丸良夫立论的主要依据是:"天皇"和"天皇制"的称谓并非日本所固有;历史上天皇对日本的统治没有连续性,根本谈不上"万世一系"的统治;在古代,"神孙为君"的思想被长期边缘化;等等。① 这些当然是非常值得重视的观点。事实上,要讨论"万世一系"的"真伪"问题,不妨先确定几个基本史实。

(一) 天皇一脉的血缘并非仅限于直系继承

首先,中古时日本小国林立,于公元 5 世纪才由本州岛中部的大和国家实现了统一,大和系与出云系斗争胜利的结果使其成为日本的别称。大和王朝建立以前,曾经有过多次王位的争夺,也有过多次朝代的更替。只是因为在无文字社会,历史的传承是凭借记忆背诵,而目前的考古发掘与神话叙事的融通性研究还有待进一步发展。其次,日本国史上,从首任天皇神武天皇到第九任天皇开化天皇,他们的事迹大多是来自传说与神话。从第十任天皇崇神天皇(前 98 ~ 前 30 年在位)开始,考古学才能确认其存在。自第 15 任天皇应神天皇(270 ~ 310 年在位)开始,历史的可信度才大为提高。但是,其血统、所属朝代仍然晦暗不明。再次,公元 5 世纪末,日本皇统出现了断绝的危机。武烈大王死后没有留下子嗣,近亲中也没有合适的继位人选。在找不到血缘亲近的继承人的情况下,以大伴氏为首的氏族集团决定从大和地区以外大王的旁支中寻找继承者。最终选定的是近江的一位王族远亲,即位为继体大王。据称他是应神大王的第五世孙,而应神人王与武烈大王相隔多代,其间产生了众多分支。所以,继体大王与先王武烈大王之间的血缘关系是非常淡薄的。事实就是,日本所谓的王统一系,并不是直系、单线,而是由直系和旁系等多个王系共同编织而成的。除父子传承外,兄弟、父女、叔侄,甚至其他亲族关系之间的传承也大量存在。把这些分支谱系加工整合,成为一部连贯一系的王统谱。②

---

① 参见刘金才《近代天皇观与日本"历史意识"的解构——读安丸良夫〈近代天皇观的形成〉》,《日本学刊》2010 年第 1 期。

② 〔日〕水林彪:《天皇制史论》,岩波书店,2006,第 101 ~ 103 页。

目前，中日学者多认为"皇统谱所代表的皇位继承制度，它保证了皇位传承的家族唯一性"。① 但是，严格来说，按照家庭为家族的基本构成单位界定，王统谱肯定不符合"家族"传承的要求。实际上，即便不以祖先世代聚居在某一区域为限制性条件，日本的皇权继承也只能勉强算作"宗族"传承。

（二） 日本所谓"万世一系"的天皇存在几度岌岌可危

自藤原氏政权开始，经平氏政权、镰仓幕府、室町幕府、丰臣政权和江户幕府，天皇作为傀儡，被握有实权的执政者摆布的状况持续了一千年左右。

崇峻天皇时，非常不满苏我氏的作为，认为其僭越无礼，难以容忍，希望能除掉这个朝廷的祸害。但是其意图被专权的苏我马子察觉，天皇竟在光天化日之下被肆无忌惮地斩杀了。武家掌握政权，尤其是室町幕府确立后，曾被视为有悖于"神孙为君"思想的孟子"放伐"思想得到认可，足利氏向全国宣布自己是"受命之君"，甚至在外交国书中开始使用"国王"义满的称号。②

此时，世俗权力对天皇的取代基本上就是一步之遥。

江户时代，天皇不仅被剥夺了统治权，而且受到幕府的严密监视。天皇的领地甚至不比一个中等的大名多。1615 年公布的《禁中并公家诸法度》十七条，严格限制天皇的权力和行动。规定天皇"以学问为第一"，无须过问国事。德川幕府末期，京都皇宫几次遭受火灾，宫殿被焚，境况凄惨。当时京都流传一首嘲笑天皇家的诗歌："凤凰生末世，落魄亦堪悲，雉鸡遭野火，被逐无巢归。"③ 幕府对天皇家小朝廷百般为难与压制，天皇毫无政治权威可言，老百姓只知道江户的将军，而很少知道有天皇。

事实上，"万世一系"的皇统作为近代天皇制的核心概念，肇始于18世纪末的本居宣长。他对《古事记》和《日本书纪》中的神话进行研究，并以此为切入点，探寻不曾受到儒佛"污染"的日本之固有精神，也就是

---

① 〔日〕武寅：《天皇制的起源及结构特征》，《历史研究》2012 年第 3 期。
② 石田一良，『日本文化史——日本の心と形』，東海大学出版会，1989、第 131 页。
③ 〔日〕井上清：《天皇制》，辽宁大学哲学系研究所译，商务印书馆，1975，第 18 页。

所谓的"大和心"。本居宣长的理论逻辑是,天照大神是太阳,而日本是其降生之处,所以,日本就是"万国之原本大宗之御国"。同时,他依据北畠亲房《神皇正统记》中所谓"天壤无穷之神敕""三种神器"等论述,阐释了天皇"万世一系",日本之为神国的缘由。之后,在幕末内外危机加重的形势下,后期水户学派提出了要恢复以天皇为绝对权威的"大和朝廷式"国体构设,会泽正志斋等集中论述了日本是"神国国体"的性质。在这个意义上说,所谓的"皇统一系"是近代日本在特定文化背景下建构起来的新"神话叙事"。不可否认的是,天皇的长期存在肯定不是偶然现象,所谓"万世一系"之神国叙事也不妨看成集体无意识作用下的必然选择,而真正值得深思的是此类叙事背后的族群心理和历史逻辑。白川静曾经提及商代神话与日本王权神话之间的关联性,① 伴随着近年来考古发掘新材料的出现,对于中日早期航海路线的探讨也逐渐深入,如果说商周文化之嬗变对中国文化性格的形成影响至巨,已经是一种共识,那么,从绳纹到弥生,数次大规模的大陆移民(包括商亡后经历朝鲜半岛的二次移民)对于大和系文明与出云系的斗争并最终胜出作用深远,这也应该是学界越来越认同的历史真相。比照夷夏东西说,在日本本岛的文化发展进程中,也可以看到西东向的文化冲突及迁移路线。与此同时,大陆文化基因的潜伏与大和魂的彰显一直反复纠缠,直到日本近代对西方文明的渴慕学习,在某种程度上带来了文化基因的突变。而在这个层面上,不难发现,从"神孙为君"的神话建构到所谓天皇"万世一系"的神话重构,其背景都是他者文化的强力冲击与本土文化的身份认同,看似惝恍迷离的神话叙事其实不过是这种内在逻辑的最终体现。

---

① 白川静:『皇室は遥かなる東洋の叡智:なぜ皇室は大切なのか、存続のみを論じるなかれ』,《文芸春秋》2005 年 4 月号。

从《天地瑞祥志》看《山海经》的接受与传播[*]

从《天地瑞祥志》看《山海经》的接受与传播[*]

刘　捷[**]

摘要：《天地瑞祥志》诞生于 7 世纪中叶的新罗，汇集了大量中国文献中的天文、符应知识，又借由在日本的流传而保存至今。从性质上说，这是一部汇集符应知识的专门类书，根据天地间不同的事物门类择取了不同文献的相关记载。尤其是在有关动物符应的"禽惣载"与"兽惣载"两章中，对中国难以归类的《山海经》知识发挥了举足轻重的作用。通过对《天地瑞祥志》的研究，不但可以揭开《山海经》在朝鲜半岛上的一段悠久而独立的接受与传播史，更可以从一个新的切入点审视东亚文化圈内的思想传播。

关键词：《天地瑞祥志》　《山海经》　符应

《天地瑞祥志》是一部收藏于日本的佚存书，现存三个版本，分别是前田育德会尊经阁文库贞享三年（1686）写本、京都大学人文科学研究所昭和七年（1932）抄本、石川县金泽市立玉川图书馆加越能文库文化七年（1810）抄本。其中加越能文库本仅存 15 行，而京都大学本则是最早的尊经阁文库本之誊本，所以当代中国学者在刊印此书时皆选用了更为清晰且附有眉批的京都大学昭和七年本①。

根据此书第一卷前面的《启》，此书为唐高宗"麟德三年"（666）

---

* 本文为教育部人文社会科学研究青年基金项目"明末通俗出版物、传教士与西方早期中国形象之构建"（项目编号：17YJC751020）以及上海市哲学社会科学规划青年课题"江南书籍之路：晚明市民文化推动下的中西交流"（项目编号：2016EWY006）的阶段性成果。

** 刘捷，华东理工大学马克思主义学院讲师，文学博士。研究方向为神话学、中国民间文学、中国文化史。

① 薄树人主编《中国科学技术典籍通汇·天文卷·第四册》，大象出版社，1993。高柯立选编《稀见唐代天文史料三种·下》，国家图书馆出版社，2011。都收录有昭和七年本《天地瑞祥志》。

"大史臣萨守真"所撰①，但"萨守真"其人于中国史书中全无踪影，《隋书·经籍志》《旧唐书·经籍志》《新唐书·艺文志》等古代书目中也均未提及该书，反倒是朝鲜李朝时期郑麟趾的《高丽史》以及日本的《日本国见在书目录》《通宪入道藏书目录》等典籍中有关于《天地瑞祥志》的记载。针对此书迷雾重重的写作与传播史中的一系列问题，海内外学者展开过广泛的探究，也存在一定的争论。关于《天地瑞祥志》的基本内容构成及在日版本流传的情况，水口干记、陈小法②有过详细介绍；中村璋八③也已叙述了此书自9世纪起被日本统治阶层，特别是阴阳家接受和使用的历史。而关于作者的身份问题，尚存一定分歧，以游自勇④、太田晶二郎⑤为代表的学者和以赵益、金程宇⑥为代表的学者分别将此书作者认定为唐人和新罗人。但综合诸家论述我们可以发现，书中存在的许多证据都彰显了浓厚的新罗特色，例如唐高宗于公元666年已改元"乾封"，但书中仍称"麟德三年"，称对"大王殿下"的上书为"启"不合唐制，作者在书中刻意选取了新罗与百济签订的《就利山盟约》为例而不用唐朝盟约，书中多不避唐讳，等等⑦。也就是说，《天地瑞祥志》是一部由新罗人编撰、在朝鲜与日本都曾受到知识界普遍认可的著作；同时，这部完全使用汉语并引用中国典籍汇纂而成的作品，又不失为唐初中国思想观念在东亚中华文化圈内接受与传播历史的直观体现。在这样的前提下，我们可以通过对《天地瑞祥志》各篇章中引用书目的梳理，对不同时代、不同性质的历史

---

① 高柯立选编《稀见唐代天文史料三种·下》，国家图书馆出版社，2011，第11页。本文所引用之《天地瑞祥志》皆出自《稀见唐代天文史料三种》所收京都大学人文科学研究所昭和七年抄本《天地瑞祥志》。

② 〔日〕水口干记、陈小法：《日本所藏唐代佚书〈天地瑞祥志〉略述》，《文献》2007年01期。

③ 〔日〕中村璋八：「天地瑞祥志について」，〔日〕中村璋八：「日本陰陽道書の研究」，汲古書院，1985，第503~510页。

④ 游自勇：《稀见唐代天文史料三种·前言》，高柯立选编《稀见唐代天文史料三种·上》，国家图书馆出版社，2011，第7~14页。

⑤ 〔日〕太田晶二郎：「『天地瑞祥志』略説：附けたり，所引の唐令佚文」，『東京大学史料編纂所報』1972年第7卷。

⑥ 赵益、金程宇：《〈天地瑞祥志〉若干重要问题的再探讨》，《南京大学学报》2012年第3期。

⑦ 详见赵益、金程宇《〈天地瑞祥志〉若干重要问题的再探讨》，《南京大学学报》2012年第3期。

文献在唐初的接受历史及其与"瑞祥"文化的关系进行考察，而《山海经》这样一部历史悠久又饱受争议的作品，在此书中的特殊地位无疑更值得从文献学、思想史等多个角度细细体味。

一 《天地瑞祥志》对《山海经》的引用

《天地瑞祥志》虽然往往被归入天文类①，但此书所涉的内容其实涵盖了多个知识面。从目录看，此书首卷为总论，第二论天地人三才，第三论"三光"（日、月、五星），第四、第五论二十八宿，第六、第七论内外星官，第八论流星，第九论客星彗星，第十论晕与云气，第十一论雷电，第十二论风雨，第十三论梦，第十四论谣言精魄等无形之物，第十五论植物，第十六论五行月令，第十七论宅舍器物，第十八论禽类，第十九论兽类，第廿论祭祀，共 20 卷，现唯存第一、七、十二、十四、十六、十七、十八、十九、廿卷。从其目录不难看出，其内容囊括天文、地理、气象、占梦、精怪、鸟兽、植物、器物等各个方面，天地万物，无所不包。萨守真在《启》中也曾直言其综合性的编撰取向：他试图继承的是从殷之巫咸、周之史佚到魏晋时的陈卓、韩杨等前辈都曾从事过的"修天地灾异之占"的事业，为此"广集诸家天文，披览图谶灾异"，以期达到"言涉于阴阳，义开于瑞祥；纤分之恶无隐，秋毫之善必陈"的效果②。从全书的结构设计来看，《天地瑞祥志》的作者是"欲将'五行'、'祥瑞'、'天文'以及业已边缘化的'数术'包熔于一炉"③，最后形成的是一部"将天文、地象、人事所涉之瑞祥分类整理的类书型文献"④。

在这样一个融会天地万物的符应体系中，各卷内容的不同又直接反映

---

① 《日本国见在书目录》将此书与《天文要录》一同列入天文部，日本石川县加越能文库本将此书与《天文要录》《六关记》并为一册传存，薄树人将此书收录进《中国科学技术典籍通汇·天文卷》，国家图书馆出版社亦于 2011 年将其作为"稀见唐代天文史料"之一种与《天文要录》《谯子五行志》并列影印出版，这都是将《天地瑞祥志》归类为中国古代之天文学资料。

② 高柯立选编《稀见唐代天文史料三种·下》，国家图书馆出版社，2011，第 7～10 页。

③ 赵益、金程宇：《〈天地瑞祥志〉若干重要问题的再探讨》，《南京大学学报》2012 年第 3 期。

④ 〔日〕中村璋八、『日本陰陽道書の研究』、汲古書院、1985、第 508 頁。

在作者对不同的专门文献的引述上。例如第七卷述星宫四十六内官与九十一外官，其中多引甘德、石申、郗萌、巫咸之言及《汉书·天文志》《晋书·天文志》《黄帝占》等星占文献；第十六卷述月令与五行，除大段引用《礼记·月令》原文外，就是对以《尚书·洪范》《汉书·五行志》《晋书·五行志》《京房易传》为代表的阴阳五行说作品的引用；而论述各项祭祀礼仪的第廿卷"祭惣载"，则完全将《礼记》《周礼》《大戴礼》《尚书》《孝经》等书奉为圭臬①。同样的，在《天地瑞祥志》第十八卷"禽惣载"和第十九卷"兽惣载"中，多记鸟兽祯祥的《山海经》就有着不可替代的地位。试统计这两卷中所引书目及引用次数后可以发现，第十八卷中引用率较高的文献依次是《尔雅》（22 次）、《山海经》（17 次）、《汉书》（15 次）、《瑞应图》（14 次）、《京房易传》（14 次）、《礼记》（13 次）、《方言》（11 次）、《说文》（10 次）；而第十九卷中引用率较高的文献则是《瑞应图》（27 次）、《京房易传》（19 次）、《山海经》（15 次）、《尔雅》（15 次）、《说文》（11 次）、《汉书》（9 次）、《抱朴子》（9 次）。显然，就引用次数而言《山海经》虽然不是最多的，但都名列前茅，其所占篇幅之大可想而知。不过真正体现其价值的，是《山海经》作为重要或者说唯一资料对《天地瑞祥志》所设条目的支撑作用。

《天地瑞祥志》第十八卷共设条目 74 项，其中仅以一种文献为资料来源的共 17 项，而以《山海经》为唯一资料的就占了 11 项②，分别是虢、跂踵、潔钩、枭溪、酸与、蚩鼠、鸭鵙、胜遇、鹃、鸰、鹳；另外还在有关凤凰、大鹗、鹈、鹈鹕、鱼（鲢鱼、螺鱼）的条目中引用了《山海经》的相关内容。第十九卷共设条目 42 项，其中仅借由一种文献独立成项的共 13 项，以《山海经》为唯一资料的占 8 项③，分别是狡、狸力、长舌、猾、朱厌、犰、朱儒、蛋；另外还在有关兽（驳、辣、觊、驿）、马（乘黄）、麃、猺、龙（烛龙、肥遗）、蛟螭的条目中引用了《山海经》的相

① 《天地瑞祥志》引用书目索引见中村璋八『日本陰陽道書の研究』，汲古書院，1985，附录第 30～43 页。
② 另外 6 项分别是引用《乐斗图》3 项（"发明""焦明""幽昌"）、引用《瑞应图》2 项（"吉利""富贵"）、引用《异物志》1 项（"世乐"）。
③ 另外 5 项分别是引用《瑞应图》4 项（"麕""白泽""周巾""角端"）和引用《河图说微示》1 项（"狸"）。

关内容。也就是说，《山海经》对于《天地瑞祥志》第十八、十九卷的条目设立起到了《尔雅》《瑞应图》《京房易传》等文献都无法替代的作用。凭借所引《山海经》"跂踵""胜遇""狸力""朱厌"之类独一无二的记载，极大地弥补了其他文献关于动物符应的知识空白，从而很好地丰富了作为"类书"的《天地瑞祥志》。

从引用内容上看，《天地瑞祥志》所引《山海经》涉及《山经》和《海经》整体，但专注于"鸟兽"的主题，并不牵扯《山经》中大量关于方位、草木、矿藏、山神祭祀等状况的描写以及《海经》中关于远国异人的记载；所选取的鸟兽都带有"见则～～"的强烈符应意味，也不牵扯其他诸如"狌狌"①"瞿如"② 等在《山经》中占绝对多数但并不包含符应元素的动物。这是由《天地瑞祥志》一书的性质决定的，本书为辑录祥瑞灾异知识的类书，无法将《山海经》中那些无关祯祥灾异的记录纳入其中。同时，《天地瑞祥志》所引《山海经》在文字上与原文存在不少出入③，这可能是传抄过程中的错漏，也可能源于所见版本的差异④，无从深究，但整体看来《天地瑞祥志》还是很好地保留了《山海经》原本就蕴含的祯祥内容。以"絜钩"为例，《天地瑞祥志》引《山海经》曰"硬山有鸟，其状如凫而鼠毛，善登木，名曰絜钩，见则国多疾"；而《山海经》原文为："又南五百里曰硬山，南临硬水，东望湖泽。有兽焉，其状如马，而羊目、四角、牛尾，其音如獋狗，其名曰㺔㺔。见则其国多狡客。有鸟焉，其状如凫而鼠尾，善登木，其名曰絜钩，见则其国多疫。"除去不相干的地理方位、有关另一动物的描述以及"絜"与"絜"的书写差异，"硬山"这一发现地点、"如凫而鼠毛"的外貌、"善登木"的习性、"絜钩"的名称以及"见则国多疾"的灾异效应，都是忠实于《山

---

① 《山海经·南山经》："南山经之首曰䧿山，其首曰招摇之山……有兽焉，其状如禺而白耳，伏行人走，其名曰狌狌，食之善走。"

② 《山海经·南山经》："东五百里曰祷过之山，……有鸟焉，其状如鸺，而白首三足人面，其名曰瞿如，其鸣自号也。"

③ 如"其名自号"作"其名曰號"（"號"），"其邑有讹火"作"其邑有讹哭之"（"鴨鳩"），"长右"作"长舌"，甚至还有把郭璞注文当作《山海经》正文引用的（"蛟螭"）。

④ 如《广韵》亦将"长右"引作"长舌"："《山海经》云：长舌山有兽，名长舌。状如禺而四耳，出则郡多水。"

海经》记述的。换言之，围绕着"瑞祥"这一中心，叙述对象的名称、外貌、习性、地点和祥瑞效应都是《天地瑞祥志》中必不可少的内容，也同样是《山海经》早就关注和记录的内容。仅就《山海经》的《山经》部分而言，总共记录了能兴起"大穰""土功""大水""大兵"等多种祥瑞与灾异的 51 种动物[1]，《山海经》整部作品所记录的动物更是远远超出这一数字，所以即便是在"鱼""兽""马""龙"这样的条目中，作者仍然能够从《山海经》中找到关于"螺鱼""狨""乘黄""肥遗"等动物的叙述并将之充实其间，从而最大限度地收录已知的"瑞祥"。

那么，《山海经》中这样一个动物符应的宝库为何会被《瑞应图》《晋书·五行志》等记录符应的文献忽略，却又被《天地瑞祥志》所发现呢？不同时代的学者基于各自不同的思想文化背景而对《山海经》的接受差异无疑是回答这一问题的关键。

二 《天地瑞祥志》在《山海经》接受史中的特殊地位

《山海经》因其中大量记载一些形状怪异、性情乖张的"怪物"而为人所津津乐道，但亦因此饱受争议，为人所"不敢言"[2]。在《天地瑞祥志》成书之前，关于此书的性质就已出现了不同的意见：《汉书·艺文志》将《山海经》归入术数略的"形法家"，与《宫宅地形》《相人》《相六畜》等书并列；而《隋书·经籍志》则将其归入史部地理类，与《水经》《风土记》《交州异物志》等相并列。《天地瑞祥志》虽成书于《隋书·经籍志》之后，却更接近《汉书·艺文志》的观点。

《汉书·艺文志》之说承袭自西汉末年刘向、刘歆父子，向刘歆对《山海经》中"怪物"的评价也是当时最为清晰和具有代表性的。他在《上〈山海经〉表》中曾言禹、益之时"内别五方之山，外分八方之海，纪其珍宝奇物、异方之所生、水土草木禽兽昆虫麟凤之所止、祯祥之所隐"，又言因汉宣帝时其父刘向以《山海经》辨贰负之臣，故"朝士由

---

① 详见刘捷《〈五藏山经〉神灵体系的构成与信仰记忆的博弈》，华东师范大学硕士学位论文，2011。
② 《史记·大宛列传》："至《禹本纪》、《山海经》所有怪物，余不敢言之也。"

是多奇《山海经》者，文学大儒皆读学，以为奇，可以考祯祥变怪之物，见远国异人之谣俗"。而刘歆所一再强调的"祯祥"不仅是指吉祥的征兆，更是决定国家命运的征兆——《礼记·中庸》曰："国家将兴，必有祯祥；国家将亡，必有妖孽。"《山海经》中那些能够预示一县、一邑、一国乃至天下吉凶的鸟兽正符合这样一种符应学说内的定义，所以才成了可以"求其声气贵贱吉凶"①的形法类著作，也得到了汉代探查天人感应、阴阳灾变之理的儒生们②的推崇。《天地瑞祥志》的作者无疑秉承了这一观点，他在《启》中曾说明，所谓"瑞祥"应该是"吉凶之先见，祸福之后应。犹响之起空谷，镜之写质形也"③，正确对待这些瑞祥的最佳例子是"殷主责躬，甘雨流润；周王自咎，嘉禾反风"④ 这样的圣王政治，而他呈现在这部作品中的内容归根到底也是为了辅助君主的长久统治⑤。正是在这样一种编撰宗旨指导之下，《山海经》中的鸟兽再一次被纳入符应学说的知识体系内，作为"瑞祥"再次进入知识分子和统治者的视野。

尽管《汉书·艺文志》将《山海经》归于术数类形法家，视之为符应占验之书，但是，此书毕竟有大量关于山川地理的翔实可靠的记载，所以这本书从一开始又被视为地理书。东汉明帝曾将《山海经》与《禹贡图》《史记·河渠书》一并赐给受命治水的王景⑥，说明东汉人就已经将之作为

---

① 《汉书·艺文志》："形法者，大举九州之势以立城郭室舍形，人及六畜骨法之度数、器物之形容以求其声气贵贱吉凶。"
② 东方朔、董仲舒、刘向成为后来最著名的汉代《山海经》研究者。《上〈山海经〉表》："考武皇帝时，尝有献异鸟者。食之百物，所不肯食。东方朔见之，言其鸟名，又言其所当食，如朔言。问朔何以知之，即《山海经》所出也。考宣帝时，击磻石于上郡，陷得石室，其中有反缚盗械人。时臣秀父向为谏议大夫，言此贰负之臣也。诏问何以知之，亦以《山海经》对。"《论衡·别通篇》："然则《山海经》之造，见物博也。董仲舒睹重常之鸟，刘子政晓贰负之尸，皆见《山海经》，故能立二事之说。"
③ 高柯立选编《稀见唐代天文史料三种·下》，国家图书馆出版社，2011，第11页。
④ 高柯立选编《稀见唐代天文史料三种·下》，国家图书馆出版社，2011，第11页。
⑤ 《天地瑞祥志·启》："伏惟大王殿下，惠泽光于日月，仁化沃于乾坤。握金镜而垂衣，运玉衡而负康。臣幸途昌运，谬承末职。辄率愚管，轻为撰著。臣所集撰，少或可观，虽死之日，犹生之年。不任惶惧之至，谨奉启以闻。"高柯立选编《稀见唐代天文史料三种·下》，国家图书馆出版社，2011，第11页。
⑥ 《后汉书·循吏列传》："永平十二年，议修汴渠，乃引见景，问以理水形便。景陈其利害，应对敏给，帝善之。又以尝修浚仪，功业有成，乃赐景《山海经》、《河渠书》、《禹贡图》及钱帛衣物。"

一本实证性的地理书看待了。至北魏郦道元修纂《水经注》，生水、丹水、阳华山、诸次山等多处皆引用《山海经》的记载，特别是以昆仑、积石为中心的河源地理，更是将其奉为圭臬，使《山海经》的"地理知识"得以与实在的"当代地理"相联系。而唐初所编著的地理专书《括地志》也承袭了这一态度，如以昆仑山在肃州酒泉县、三危山在沙州敦煌县、鸟鼠（同穴）山在渭州渭源县等①，又进一步将《山海经》的传说世界详细坐实，使之符合唐人的版图。如此一来，到唐人编纂隋史，自然就将《山海经》视为地理类著作了。

在肯定记载真实性的前提下，以五方山川为叙述线索的《山经》与以远国异人为主要内容的《海经》无疑都符合地理书的标准。至于山川之间的"怪物"，从地理的角度看就是各地所出之物产②，即自然界原本就应有的生物。这样一种用自然主义的眼光认识《山海经》的做法，从东汉到唐代，已经成为学者看待《山海经》的主流，而魏晋玄学思想在其中发挥了重要的作用，这一点可以从郭璞对《山海经》的研究看出。对于《山海经》中以《天地瑞祥志》所引之"跂踵""胜遇""狌力""朱厌"等为代表的鸟兽，郭璞驳斥了所谓"怪物"的评价，他在《注山海经叙》中指出："物不自异，待我而后异。异果在我，非物异也"，"夫玩所习见而奇所希闻，此人情之常蔽也"，"夫以宇宙之寥廓，群生之纷纭，阴阳之煦蒸，万殊之区分，精气浑淆，自相溃薄，游魂灵怪，触象而构，流形于山川，丽状于木石者，恶可胜言乎？"也就是说，无论是怪异的外貌还是奇特的效应，都是人们狭隘的认识割裂了本来的自然，才造成了种种"少见多怪"。郭璞的观点绝非孤证，魏晋以来受玄学思想启发的自然主义风尚使得《山海经》内容不断出现在当时的博物类作品中。《神异经》中的骦兜与穷奇③、《博物志》中的精

---

① 皆见（唐）李泰等著、贺次君辑校《括地志辑校》，中华书局，1980。
② 《周礼·地官·大司徒》："辨其山林、川泽、丘陵、坟衍、原隰之名物。"郑玄《注》："名物者，十等之名与所生之物。"
③ 《神异经·南荒经》："南方有犬，人面鸟喙而有翼，手足扶翼而行，食海中鱼。有翼不足以飞……一名骦兜。"《神异经·西北荒经》："西北有兽，其状似虎，有翼能飞，便剿食人。知人言语，闻人斗，辄食直者；闻人忠信，辄食其鼻；闻人恶逆不善，辄杀兽往馈之。名曰穷奇，亦食诸禽兽也。"

卫与肥遗①等等，都是在好奇、好博的时代风气下对《山海经》"怪物"真实性的一种肯定。唐初学界对《山海经》中鸟兽的观点便是承袭于此。以成书于唐武德七年（624）的《艺文类聚》为例，"精卫"被收录在了《鸟部》②；"吉疆"（吉量）、"九代"、"乘黄"③、"驹骒"④、"蜪犬"⑤、"駮"⑥、"九尾狐"⑦、"白猿"⑧、"猩猩"⑨被收录在了《兽部》；"烛龙"⑩"蛟"⑪"巴蛇""长蛇""肥遗"⑫被收录在了《鳞介部》。我们可以发现，在《天地瑞祥志》中被作为"瑞祥"的，都赫然在列。须知《艺文类聚》中尚设置有《祥瑞部》和《灾异部》这样专门收录符应知识的篇章，但以被《天地瑞祥志》视为"瑞祥"的駮、乘黄、烛龙、肥遗和狡为代表的大量《山海经》记载却只出现在《鸟部》、《兽部》和《鳞介部》之中，这便是将《山海经》中的这些"怪物"只视为"水土草木禽兽昆虫麟凤之所止"而否定其"祯祥之所隐"的功能。作为一般性知识总汇的类书，

---

① 《博物志》："有鸟如乌，文首白喙赤足，曰精卫。昔赤帝之女娲，往游于东海，溺死而不反，其神化为精卫。故精卫常取西山之木石以填东海"；"华山有蛇名肥遗，六足四翼，见则天下大旱"。

② 《艺文类聚》《卷九十二·鸟部下·精卫》："《山海经》曰：炎帝之女，名曰女娃，游于东海，溺而不反，是为精卫，常取西山之木石，以填东海。"

③ 《艺文类聚》《卷九十三·兽部上·马》："《山海经》曰：犬戎之国有文马，缟身朱鬣，目若黄金，名曰吉疆，乘之寿千岁。……又曰：大乐之野，夏后启于此舞九代马，白民之国，白身被发，有乘黄，其状如狐，背上有角，乘之寿二千岁。"

④ 《艺文类聚》《卷九十三·兽部上·驹骒》："《山海经》曰：北海内有兽焉，状如马，名曰驹骒。"

⑤ 《艺文类聚》《卷九十四·兽部中·狗》："《山海经》曰：蜪犬如犬，青色，食人从首始。"

⑥ 《艺文类聚》《卷九十五·兽部下·駮》："《山海经》曰：中曲之山，有兽焉，其状如马，而白身黑尾，一角，虎牙爪，音如鼓，其名曰駮，是食豹，可以御兵。"

⑦ 《艺文类聚》《卷九十五·兽部下·狐》："《山海经》曰：青丘之国，有狐九尾。"

⑧ 《艺文类聚》《卷九十五·兽部下·猿》："《山海经》曰：堂庭之山，发爽之山，其上多白猿。"

⑨ 《艺文类聚》《卷九十五·兽部下·狌狌》："《山海经》曰：有兽人面，名曰狌狌。又曰：狌狌知人名，其为兽，如豕而人面。"

⑩ 《艺文类聚》《卷九十六·鳞介部上·龙》："《山海经》曰：大乐之野，夏后启于此乘两龙。又曰：钟山之神，名曰烛龙，视为昼，暝为夜，身长三千里。"

⑪ 《艺文类聚》《卷九十六·鳞介部上·蛟》："《山海经》曰：蛟似龙蛇，而小头细颈，颈有白婴，大者十数围，卵生，子如一二斛瓮，能吞人。"

⑫ 《艺文类聚》《卷九十六·鳞介部上·蛇》："《山海经》曰：巴蛇吞象，三岁而出骨，君子服之，已心腹之疾。又曰：大同之山，有蛇，名曰长蛇，其毛如彘毫，其音如鼓柝。又曰：泰华山有蛇肥遗，六足四翼。"

《艺文类聚》对文献的引用和归类,反映了当时知识界对这些内容的普遍看法,将《山海经》的内容归于博物类而不是祯祥类,就足以说明当时知识界对此书的定位。

综上所述,《天地瑞祥志》对《山海经》的接受态度与当时唐朝知识界截然不同。从此书作者对中国文献的广泛涉猎和大量引用来看,他不可能对魏晋以来的自然主义思潮一无所知。比较《天地瑞祥志》的引文与《山海经》原文又能发现,关于"麂"与"蛟"的描述就有很多是来源于郭璞的注解而非《山海经》原文[1]。可见,萨守真是在了解郭璞对《山海经》研究的基础上,仍然坚持挖掘《山海经》中鸟兽的符应功能的。而他对《山海经》的这样一种认识,绝非简单的复古,《山海经》在朝鲜半岛的传播历史及其在知识体系中所取得的特殊地位才是使"怪物"成为具有政治功能的"瑞祥"的深层原因。

三 《山海经》与朝鲜历史文化的契合

成书于先秦的《山海经》其实传入朝鲜半岛的时间甚早,根据日本《和汉三才图会》的记载,晋太康五年(284年,百济古尔王时代),百济就曾将《山海经》连同《易经》《孝经》《论语》等中国典籍一起输送到日本,故公元284年前《山海经》应该就已传入朝鲜,此外《高丽史》与《朝鲜王朝实录》中也有《山海经》等书在高丽时代传入朝鲜的记录[2]。由此可见,早在郭璞(276~324)对《山海经》进行系统研究及注解之前,《山海经》在朝鲜半岛上的接受与传播就已悄然开启。不仅如此,从这段历史中我们还可以发现,这部文献在百济早已取得了与《易经》《孝经》《论语》这些经典一样受到官方认可的重要地位。司马迁的"不敢

---

① 《天地瑞祥志》:"女儿之山麂。郭璞曰:似麂而大,纚毛狗足";《山海经·中山经》:"又东北百二十里曰女儿之山,……其兽多豹虎,多闾麋麖麂";《传》:"麂似獐而大,倮毛豹脚,音几。"《天地瑞祥志》:"蛟似蛇而四脚,小头细颈,颈有白婴,大者十数围。卵生子,如一二斛瓮,能吞人";《山海经·中山经》:"中次一十一山经荆山之首曰翼望之山,……觋水出焉,东南流注于汉,其中多蛟";《传》:"似蛇而四脚,小头细颈,颈有白瘿,大者十数围,卵如一二石瓮,能吞人。"

② 〔韩〕闵宽东:《中国古典小说在韩国之传播》,学林出版社,1998,第236~238页。

言"为何能成为受到肯定的经典甚至被他国奉迎呢？符应思想在儒学东入
朝鲜的过程中不但被保留，而且被朝鲜原本的信仰文化所扩充的思想史进
程恐怕是最为决定性的因素。

首先，从中国人的历史评价上看，新罗称雄前的朝鲜半岛长期以来都充
满着浓厚的鬼神信仰。《后汉书·东夷列传》曰："高句丽，在辽东之东千
里，……好祠鬼神、社稷、零星，以十月祭天大会，名曰'东盟'。"《晋
书·四夷列传》曰："马韩居山海之间，……俗信鬼神，常以五月耕种毕，
群聚歌舞以祭神；至十月农事毕，亦如之。国邑各立一人主祭天神，谓为天
君。"《旧唐书·东夷列传》曰："新罗国，本弁韩之苗裔也。……好祭山
神。"这些都是从当时中国文人的视角出发对朝鲜文化所做的评价，其中当
然包含有天朝上邦的文化自负，但同时也是对中朝文化差异的一种客观反映。

其次，说到符应思想在国家政治层面的应用，在朝鲜本国的史书上也
屡见不鲜、长盛不衰。《三国史记·高句丽本纪第一》①："（高句丽琉璃明
王二十九年夏六月）矛川上有黑蛙与赤蛙群斗，黑蛙不胜，死。议者曰：
'黑，北方之色，北扶馀破灭之征也。'"《三国史记·高句丽本纪第二》：
"（大武神王三年冬十月）扶馀王带互遣使送赤乌，一头二身。初，扶馀人
得此乌献之王。或曰：'乌者黑也，今变而为赤，又一头二身，并国之征
也，王其并高句丽乎？'带素喜送之，兼示或者之言。王与群臣议，答曰：
'黑者北方之色，今变而南方之色，又赤乌瑞物也，君得而不有之，以送
于我，两国存亡未可知也。'带素闻知惊悔。"《三国史记·新罗本纪第
五》："（善德女王五年）五月虾蟆大集宫西玉门池，王闻之，谓左右曰：
'虾蟆怒目，兵士之相也。吾尝闻西南边亦有地名玉门谷者，潜入其中
乎。'乃命将军阏川。果百济将军于召欲袭独山城，率甲士五百人来伏其
处。阏川掩击，尽杀之。"以上这些史实，从高句丽开国之初直至朝鲜半
岛三国时代终结前夕的新罗，延续数百年。"黑蛙""赤乌""虾蟆"这些
动物作为象征国运、反映实事的符应，如果说前两例还都是出自文人士大
夫的阐释，那么新罗善德女王的预言则足以说明：符应思想已然受到了统
治阶层的全面肯定，成为左右人们行为判断的一种文化特质。

---

① 金富轼：《三国史记》，孙文范等校勘，吉林文史出版社，2003。

　　最后，在中国与朝鲜关于符应思想的文化交流、书籍传播方面，《山海经》也不是唯一的例子。《南史·夷貊列传下》："（元嘉）二十七年，毗上书献方物，私假台使冯野夫西河太守，表求《易林》、《式占》、腰弩，文帝并与之。"其中的《式占》和《易林》都是占卜术数一类的文献。《易林》虽源于《周易》，但《隋书·经籍志》将其列为五行家，《四库全书》又将其归为子部术数类占卜之属，皆与《汉书·艺文志》中《山海经》所属的术数略形法家相近。而百济王余毗作为一国之主，上表向南朝的宋文帝求取这些书籍，足见阴阳五行、符应占卜之类知识在朝鲜半岛举足轻重的地位。

　　总而言之，当汉代儒生们以"天人感应"为核心、以谶纬符应之学为基础的儒学理论体系被新的思想浪潮无情打断之际，这些带有神学色彩的儒家理论却与朝鲜半岛上原有的祖先崇拜、天神崇拜、自然神崇拜等文化渐渐融合，成为统治阶层和知识阶层所共同推崇的思想主流。也正因为这样一种思想史层面的地域差异，导致了在《天地瑞祥志》诞生的那个时代，唐朝与新罗的学者会对同一部作品的内容做出截然不同的解读。

　　除此之外，《山海经》中关于朝鲜半岛的准确描述也是此书的"真实性"受到"经典"般肯定的重要原因。现将《山海经》中有关朝鲜半岛的内容整理如下：

> 盖国在钜燕南，倭北，倭属燕。
> 朝鲜在列阳东，海北山南，列阳属燕。
> 列姑射在海河州中。姑射国在海中，属列姑射，西南山环之。
> （《海内北经》）
> 都州在海中。一曰郁州。
> 琅邪台在渤海间，琅邪之东。其北有山，一曰在海间。
> 韩雁在海中，都州南。
> （《海内东经》）
> 东海之内，北海之隅，有国名曰朝鲜、天毒，其人水居，偎人爱人。
> （《海内经》）

关于《海内北经》中的地名，郝懿行笺疏①引《魏志·东夷传》曰
"东沃沮在高句丽盖马大山之东"，盖国即朝鲜半岛的盖马高原，在辽东半
岛（燕）之南、日本之北；郭璞注"朝鲜，今乐浪县，箕子所封也。列亦
水名也，今在带方，带方有列口县"，朝鲜与列阳均属今朝鲜半岛；郭璞
注"（列姑射）山名也。山有神人。河州在海中，河水所经者，庄子所谓
藐姑射之山也"，海河州在古黄河之入海口即今渤海之中，列姑射即此间
连接胶东半岛与朝鲜半岛的一系列岛屿。关于《海内东经》中的地名，郭
璞注"（都州）今在东海朐县界"，郝懿行笺疏曰"琅邪台在今沂州府，
其东北有山，盖劳山也。劳山在海间，一曰牢山"；"韩雁，盖三韩古国
名。韩有三种，见《魏志·东夷传》"，则都州在今连云港境内，琅琊台在
胶南，韩雁与之隔海相望，乃朝鲜半岛南部古三韩之地。《海内经》中的
朝鲜无疑亦是指东北隅之乐浪，今朝鲜半岛北部。

由此，朝鲜半岛之地理位置已经能够借由《山海经》中的这些描述清
晰地勾勒出来。在"钜燕南、倭北"和"东海之内、北海之隅"的这片区
域中，自北向南依次是连接辽东半岛的盖国、列阳以东的朝鲜、渤海中的
列姑射以及与连云港隔海相望的韩雁，对照东北亚地区的历史地理情况，
这些记载无疑是真实可靠、条理清晰的。而从《山海经》整体来看，这些
关于朝鲜的内容又有着十分特殊的地位。一方面，《山海经》中有着大量
荒诞怪异的记载，且不论其他章节中俯拾即是的贯胸民、三首民一类内
容，《海内北经》中人首三角的戎、《海内东经》中龙身而人头的雷神、
《海内经》中马蹄善走的钉灵国民②等描写都不能不说是与有关朝鲜半岛的
准确记录大相径庭的。另一方面，在由《海外南经》、《海外西经》、《海
外北经》、《海外东经》，《海内南经》、《海内西经》、《海内北经》、《海内
东经》，《大荒东经》、《大荒南经》、《大荒西经》、《大荒北经》和《海内
经》共同组成的《海经》中，有关朝鲜的地理描述都出现在"海内"部
分，说明"早在《山海经》成书的时候，朝鲜已为禹迹所及、九州所涉，

---

① （清）郝懿行：《山海经笺疏》，巴蜀书社，1985。
② 《山海经·海内北经》："戎，其为人，人首三角。"《山海经·海内东经》："雷泽中有雷
　神，龙首而人头，鼓其腹。在吴西。"《海内经》："有钉灵之国，其民从膝以下有毛，马
　蹄善走。"

成为华夏文明版图中不可或缺的一部分"①。这不仅与《史记》中关于周武王封箕子于朝鲜的记载相符②，而且在朝鲜王朝时期所绘制的《天下图》中也可以看到与《山海经》在形式（大海与大陆环环相套的同心圆结构）、内容（毛人国、小人国、三首国等记载）上的承袭关系③，足见《山海经》影响之深远。

如上所述，儒学在朝鲜的传播深受谶纬卜筮的影响，甚至有学者将朝鲜儒学中对灾异巫卜的浓厚兴趣视为"儒学在朝鲜半岛早期传播中的最大特点"④。而《山海经》凭借其内容与灾异符应、朝鲜地理同时存在的高度关联性，在朝鲜早早确立了正统地位，对儒家思想高度认同的朝鲜知识界也因此将《山海经》与《易经》等儒家经典并列。如此一来，朝鲜学者在对待同为"经典"的《山海经》时，继承刘向、刘歆父子以"怪物"为符应的见解也就不足为奇了。而具体到《天地瑞祥志》的话，一方面，作者萨守真承担着"太史"的官衔及相应职责，所以必定深谙灾祥符应之道，熟读古来祯祥之书，包括《山海经》——唐时太史令"掌观察天文、稽定历数，凡日月星辰之变、风云气色之异，率其属而占候焉"，"每季录所见灾祥送门下、中书省入起居注"⑤，新罗自智证王时代（500～513）起仿汉制立法治国，统一朝鲜半岛后更是对唐朝官职进行了全盘借鉴⑥；另一方面，《天地瑞祥志》聚焦"瑞祥"，是一部旨在汇集古今灾异祥瑞的专门性类书，需要对这方面的知识和文献兼收并蓄、无所遗漏，对《山海经》的关注与发掘自然也就合情合理了。正是在朝鲜儒学的研究特点、《山海经》的内容特征、萨守真的知识构成以及《天地瑞祥志》的创作旨趣的共同作用下，即便郭璞对《山海经》的注释已经传至新罗，《天地瑞祥志》仍旧能将《山海经》中鸟兽置于左右国家吉凶祸福的"瑞祥"行

① 《山海经》对于朝鲜地理之态度可参见刘宗迪《古代朝鲜的世界观与〈山海经〉：以朝鲜王朝时期〈天下图〉为中心》，《民族文化论丛》第46辑，〔韩〕岭南大学校民族文化研究所，2010。

② 《史记·宋微子世家》："于是武王乃封箕子于朝鲜，而不臣也。其后箕子朝周……"

③ 刘宗迪：《古代朝鲜的世界观与〈山海经〉：以朝鲜王朝时期〈天下图〉为中心》，《民族文化论丛》第46辑，〔韩〕岭南大学校民族文化研究所，2010。

④ 杨军：《儒学在朝鲜半岛的早期传播》，《贵州社会科学》2009年第4期。

⑤ 《唐六典·卷十》。

⑥ 详见陈尚胜《中韩交流三千年》，中华书局，1997，第165～166页。

列，从而在朝鲜半岛发展出一段有别于中国的、以经世致用为旨归的《山海经》接受史。

结 语

从《山海经》的接受与传播来看，无论是对初唐这一历史时期，还是对新罗这一异域环境，都存在很大的研究空白。而《天地瑞祥志》对《山海经》的引用却恰好能够作为研究这一命题的直接材料。《天地瑞祥志》不但将大量仅现于《山海经》的"怪物"收录到"禽惣载"与"兽惣载"之中，而且保留了《山海经》原文中关于它们的名称、外貌、习性、出现地点和祥瑞效应的描述，将那些"不敢言"的"怪物"纳入符应文化的知识体系中。相较于同时期受魏晋风气影响的唐代《山海经》读者，朝鲜学者并未遵循郭璞、郦道元以自然主义的眼光来审视《山海经》的研究路径，而是采取与刘向、刘歆等汉代学者相同的符应学思维，将这些早已被中国学者视为地理名物的"鸟兽"定位为左右国家命运的"瑞祥"。

《天地瑞祥志》中这样一种相对独立的《山海经》接受态度，既取决于朝鲜学界的特殊性——《山海经》的写实性与权威性使其在朝鲜与儒家经典并列于正统，而朝鲜儒学又深受符应学说影响；又取决于此书的编撰背景——谙熟符应知识的太史要为服务皇权而汇集历代灾异祥瑞。我们借由《天地瑞祥志》中《山海经》"怪物"们的大放异彩也可以发现，《山海经》接受史与东亚各国思想史、东亚文化交流史都有着千丝万缕的联系，其中丰富的内涵有待当今学者凭借更广阔的视野进一步去发掘和整理。

多民族文学

贵州东部 Hmub 人的生命史叙事与城乡移动经验初探[*]

简美玲[**]

摘要：基于对贵州东部 Hmub 人展开的多年田野调查工作，本文以国家干部 Deik Bok 的生命史及其城乡移动经验为个案，勾勒出自 1950 年代到 2014 年的时代变迁以及台江 Hmub 人的个体生命史。在生命史叙事中，少数族群个体作为特定时代下的社会行动者，对其的讲述将现代性的发展与历史呈现为一个连续构成与再构成的多元文化故事。由此折射出地方社会、个人、群体关于现代性的亲身经验与社会实践，亦有助于深入理解人生历程构成与再现的现代性特征以及当代社会变迁的动力、轨迹及其现实效果。

关键词：城乡移动　生命史　叙事　多元现代性　Hmub 人　贵州

一　前言

1997 年以来，我在贵州东部 Hmub 人（此区域苗族的自称）聚集比例最高的台江县城及其周边的高坡村寨，进行田野研究工作。其中相遇或交

---

* 本文系"中国西南少数民族地区的多元现代性"之了计划"生命史叙事与西部中国的城乡移民研究（1930~2010）"（MOST 100 - 2420 - H - 009 - 001 - MY3）部分研究成果。感谢台湾"科技部"经费的支持；感谢贵州友人对田野工作的协助以及多年来与我分享你们的生命史经验。谢谢我的学生们杜岳洲、潘怡洁、吴美玉、庄景宇、陈靖旻，协助田野资料与文献材料的整理。本文初稿发表于 2018 年人类学高级论坛：李亦园先生学术思想与中国人类学发展研讨会（武汉中南民族大学 2018 年 5 月 4 日~6 日）。最后特别感谢人类学界伙伴与前辈们：何翠萍、余舜德、徐杰舜、徐新建、李菲、刘璧榛，给予本文宝贵意见及关注。本文完成时，笔者担任 2018~2019 日本京都大学东南亚研究所国际共同合作计划学者（the Scholar of IPCR, CSEAS, Kyoto University 2018 - 2019）。感谢速水洋子教授与佐藤若菜助理教授对本文研究议题的意见交流。

** 简美玲，台湾交通大学人文社会学系教授，研究方向为文化人类学、亲属、情感、性别、身体经验研究、历史民族志、语言人类学、医疗人类学。

往的长辈或友人，多半是从周边村寨移住到台江城头的第一代。有些退休的文人或官员，则可能来自清水江北岸的黄平、施秉（这两地早在明清时期，就曾有土司管理。比台江县城更早进入清帝国的治理与统御范围）。"成为台江人"是他们的生命史经验里共有的记忆。他们自身都有着与不同村寨往来或来往于清水江两岸的故事。基于这样的理解，我于2011年和2014年回访台江县城，进行当代Hmub人城乡移动现象、经济社会与文化之变迁的观察、移住居民的家屋与家屋外活动的参与观察并针对台江的Hmub人进行深度的生命史访谈。

他们的出生年代跨越1920年代至1970年代。他们述说着因"文化大革命"而导致的移住经验，或因工作而前往城市打工的经历，以及在不同地方打工所面临的语言、生活方式的差异等困境。这些个人的移动经验，凸显出到城市打工不仅是个人的抉择，背后更包含着中国国家的发展、改变以及贵州区域特殊的历史与社会文化脉络，乃至族群、性别、世代等因素所产生的差异。

这篇文章拟结合我在贵州东部高地的台江进行田野工作时所进行的生命史访谈及参与观察的田野笔记书写。在方法论上，我且称之为"生命史的民族志参与"。这样的研究经验与过程，是指我在台江地区以长达十余年的岁月，与几位主要报道人之间的交往。过程中，结合多年来面对面或书信往来的互动，并通过交谈、访问之生命史民族志的参与，这同时也是个以口述材料及书信、日记等语言材料为主的叙事研究。我想通过此种方式，感受与理解台江城头Hmub人的生命史叙事中的城乡移动经验与其中所展现的多元现代性。

为了呈现较为微观与丰厚的生命史口述材料，在这里我谨援引Deik Bok一生的城乡移动经验与当前他从国家干部退休的处境为例。我想阐述一个跨越1950年代到2014年前后的贵州东部台江Hmub人个人生命史转折里，所浮现的地方社会、个人、小群体对于现代性的亲身体验与微观的个人感受。本文最后拟指出，通过这一作为例子的民族志材料，其重要处在于，若要理解当代社会，应将现代性的发展与历史看成一个持续构成的多元文化叙事。

二 背景

在进入较微观的个人生命史描述前，这篇文章拟先铺陈一个时代背景。在中国崛起的当代，城乡间人口的大规模移动无疑是其中显著且重要的经验之一。城乡间的人口移动如何影响个人、家庭、亲属之间的关系以及影响村寨与村寨之间、村寨与县城之间界线的形成与破除，是当代中国的巨大现象之一，并且值得关注。城乡的人口移动及其与经济社会学的关联，在相对宏观的学科或研究取径并不是一个少见的议题①。这些文献已指出，周边地区的少数族群迁移至城市工作时，面临着国家制度、文化背景与生活方式等诸多差异的冲击与适应②。

本文描述及讨论的个案，虽然聚焦于中年男性，但相关的文献已然提醒我们，以性别角度分析男性人口与女性人口流动的成因、特征及在原乡与都市所面临的差异处境，也指出女性的城乡移动可能面临双重边缘化的处境③。

与本文探索城乡移动经验相关的文献，就理论观点上颇具启发的是文化地理学者 Tim Oakes④ 与人类学家 Louisa Schein 在 2006 年合作编著的专书论文集——*Translocal China: Linkages, Identities and the Reimaging of Space*。他们采用了"跨地方"（trans-local）的理论观点，讨论中国地方社会的人群如何因应跨区域的流动而对于空间产生了新的联结、认同与想象。其中，与本文所要描述的对象在族群、地域、性别、教育、社会的

① 相关研究见王景新《新农村建设中传统村落及村落文化保护》，《中国乡村发现》2007 年第 5 期；邵燕婷《十九世纪后期上海季节性移民的形成》，《安庆师范学院学报》2002 年第 21（2）期；吴新慧《社会排斥与农民工子女的边缘化》，《书摘》2005 年第 6 期；杨建华《从边缘走向中心："打工文化"塑造的一条途径》，《浙江青年专修学院学报》2003 年第 3 期；费孝通《江村经济》，商务印书馆，2001；刘海泳、顾朝林《北京流动人口聚落的形态、结构与功能》，《地理科学》1999 年 19（6）期。
② 参见李春玲《城乡移民与社会流动》，《江苏社会科学》2007 年第 2 期；李伟梁《论少数民族流动人口的城市融入》，《黑龙江民族丛刊》2010 年第 2 期。
③ 参见杨筑慧《西南少数民族妇女外流与传统社会文化》，《中央民族大学学报》（哲学社会科学版）2006 年第 2 期；王丽静、刘绍军《进城务工农民工作与生活状况的性别差异》，《农业经济》2006 年第 11 期；何明洁《性别化年龄与女性农民工研究》，《妇女研究论丛》2007 年第 4 期；杨国才《边疆少数民族妇女流动的特征及变化》，《云南民族大学学报》（哲学社会科学版）2008 年第 6 期；邱红、许鸣《从社会性别视角探析农村妇女向非农产业转移》，《人口学刊》2009 年第 5 期；沈渝《城市融入中的社会性别研究》，《统计与决策》2010 年第 16 期。
④ Oakes, Tim and Louisa Schein, "Translocal China: Introduction," *Translocal China: Linkages, Identities and the Reimaging of Space*, eds., New York: Routledge, 2006, pp. 1 – 35.

工作角色与国家的关系等，有其差异或可相互对照的是 Louisa Schein① 在该书的一章，用前述的理论概念来探讨贵州苗族女性城乡移动的生命史。Schein 描述了同样位于贵州黔东南的西江苗族村寨女性，经由打工、婚姻、文艺表演、生产民族手工艺品和服饰等不同渠道，移动到中国其他大城市谋生。她指出苗族女性在城乡移动的过程中，她们的身体经验、饮食习惯、外表装饰、服饰特色、族群特征与世界观等方面都经历了不同地域空间的分离（dislocated）、转进（emplaced）与重置（replaced）。Schein 所描述与讨论的西江苗族村寨外出的女性，其城乡移动经验及其所再现的跨地方特性以及与族群或性别差异的对照，都可能与本文所要描述及讨论的 Deik Bok 一生的城乡移动经验与其中可能被理解的意义成为对话的基础。

与本文相关的另一个背景，是我们如何来解读在一个变迁的生命历程里，个人作为一个主体，如何面对移动与环境的转变并从中建立一种对自我的认同与对外在环境转变的理解。本文尝试借由与现代性之探讨与反思攸关的理论观点，作为一个对话的基础。爬梳在贵州东部苗族的个人生命史与移动经验的民族志资料里个体对于外在环境的变化以及如何呈现一种进展的感受或样态，虽然不一定是直线方向的演进或质变。

Shumuel Eisenstadt② 及 Bjorn Wittrock③ 所提之多元现代性（multiple modernities），Donald Nonini④ 及 Aihwa Ong⑤ 的另类现代性（alternative modernity），Martin Jacques⑥ 的本土现代性（indigenous modernity）和 Lash

① Schein, Louisa, "Negotiating scale: Miao Women at a distance," *Translocal China: Linkages, Identities and the Reimaging of Space*, eds., New York: Routledge, 2006, pp. 1 – 35.

② Eisenstadt, Shmuel, "Multiple Modernities", *Daedalus* 129 (1): 1 – 29, 2000.

③ Wittrock, Bjorn, Modernity: One, None, or Many? European Origins and Modernity as a Global Condition, *Daedalus* 129 (1): 31 – 60, 2000.

④ Nonini, Donald and Aihwa Ong, "Introduction: Chinese Transnationalism as an Alternative Modernity," *Ungrounded Empires: The Cultural Politics of Modern Chinese Transformation*, New York: Routledge, 1997.

⑤ Ong, Aihwa, "Chinese Modernities: Narratives of Nation and of Capitalism," *Ungrounded Empires: The Cultural Politics of Modern Chinese Transformation*, New York: Routledge, 1997.

⑥ Jacques, Martin, *When China Rules the World: The End of the Western World and the Birth of a New Global Order*, New York: Penguin Press, 2009.

and Friedman① 的另一个现代性（another modernity），都是企图修正早期西方观点对于现代性的探讨。这些学者对于现代性的讨论，朝向变动的、不稳定的，关注现代主体的经验以及差异的叙事等社会文化面向。Eisenstadt 进一步从说故事的行动经验指出，若要理解当代社会，应将现代性的发展与历史，看成持续建构与再建构的多元叙事，亦即探索现代性如何形成于诸多不同的社会、政治与知识的行动中。这种从微观与动态的观点探索现代性经验的构成，对于本文通过生命史的叙事语境来阐述台江 Hmub 人的城乡移动与其中所浮现的对现代性的感受有着相当的启发作用。

在前述城乡移动的文献基础上，显示还需要有不同的或较为细微的理论观点来探入这个当代巨大现象的底层，尤其是这个现象与地方社会亲近的互动处，或农民工个人的生命经验之间的差异与断裂等。因此，较为细致地面对拥有异质背景的贵州东部 Hmub 人（性别、生长年代、受教育程度、家庭背景等）自乡村迁移到城市的过程中所感知的迁移经验，将能较具体与深刻地呈现个人微观的主体生命经验。在这样的构想下，我在 2011 ~ 2014 年推动了一个研究计划，由人类学民族志的微观视野来描述与阐释贵州东部说 Hmub 语的个人、家庭、村寨、县城，在巨大的城乡流动现象里的个别与独特的微观历史经验。我试图将对个人的微观史经验及叙事的描述与解读，放回历史的语境里——他们攸关语言、文化、生境、地景以及国家的控制与治理。从 1930 年代至 2010 年发生在贵州东部的城乡流动经验的独特性，历经了 1930 ~ 1940 年（解放战争前）、1950 ~ 1970 年（计划经济时期）、1980 ~ 2000 年（经济改革及发展时期）、2000 ~ 2010 年（中国的经济崛起）四个阶段。这个历程如何关联着黔东南台江 Hmub 人群移动经验中的跨世代特性与现代性，这个所谓的现代性，在贵州东部的社会与个人，展现的又是何种内涵，本文拟对此作出回答。

总之，延续着前述学者反思现代性的基本理论关怀，本文通过生命史叙事的语言行动以及结合我在 21 世纪以来往返与小住台江城头并与 1997

---

① Lash, Scott & Jonathan Friedman, *Modernity and Identity*, eds., Cambridge, USA: Blackwell, 1992.

年以来结交多年的台江 Hmub 长辈与友人的相聚、互动、交谈，对城头所见所闻的观察与参与观察，生命史叙事，一方面是拟收集、描述与分析的资料，一方面也是一种整合展演、存有与语言实践的理论取径。通过生命史叙事的逐字记录与细密的田野笔记书写，来探索中国边陲族群在城乡流动中所经验的现代性。

三　侧写台江好友的生命史与他的城乡移动经验

书写好友的生命史，其实内心有些忐忑。不过也因为在 1997 年夏秋之交，与好友的认识与结缘之初，我是个来到贵州东部进行苗族文化田野研究的人类学研究生。这一路的陪伴与对于苗族文化知识之介绍与相关田野探索的带领，已将近二十载岁月。2014 年在贵州东部的台江县城，再见好友，他已从国家干部成为退休了的干部。我也从人类学博士生成为在大学教书十多年的老师了。

我称为 Deik Bok 的友人，是有如兄长般的，是我在台江最好的朋友。回忆 1997 年夏秋之际，贵州大学的杨老师，陪我来台江找寻一年后的博士论文田野地点。当年任职于台江县宣传部同时也是文艺作家台江联合会成员的 Deik Bok，就担任我在台江县城的主要接待人。当时，我要选博士论文的田野点，想在两个台江县的高坡苗寨（Fangf Bil 与 Eb Diuf Nel）中选一个。因为当年的 Fangf Bil 交通方便，我们一行五人，先来到此进行田野工作。后来同行的杨老师身体不适，和黔东南州文联的一个年轻小伙子便先行离开，他们分别返回凯里与贵阳。

仅 Deik Bok 陪我去 Eb Diuf Nel 村寨。这个村寨对我的研究很有意义，因为它就是吴泽霖先生在 1950 年代进行访谈与记录的村寨。因为由公路到村寨只能步行，将近两个小时的步行路程，我们谈了台江地区的种种苗族村寨文化。也因这段走路的行程，我和 Deik Bok 成为好朋友。1998 年底，我来到 Fangf Bil 进行为期一年半的博士论文工作。而后我回访台江进行研究期间，总是找 Deik Bok 帮忙。也因为他，而认识他的妻子与妻妹徐晓红，并和晓红成为好友。博士论文的田野调查期间，我曾在晓红家住过。1998 年冬天的某个夜晚，晓红给了我两条毯子盖，至今温暖仍在。后来因为晓红离开了台江去凯里开铺子，我从山上村寨下到台江时，才开始去老县长张明达伯伯与周运荣伯母家住。两位长辈待我如亲人，至今难以忘怀。

1997 年以来，我与 Deik Bok 的多年好友情谊，使我似乎有一种较多层次的方向来整理与回溯——Deik Bok 如何看待他的一生以及在生命史历程里的城乡移动经验。对我而言，探索 Deik Bok 的生命史叙事，一方面是所收集、描述与分析的资料（也是经验现象本身），一方面是一种展演、存有、语言的实践。如人类学家 Janet Hoskins[1] 在 *Biographical Object：How Things Tell the Stories of People's Lives*（《传记的物》）一书所说，生命史叙事的研究并不是在面对一个既存、固定的文本，而且所有的叙事都不是轻易就能被发现的。因为人在述说自己的生活，并非只是提供关于自己的资讯，同时也是以特定的方式向外面的世界宣告在述说故事的当下自己是如何看待自己的。就如印度尼西亚东部的 Kodi 人，以叙述自己亲密、贴身之家常物的故事来述说他们的生活、生命经验及所经历的重要事件，并由物与故事作为中介表达出他们对自我的观感及看法（selfhood）。

（一）早年的教育与移动经验：西南村寨与施洞镇（1959～1972 年）

Deik Bok 1959 年出生于台江县革一乡大塘西南苗寨。他说 6 岁那年（1965）开始在大塘小学上学。念书时遇上了"文化大革命"。由于叔叔在"文革"时曾写标语反对，因此 Deik Bok 在小学毕业后，差点念不了中学。他回想，幸好有生产大队的会计帮忙"填表格"，才得以去念中学。1970 年他进入施洞中学就读，两年之后（1972）中学毕业。

Deik Bok 早年的生命史，呈现出几个重点。其一是与"文化大革命"有关的经验。

> 我的外婆是地主，我的叔叔是反革命分子。小的时候，我就到大塘小学去读书。那时候读书不差，就调皮一点，不认真。到"文化大

---

① Hoskins, Janet, *Biographical Objects：How Things Tell the Stories of People's Lives*, New York：Routledge, 1998.

革命"，读书上初中是靠领导推荐。

提到"文革"，他的感受是恐惧的。这个感觉源于"文革"时期在小学的经验：

> 心里面经常有一些恐惧，有这样的感觉。有一次我不知道是我们在黑板上写一个什么，现在记不清楚了，写一个什么字。后来就遭到学校批判。

另外一个重点是早年的教育与首次的移动经验。这里的教育指的是 Deik Bok 在当上"国家干部"之前的基础训练。早年的教育使他在以后得以更进一步进入不同层次的国家干部教育（农村干部）。在他早年的生命史经验里，生活的情境是得仰赖不断地劳动以换取"饭票"来维持生活："当时读书都是很辛苦的。我们家里面人口多，亲戚（生活）困难，我们每一个人都自己砍柴去卖。一根五毛或一块。那五毛钱相当于现在的十几二十几块。"

Deik Bok 在中学求学时，施洞镇正处于刚刚开始发展的阶段。当时在共产主义的国家治理脉络下，镇上的农事活动充满着人际网络的情谊："没有现在热闹，一个小小的镇，小小的街。当时学生经常出去，去支农。我们每一个星期都去帮助农民。"施洞也在行政区域上经过了变革："施洞镇那里就是说，原来是一个区，管十个乡镇。"Deik Bok 在对早年求学的回忆中，充满着对于外出接受教育的渴望："（去学校的路）很远，但也觉得快乐。"而且这种渴望的浮现，还与他心中父亲的形象相互交缠："那时候我父亲在施洞工商局工作。有时候我跟父亲，我们俩一起返家。在半路就去砍那个可点亮的松油柴。我父亲那时候就爬到很高的松树上面，去把它砍下来。我也帮忙挑着回家。大概也要走二十里路。"

（二）青年到壮年的移动经验：从镇到城，从工作到打工（1973～1994 年）

1972 年 Deik Bok 在施洞中学毕业，1973 年开始在村办小学教书。这时候的他，已经开始涉足地方事务。除了当一名教师，Deik Bok 也当计分员。在村办小学的工作维持了 7 年。期间曾经考过高校 (1976),但没有考上。直到 1980 年,Deik Bok 才考上农村干部。而这个时间点是重要的。一来 Deik Bok 正式进入党校,换言之,是进入了国家干部的预备队。二来,在台江莲花书院两年的党校生活,使 Deik Bok 初次来到台江县城。由空间的移动来解读,我们可以定调,Deik Bok 开始进入了可能体验现代城市的经验。他回忆道:"就是很向往到台江,因为可以去读书、工作。"

2011 年我通过在台江与 Deik Bok 所进行的生命史访谈、对话,可从他的个人经验对照出,1980 年代与 2011 年,台江县城在空间与生活上的差别。就 Deik Bok 而言,经由金融、科学知识与军事训练,在 1980 年代的台江县城,地方、个人与国家有了新的关系并且面对新生活的进展。"当时这个地方都是农田。就那个老街啊,现在的教育局,这些地方,才有房子。"民众开始可以向银行贷款。Deik Bok 进入党校的条件是"农业科技",因此学习了植物学。学习结束之后,1982 年 3 月,Deik Bok 到武家庄、镇远,接受军事训练。1983 年,他被派到平兆公社服务,负责管理民兵。1984 年 4~5 月,被调到施洞公社工作。这年 Deik Bok 去考了成人高校并且结婚。同年 8~9 月,他到位于麻江县城的贵州广播电视大学进行党政专业的学习。两年的党校学习完毕之后,开始在台江城里生活。从 1986 年开始,到县委办公室工作。

这一年,Deik Bok 的大儿子出生了。1987 年,喜欢写作的 Deik Bok 开始创办《台江文艺》(他对此刊物投入的工作,一直持续到退休前)。1989 年,台江有了第一家歌舞厅。1992 年施洞乡改制成"施洞镇"。1991 年 Deik Bok 开始在宣传部工作。回忆 1986 年起在台江城里的生活,Deik Bok 提到居住的经验:"当时住那个房子是仕县委过去的木房,在新街,在大炮台的半坡上。生活比较困苦。"也提到当时的生活休闲:"钓鱼啊,不,不是,是打鱼啊。上坡去找蜂蛹,炒来吃。""当时只有一个歌厅。我们去跳舞啊。当时没有现在这么多(歌厅)。"在访谈的 2011 年,当年的第一家歌舞厅已经不复存在,"已经撤掉了"。

在访谈进行时,Deik Bok 也针对 1990 年代起,当一个在城里的台江人,与在村寨生活的差别,做出了自身的诠释。

村寨是维持一点基本生活就可以，没办法买高档一点的衣服，特别是买房子。这种问题很麻烦。（19）92、（19）93 年开始搞房子的改革，我就买我老婆大哥的房子，那个房子有八十几平，要四千块钱。那时候我没有钱，没办法，就跟很多人借，都借不到。后来跟一个重要亲戚借贷……

很明显，对他而言，两者的差异在于，自1990年代开始的社会主义市场经济，国家在都市的住宅政策所带来的影响。这也形成一股推力，让一个在县城已经有工作岗位的国家干部，因需要还清房屋的借贷，而往外走，到大城市打工。

到外地工作，就是 Deik Bok 口中的"打工"。这也是他生命中重要的经验之一。1994 年，因为到外地打工，Deik Bok 头一回走出贵州。他说，打工的同伴"有来自湖北、北京、四川的同路人"。虽然只有短短两个多月，但是已经让他对于外地的工作有了不同于以往的贵州的经验。一开始他是在亲戚的压力之下，到外地打工的。基于对写作的兴趣与能力，他先去了《深圳日报》应聘编辑，但没有结果。于是他留在深圳，当了工地的建筑工。

对于 Deik Bok 来说，在深圳打工的经验是不太舒服的。这种不舒服，牵涉到一种劳动的异化感觉，一种挤身都市里的身体感：

在那里做工，他就是指挥你，指示你。有一种好像心里有很大的压力。在都市里面心情很压抑。然后很热。

我当时没有写（作）。晚上太热，要起来冲几次凉，才能睡。那个蚊子特别的多。早上你起来一看那个四周都是蚊子，真是太可怕了。当时我们去深圳的时候，蔬菜也不是很贵，还是很便宜的。

（三）回到台江、宣传部转文联、结合社会资本与经济的"新时代"（1994 年 5 月之后至 2013 年）

结束 1994 年 3～4 月在深圳短暂的打工后，Deik Bok 于 5 月返回台江，回到宣传部工作（1994～1996 年）。这时候他在宣传部做文书工作，但偶尔会与上司有摩擦。而 1994 年到深圳"打工"的经验，似乎让 Deik Bok 很受挫，直到转任县文联的工作（1996～2012 年）他都没有再到大城市打工。对他来说，在县城"工作"比较舒适——"我觉得在小城市愉快一些"。

我是在 1997 年夏秋之交到台江寻找博士论文的田野调查点时与 Deik Bok 认识的。而根据他的生命史口述，也是在 1997 年至 1998 年间，开始与妻子进行饭店投资，如北海人酒店、山林酒家、项大王酒店。连这些酒店（饭店）的命名，都不改他作为文人的性格。另外，Deik Bok 作为国家干部，也屡屡与国家大力推行的经济、都市改革、住房政策高度贴近。2004 年县政府的政策鼓励乡村人口迁移到城市居住："县里面有个政策，为了增加城市人口，把家里面的钱，拿到这里（县城），给你八十平方（米）的新房子。我们在参加工作以后，生产队已经退掉了，田也已经没了……（只能）一边工作，一边搞饭店经营。"这时候甚至通过不同方法的融资使得饭店经营得以成功："没有钱，就是这样，到寨子里面，叫每个人给贷（借）几千块钱。到后来才有那个贷款，到银行贷款七万"，"有生意，一个月可以赚个一万、两万"，·"2004 年，是暗中借贷的，用我的房子抵押。用工资来还，一个月扣六百多，贷十五年，现在剩下三万多（没还）"。除了经营饭店，Deik Bok 还曾经接手经营石场与养羊的牧场。但后两项都没有持续多久便结束了。

我的文人朋友，是我在台江苗族文化进行田野工作的引路人。他不仅是热爱创作，办文艺刊物，投稿报刊，写专栏的作家，也是与上司偶尔有摩擦的国家干部；尤其也算是个会投资的生意人。对于有生意头脑这一块，作为 Deik Bok 多年的好友以及十多年来在台江往返，进行人类学的田野研究，我有很长一段时间却毫不知情。因为之前，我们总是谈论着 Hmub 昔日与当今的村寨文化。我一直以为热爱写作的他，始终是个在台江工作的文人。直到 2011 年进行生命史访谈时，我才知道自己是个天真的人类学家。

从 Deik Bok 的生命史叙事，可以看到在改革开放①之后，一名国家干

① 改革开放是 1978 年召开的中国共产党第十一届三中全会上提出的一条"对内改革、对外开放"的战略决策，是中华人民共和国成立以来第一个对外开放的基本国策。这一决策扭转了中国自 1949 年后逐渐对外封闭的情况，使中国进入了经济高速发展的时期。ht-tp：//zh. wikipedia. org/wiki/改革开放，最后访问日期：2015 年 1 月 29 日。

部是如何逐步适应当代社会主义市场经济的潮流而熟悉这种当代生存的技艺，我认为是与现代性高度相关的。另外，可以看到的是，在台江城头的经济资本累积与事业的经营，除了要熟悉当代社会主义市场经济的游戏规则，还有一个很重要的因素，那就是得仰赖 Deik Bok 原有的很多社会资本。从筹资这件事情上就可以看出端倪。他的事业资本，是由家乡的田产转化、家乡的亲戚借贷而有了第一笔资金。换言之，由 Deik Bok 与市场资本接轨的故事，我们得以窥见在中国的地方社会中，贵州东部 Hmub 人以亲属关系为基底的人情网络与地方社会的影响力，实则牵连着 Hmub 人因移动经验所呈现的现代性。

四　再见 Deik Bok：退休了的国家干部与一个新的世代（2014 年至今）

2014 年夏天的台江田野研究，我再见到 Deik Bok 时，他已是退休了的国家干部。我在田野笔记里很自然地用了"再见"这个字眼。这有两层心情：其一是 1997 年以来，从博士学位论文的田野到担任大学教师之后持续的科研工作，每隔两三年，我总在回访台江的田野研究之行与好友 Deik Bok 再见、叙旧；其二，当 2014 年我回访时，台江县城及其周边或远或近的高坡村寨之间的关系以及它们各自的变迁或发展都更为剧烈。而我的朋友 Deik Bok，也从国家干部岗位退休了。对于我，那似乎是在台江的人类学研究之旅的一个暂时句号。那是一个时代的结束，也是一个新世代与新时代的开始。我向过去的台江，道别、再见，也是向我的老朋友，Deik Bok 大哥，道别、再见。

因着 Deik Bok 的生命史经验以及与他同辈的 Hmub 友人，一群在县城退休的国家干部或地方干部的经验，或再现的退休生活，我将描述与阐述在台江城，以 Hmub 的读书人或干部所经验的现代性，如何有其独特的在地意味并可作为一个讨论的范畴。退休，通常指涉的是劳动状态、劳动时程与正常的"工作"执行到某一个阶段之后，进入长期或永久的结束。"退休"或许延续当代台江城头所展现的物质与经济生活面向的现代性，又或许是有其冲突的样貌。换言之，倘若 Deik Bok 对于现代性的体验不惟关联着一种特殊的文化与历史、族群化场域的处境以及情绪或身体经验的感受，同时也衍生出某种普同、均值的时间感。

处于台江城头的国家干部的退休样态，能否也视为一种普遍、均值的时间感？是故，当我们回头来看待一场在 2014 年台江城头的一场饭局上，几位近年先后退休的地方干部与国家干部的互动情形，所窥见的一种退休时间感的当代性与集体性。

这是我在 2014 年夏天回访台江进行田野时，与 Deik Bok 等多位自1997 年以来陆续结识的 Hmub 友人，在台江城头的小馆子里的一次聚餐。当天 Deik Bok 带我走进台江姊妹街，这条台江新建成的文化街，有苗绣、银饰、四川馆子、牛肉面馆子，其中还有教孩童学古筝、茶艺的，几乎都是小学低年级的女孩在学。但这条街大半时间却冷冷清清。雨越下越大，Deik Bok 说："去你的老家吧！"他指的是在台江城姊妹街开的一家餐馆。店名就叫"Fangf Bil 人家"（我的博士学位论文田野地点在离台江县城约二十六里的高坡 Fangf Bil 村寨）。我不禁问："真的是 Fangf Bil 人开的店吗？"Deik Bok 笑着说："老板很多人，我也是其中之一。"在饭桌上，他们聊着 1997 年以来我在台江进行苗族社会文化调研时，一些让他们印象深刻的往事。其中包含了公安在我的田野工作初期，经常来山上村寨探班，以了解我这个从台湾远道而来的研究者，究竟如何在山里的村寨生活与进行调研。大家你一言我一语地聊着各自与外地学者来到台江进行田野工作的种种经验。如 Deik Laut Jok，当年就接待过美国来的人类学家 Luisa Schein。大家话匣子打开后，我却同时观察到在当晚的宴客场上，年近六旬的 Deik Ongx 专心地低头看手机。除了一开始他有与我们对话外，后来都在低头弄手机。

这场在县城与一群退休干部的饭局，在酒酣耳热之后，转而呈现着我在苗族村寨所熟悉的氛围——岁时祭仪或生命仪礼后的传统飨宴。宴客的主人家与姻亲之间，热络地相互敬酒、聊天与对歌。Deik Bok 与 Deik Laut Jok，两人对我唱起台江的普通调。Deik Laut Jok 唱起："我来这里没有什么好的东西，但请你来吃点东西，请你来这里坐坐，彼此在情意上相互交流，彼此的心里都十分畅快。"

饭局里的 Deik Bok 与 Deik Laut Jok 等是同世代的人，都是在 1950 年代出生，小时候经历过"文革"。他们作为国家干部或地方干部的背景以及经历1980年代后期，中国由社会主义计划经济转型为社会主义市场经济的经济形态。他们的生命史与工作生涯，虽然有着更多的分化，但也呈现着大体相似的方向。这是我在田野工作中所感受与阐述的一种在县城里，退休的干部社群与样态的均质、普同与日常的时间感。这种恒定的感觉，拨动了现代性进入地方社会所带来的内涵：一方面有其在地的独特性，一方面涌现着均质与单一的日常感。

对照着饭局上与一群退休干部的重逢以及我所感受到的退休与当代性所涌现的一种独特、均质的时间感，和近乎日常或无聊的氛围，退休就个人的经验上，也纠结着一种在县城居住的当代性以及经济的理性计算。

> "你怎么就退休了？年纪到了？"我问着眼前的好友。
>
> "为了买相机而退休。后悔了，最近国家干部又提工资，500 ~ 2000元。本来是为了可以买照相机。得了一笔钱，退休。结果机子也没买成，都被（家人）瓜分光了。"Deik Bok 苦笑着。

2014年夏秋之际，我在台江城头书写的田野笔记，曾在笔记页眉写下了一个小标题"（经济）改革后的国家干部"。这部分的内容，或可置入Deik Bok 的生命史叙事来讨论。我们看到，在当代中国国家干部的思维中，国家给予的这个"工作"，是一个相对稳定、拥有工作证的工作，也表示着会有退休年资以及退休金。而同时，国家干部也积极面对市场经济社会，也就是积极参与社会、积极地积累资金。这个例子，可以从国家干部退休后养羊、投资做饭店的事情来理解。在这些国家干部的思维中，是以一种几近经济理性来计算得失的。因此，回到 Deik Bok 所纠结的后悔退休，便可以明白计算经济理性之于某些国家干部的重要性。

五　生命史历练中，与现代性的几种遭逢

最后，我想回来探讨从 Deik Bok 的生命史叙事中，可以看到哪些关于现代性之构成与再现的蛛丝马迹。透过2011年我对 Deik Bok 的生命史访

谈，可以看到什么？在现代性的探讨中，首先回到物质层面来讨论，可以看到一种实质的变迁，这些变迁是反映在他自身的空间移动。Deik Bok 的生命史历程，展现出他在革一、施洞、台江、深圳等不同地方的移动经验以及他在叙事中多次提到的街道景色的变化，也就是地景的变迁。在 2011 年访谈结束时，我和 Deik Bok 的对话里，可以看到他在生命史叙事中，重新思考文化地景的变迁：

> 有了较多的酒吧和歌厅……最近一两年，县城都装上了霓虹灯，很漂亮。但每（天）晚上，在广场跳的交谊舞，那个跳舞，不少人因此发生婚姻与感情的变化……这种种主要是经济发展，所带来的变化。不过这种县城的变迁，是遍布全国的。国家投入很多经费在此。

其次，另一个现代性体验则是偏向个人感官的感受、情绪、情感，乃至身体的经验。Deik Bok 对于求学历程的回忆与叙事，似乎关系着一种民族主义的实践与热情。他一直保持着进取的正向感觉，如他对于早期的生命史叙事中，到施洞中学求学的回忆，充分表达了这种乐观进取的感觉："（去学校的路）很远，但也觉得很快乐"，"就是有一种幸福感"。这种进步、乐观、正向的感觉，到了 Deik Bok 进入农村干部的党校求学时，还存在着："到台江就是很向往，因为可以去读书。"

以上由少年到青年阶段经历的教育过程（党校或是高校教育）都表达出一种共通的喜悦观感，这恰好可以与完成教育后 Deik Bok 的生命史作为对照。在接受教育的童年和青年的位置上与进入工作后的他，表达出来的经验感受，是有差异的。在青少年读书时期，最大的挫折是"文革"时期以及复杂的社会与政治关系（家族有人被打成反革命分子）。反倒是 1990 年代后期，中年的他到外地找工作，面对着在外地的打工者身份，打工所要面对的劳动条件时，反而显现出一种对工作的倦怠感："在都市里面心情很压抑。然后很热"，"在那里做工，他就是指挥你，指示你。有一种好像心里有很大压力"。这种因为工作带来的劳动倦怠感，延伸到日后的工作选择，他还是比较习惯于小城市的生活。

再次，另一个可以思索的部分，是 Deik Bok 个人生命中的劳动历史。

在生命史的叙事里，这种劳动的生命样态，反映着卷入社会资本与经济资本的交错中，挣钱/打工的国家干部的生命过程。在生命史的访谈中，出现了我与 Deik Bok 讨论什么时候是打工、什么时候是工作的对话。根据 Deik Bok 的叙事资料，打工与工作的区分是十分重要的。

> 那个打工就是苦力啊，或是技术啊，一点点钱嘛。找工作就是一份稳定的工作，就像当年，我在深圳如果找到报社的编辑工作，工作的籍贯（档案）就可以调过去。如果你是有一个工作，比较稳定的，就是工作。如果是聘用的，就是打工。

打工与工作之分，使得 Deik Bok 必须在劳动的生命过程中，去寻找一个恰当的工作。因此对他而言，稳定的企业职位，不算是一份"工作"，而是"打工"。有工作证的工作，才是工作。这样的论述，在他的下一代身上持续标记着。Deik Bok 的次子在深圳经营房地产，就被认为是"打工"，而在县城担任公安的长子，则是"工作"。Deik Bok 的劳动历史，恰好反映着当代中国国家政策下国家干部的现状。通过他的生命史叙事，我们可以理解，当代的中国国家干部的劳动史，是透过层层与地方社会相联结的现代化经验，包含着实践、转译、协商、再协商、误现、屈从，乃至弃离等诸多层面与细节的现代化经验、现象与场域，由此与一种无法和国家或地方社会脱离的现代性产生了结合。

总之，从 Deik Bok 一生的城乡移动经验与他当前作为国家退休干部的处境为例，我们看到一个跨越 1950 年代到 2014 年的台江 Hmub 人的个人生命史转折里，所浮现的地方社会、个人、小群体对于现代性的亲身体验与感受。本文以这个民族志作为例子，回应 Shmuel Eisenstadt[①] 所指出的，若要理解当代社会，应将现代性的发展与历史看成一个连续构成与再构成的多元文化故事。回望 Deik Bok 的生命史，可将他比拟为一个特定时代下的社会行动者。从他参与社会、政治、知识活动、经济活动以及在时代的变动里，所追寻或遭逢的社会行动与体验，来理解一种独特观点下与人生历程中，所构成与再现的现代性。

---

① Eisenstadt, Shmuel, "Multiple Modernities", *Daedalus* 129（1）：1 - 29, 2000.

后　记

　　因为动乱的年代，李师母幼年时曾跟着外婆在贵州生活了好长一段的岁月。我想，在中国大陆，除了老师出生的家乡泉州之外，贵州对于李亦园老师，应是另一个拥有着独特情感的地方。1996 年秋天，成立十年的新竹清华大学人类学研究所招收了第一班的博士生。李老师与何翠萍先生，也开始教授中国少数民族的研究并指导博硕士生前往中国西南进行田野研究。1996 年至今，几乎每年都有研究生只身前往中国西南少数民族地区，进行蹲点田野研究，民族志深描并热情地与当代人类学的亲属研究、人观、空间、交换等当代人类学理论进行对话。美玲何其有幸恭逢其时，成为李老师与何先生的学生并由此开启了在贵州的长期研究。谨以此文缅怀与贵州有着独特渊源的恩师与师母。以此纪念导师。亦园先生于 1990 年代中叶起，在台湾带领着莘莘学子，开启了以深入的田野工作，进行西南中国少数民族学研究的美好学风。

在广袤杂糅的时空中阐释中国现代文学

——王德威教授访谈录

姚新勇 [*]

按：2018 年 1 月，我获赴美访学的机会，拜访了王德威教授。王教授现任职于美国哈佛大学东亚语言及文明系，系讲座教授，为世界著名的中国现代文学研究者，若能借此机会一晤，实为幸事。发去希望能够见面即教的邮件后，很快收到王教授的回复，表示若无意外，愿意在 1 月 30 日下午相见。

1 月 30 日下午 2:30，见面如期在哈佛燕京楼王德威教授的办公室进行。

王教授个头儿与我相若，应该是一米七五吧，我俩的长相也都是读书人的清秀样儿，见面那天的衣着也相当接近，都是毛衣内套浅蓝色的立领衬衣，然而，我俩的性格、风度相差甚大。用一位旁观者的话说就是，王教授一看就是学者，温文尔雅，风范十足；而我则像是十足的草莽。然而，在其儒雅的外表下，却是不动声色的坚毅、主导；而也可能正因为是我的草莽，加之由于凭记忆整理，王教授的一些更具体的阐释被遗漏，所以现在来看这份整理稿，更像是学术对谈，而非访谈。

王德威教授告诉我，最近一段时间，国内较为集中地出现了一些批评他的文章，他现在已经很注意了，尤其是在国内交流，说话更为谨慎。这倒也不是怕什么，而是感觉没有必要。自己是做文学研究的，不是搞政治的，也不想借写文章去攻击什么。不过是想更好地体会、研究古老汉语的文字韵味而已。

做了这番寒暄之后，交流正式开始。由于当时未及录音，稿件是凭借记忆

---

* 姚新勇，暨南大学文学院教授。主要研究方向为中国现当代文学研究及当代文化批评。

整理出来的。以宋体代表是我说的；楷体视为对王德威教授观点的忠实转述更准确，而非他的原话，尽管我尽量还原他之所说；而仿宋体则是几段我当时的心理动态。

———

姚新勇（以下简称"姚"）：王老师，今年是 2018 年，离您 1998 年出版的著作《想象中国的方法》刚好是 20 年。这也基本是您的学术研究对中国大陆产生影响的 20 年。对于大陆学界来说，您的影响经历了从早期主要以学术研究著述来发声，发展到现在既以著述又以频繁的直接的学术互动相结合而产生的变化；大陆学界对您也经历了一开始的欣然接受，到现在的接受、反思、质疑乃至批判相杂糅。而这也基本是我自己对您学术影响的感受与反映的变化过程。所以如果王老师允许的话，我想主要根据自己的一些感觉，分三组问题来向您请教与讨论。它们分别是：第一组，关于"哈佛中国现代文学研究学派"以及"社会主义现实主义"及"后学批评"的相关问题；第二组，以"华语语系文学"命题为核心；第三组，从少数民族或少数族裔或多族群共在的角度来看中国文学。

不过您刚才提到国内最近对您的批判，这也正是我在来之前就想对您说明的。下面的一些问题，是阅读您的相关著作后所产生的困惑性的请教，有些问题的质疑性较强，这可能刚好与最近大陆学界所出现的对您的质疑性客观上形成了某种呼应，当然，这只是一种时间点的巧合。其实由于我已经好长时间不怎么看现当代文学的研究期刊或文章了，也只是此次出发前，才发现了这些与您商榷的文章，而且没有来得及看。而我之所以仍然想向您提出一些相关问题，完全是出于真正的学术请教、交流、讨论。所以希望王老师能够理解、见谅。如果您感觉有什么不便的话，有些问题也可以不作回答。

王德威（以下简称"王"）：没有关系。没有什么不可以讨论的。学术本来就应该是这样的，大家都可以充分表达自己的观点嘛。

姚：王老师，您对大陆现当代文学界的影响有目共睹，不过当然有其前承。我曾经在一篇文章中提到"哈佛中国现代文学研究学派"①的提法，认为您和夏志清先生、李欧梵先生三人构成了这一学派。不知您是否认同这种看法？（原本想接着问的还有："如果说大致成立的话，您又怎样评价'哈佛中国现代文学研究学派'的影响？它在'海外华文文学'或'华语语系文学'领域所产生的影响、所导致的'关系结果'怎样评价？这一学派的影响在哈佛现代中国研究乃至全美现代中国研究占有什么样的位置？"但由于王德威教授直接开始回答，而没有能够提出）。

王：嗯，说学派嘛，或许有点——但基本还是成立的。不过需要做些说明。夏先生在哥大工作，李先生来哈佛之前曾在印第安纳、芝加哥等大学任教，而我刚开始在哈佛，后来离开到哥大，然后又重返哈佛。所以或许称之为美国东海岸的一个中国文学研究学派，可能更准确。

我们三人虽说各有差异，但都秉持着自由主义的立场，都对文学的美，文学之于个体的那种情感的寄托，个人的安身立命性，非常珍视。相对而言，夏先生在文本细读上更为见长，与英美新批评较为接近，当然他也并不是完全的新批评。李先生的情感相对更热，他对生活、对美，比如文学、音乐、绘画等的热爱，让人感动。至于我自己嘛，可能相对来说，对于中国几千年的文字的那种美、寄托，更为敏感。但不管怎么说，我们都对自由主义、审美抱有坚定的信念。

姚：对，相对而言，在你们三人中，夏志清先生与普实克先生的对立更大，而李欧梵先生，则相对更靠近普实克先生，他不仅也敏感于文学本身的美，还对揭示文学背后所隐藏的社会、历史等方面的东西更为关注。至于您……

王：李先生接近普实克很自然，他是普实克的学生嘛。

姚：王老师，我们知道，哈佛中国现代文学研究对中国大陆的影响直接开始于夏志清先生，而其中普、夏之争，又至关重要。它在80年代中国思想文化启蒙转型的重要时期，不仅以争鸣的形式，直接推动了"哈佛中国现代文学研究学派"在大陆的影响，而且实质性地影响到了大陆文化、

---

① 姚新勇：《虚妄的"汉诗"》，《扬子江评论》2007年第5期。

中国现代文学的转型。虽然从历史的走向来看，普实克先生好像失败了，现在少有人再提社会主义现实主义，普实克先生也好像快被人们遗忘了……

王：谁说忘记了普实克？我就没有。他对史诗抒情的情有独钟，就很重要。我在最近完成的一部著作中，理论框架就是借用了普实克先生的。

姚：嗯，王老师，如果以普实克先生的社会主义现实主义实践为基准，我指的是普实克先生所实践的那种社会主义现实主义，而不是机械、教条的社会主义现实主义。以他的研究为基准，我感觉总体而言，中国现代文学研究好像显得越来越单薄。如果说当初普实克先生的社会主义现实主义的文学研究实践，在努力为我们揭示出文学作品背后的现实、历史的结构性因素的话，那么，现在的文学研究则越来越像是"批评"了。现在的批评，虽然也能够不时地给我们带来历史重新发现的愉悦，但却更像是在不同文学文本间进行相关现象的跳跃性联想，更才气化，而普实克的……

王：不错，普实克对于中国文学的伟大的史诗抒情传统的把握，非常重要。人们一般仅就文学的叙事性来看中国小说，但实际上中国文学有着漫长而悠久的伟大的抒情、史诗传统。不像西方柏拉图、亚里士多德等那样，重视文学的真实性与否，中国文字从一开始就具有特别的意义和性质。文（字）的书写、形象，不是简单的对事物的反映真与假的关系，而是与天象、万物有着某种奇妙的关系，寄托着人文的情怀，历史的厚重。所以普实克对史诗抒情传统的执着把握，是非常重要的。但问题是，他的出发点、方向是正确的，但他所使用的方法却是有问题的。他用了那样一套机械、僵化的所谓的社会主义现实主义方法来进行阐释，其实是走向了自己的反面。

在王德威教授反复阐释普实克的史诗抒情性时，我心里则在说，王老师，其实我所重视的并不是什么史诗的抒情性，而是更重视普实克的社会主义现实主义对文学表象的穿透性，对决定其背后的社会、历史、阶级等的结构性的把握能力。这属于普实克、卢卡奇等马克思主义批评所特有的一种能力。而您对普实克史诗抒情的强调，可能恰恰是用自由主义的美学观，片面地进行取舍。于是我说道——

姚：王老师，虽然对于自由的热爱、文学独立性的重视，我们是一致的，但我们的成长背景毕竟很不相同。像我这一代人成长在"文革"时期，思维上更习惯于透过作品表面去寻找与之相对应的深层的社会原因、历史结构；而你们则更注意文学本身的审美价值，情感表现。比如说我在读您的一些文章时，也很佩服您广博的文本阅读、跨越性的文本表征之间的联想与发掘，比如您对老舍小说中深层喜剧机制的揭示，以及这种喜剧性机制与中国现代小说传统之间的联系，相当精彩，很有启发性。这与我所熟悉的现实主义或文化的老舍很不相同。但不过，我同时又有些怀疑，这样的解读，真的是老舍自己所意识的吗？他塑造祥子真的是想看命运会怎样戏弄这个人物吗？祥子悲剧命运的社会原因究竟是什么？

王：是的，我们所接受的文学培养是不相同的，文学作品当然有各种解读，我不反对别人的解读方法，文学也当然是有所寄托的，但是对于我来说，最为重要的不是去发掘什么文学背后的所谓的社会的、历史的、阶级的东西，而是要努力体味文学与个体、与人之间的那种微妙的联系，体味那种复杂的幽暗意识。

姚：王老师，我刚才提到社会主义现实主义，并不意味着自己的思想保守、左，其实我们对文学的独立性，创作自由的价值，启蒙主义的批判性，都是相当珍视的。与大陆现实走向相关，我仅仅是通过微信朋友圈就发现，近一年左右，大陆现当代文学研究界似乎集中出现了某种回向"十七年"甚至是"文革"理念的现象，一些学者，尤其是年轻学者已经从前些年的重新反思80年代走向批判新时期的启蒙观念，重新为一些被否定的文学作品翻案。比如有一篇文章就说，过去否定《金光大道》是不正确的，认为《金光大道》是社会主义农村合作化、理想主义的最后一部挽歌。与此相一致，在少数民族文学研究界、民间文学研究界，也出现了某种类似的现象。王老师，您是怎样看待相关现象的？

王：我注意到了这种现象，而且最近我所遭遇到的批评，可能与此也不无关系。我不反对启蒙，也不想去反对革命或反对什么东西，但问题是，难道我们总是要固守于所谓启蒙传统的宏大叙事中吗？除了启蒙、革命的叙述，我们对中国现代文学就不能有其他的解释吗？我不过只是尝试对五四启蒙文学做一些更为多样化的阐释而已。"没有晚清，何来五四"

都已经多长时间了，不都是常识了吗，又算是什么呢？却仍然有人要不断地拿它说事？你喜欢解放区的丁玲，喜欢延安文学，没有关系，你喜欢就好了，我也可以接受，但你没有理由非得让我与你呼应。近些年来我不断地努力去发现、挖掘中国现代文学与传统中国文学的内在联系，挖掘其中的那些更为感人的、幽暗的东西。幽暗并不是什么不好的东西，鲁迅、张爱玲、沈从文、钱钟书等人作品中幽暗性的存在，不正是中国现代文学中真正值得我们关注的珍贵所在吗？

文学其实成就不了什么了不起的事业，但它之于个人、自由、审美、生命存在的价值，是我始终的基本的着眼点，其实，除了这些，我们这些做文学研究的又能如何呢？现在有人又说赵树理如何如何，这不是很清楚吗？你一天工作完了之后，究竟是会看沈从文的《边城》、钱钟书的《围城》，还是赵树理的《三里湾》？

王德威老师一再重申文学的自由主义价值，固然可说是恰恰暴露了小资产阶级的无力，个体审美价值的坚持、幽暗意识的揭示，怎么可能与权力、实实在在的物质性的压迫力相抗衡？但从另外一方面说，这种反复重申，不又恰恰说明了他的坚定、执着吗？一个个体，一个审美个体，在这样的坚持中，不激不随，努力为自己，也为人维护、坚守着一块小小的自由心灵的岛屿，这又不能不令人肃然起敬！而我自己梦想坚持启蒙的批判性，试图坚持现实主义批评的穿透性，又真的无可厚非吗？如果阶级论、社会决定论成为某种统辖一切的东西时，这种自由主义的坚持，不恰恰是激流之岛上的放逐与坚守吗？是这样吗？或许如此吧。

二

姚：王老师，您的坚持，对中国传统审美价值的珍视，以及您最近所出版的《新编中国现代文学史》，可能在史书美女士看来，实际是有问题的，是需要用"华语语系"的概念解构、批判的。

王：我与史书美教授很熟，我也认为"华语语系"的提出，的确有其意义，它为我们敞开了像"海外华文文学""海外华人文学""中国文学"这类传统概念所包含的遮蔽性，敞开了汉语文学的多样性，的确是很有价值的。但问题是现在这个概念带有太多的政治意味，所以这两年我有意识不使用这个词，而改用"华夷风"这个概念。

姚：王老师，由于我主要关心中国民族问题和从事少数民族文学研究，所以尽管任职于"海外文化文学研究"重镇之一的暨南大学文学院，却一直没有注意到"华语语系文学"的命题与讨论。只是在此次出国前，从朋友圈中读到了赵刚与黄锦树对史书美《反离散：华语语系研究论》①一书的批判。赵刚批判，不奇怪，但黄锦树也批评史书美，却多少让人感到有些意外，毕竟黄锦树是最早主张马华文学与中国文化"断奶"的呀。所以我在朋友圈转发黄文时加了这样一个点评，大意是，黄锦树毕竟是马来华人，深知马来华人的处境，而史书美解构中国就自然轻佻了。

为了准备与您的会面，我找来了《反离散》一书，并在来美国的这几天中阅读了。读此著的导论和第一、第二章时，我发现不是史书美女士轻佻，而是我的点评好像太过轻佻，没有读就随便乱评。不仅如此，史书美所一再阐释的流动的、多向度的批判立场、理论主张，甚至让我有同道之感，脑海中甚至出现了一个不断地同各种意识形态偏见作战的、四面树敌的勇士史书美的形象。但是当我读完了后续的各章后却发现，别人批评史书美解构中国、冷战思维很有道理。感觉她是一个理论的萨义德或福柯，批评实践的西方冷战斗士。王老师很可能不会同意我的这种判断，想听听您的看法。尽管通过阅读您的相关文章，以及对您这么多年的印象，知道您虽然肯定"华语语系"的提法，并不完全赞成史女士的看法。

王：史书美所用的理论倒不一定是福柯、萨义德，而是更接近后殖民理论。我与史书美教授的个人关系很好，前一两个星期我还曾经邀请她来这里讲座，但她显然太简单了，太意识形态化了。我对她说过，你怎么可能把复杂的中国民族、边疆问题简单地对应于西方殖民主义？西方海外殖民的历史也就是近几百年间的现象，而中国的边疆问题，实在太过久远，太复杂了，不好用什么"陆地殖民主义"的概念来简单地类比。再说了，我是主张离散的，怎么能够反离散？你没有理由不让人们为了更好地生活迁离故土，比如说迁徙到像美国这样的地方。但史书美却要求人们到了另

———————————

① 史书美：《反离散：华语语系研究论》，台湾，联经出版公司，2017。

外一块地方之后，应该自觉地融入当地社会，放弃离散心态。难怪她在马来西亚一说，就引起了轩然大波。

姚：问题还不只是在于是否反离散，而是她的立场和态度。有人说她反中，她不承认，但我看她很可能实际就是如此。她的《反离散：华语语系研究论》一书，凡是涉及中国的东西，肯定性的，她一定反对；否定性的则一定赞成。比如说到中国的少数民族汉语写作，她就认为是被迫屈服于"陆地殖民主义"的压迫，是臣服；可是说到马华文学，她则肯定马华文学成为"国家文学"的努力，要积极地融入在地文化中。这不是典型的双重标准吗？再说到台湾，她不仅强调台湾的在地性、主体性，还说什么"殖民主义把台湾带入世界"，并且强调台湾文学的海洋性，与南洋、加勒比海文学之间的关联或比较。放置台湾与中国的密切关系，却去说什么海洋的台湾云云，实在是……

王：史书美的确是太过简单了。强调批判意识，注意"海外华文文学"的束缚性都没有错，但最起码要了解、尊重历史，认识到历史的复杂性。说中国对西藏的殖民、压迫，但你至少要去读读西藏文学、新疆文学嘛，不能仅凭自己的感觉说事。说马来西亚华人是对本地人的殖民，这都是哪和哪呀？与历史事实也差得太远了。我这样批评她，可她总认为自己是搞理论的，说我是搞历史的，认为理论高于历史。但如果你的理论与历史不搭界，那理论又如何呢？她说她是左派，认为我太传统、保守。

姚：她哪里是什么左派，分明是右派嘛。王老师，史书美女士强调批判的多向性和在地性或本土性，这是她之华语语系理论的基本支撑点，自然，这也是后殖民批评的基本立场。但问题是，她是否因为对"在地性"或"本土性"的机械性理解的理论无意识，不仅强化了她之华语语系批评的片面、意识形态性，而且实际肢解了她所主张的批判理论的结构性张力？或许问得更具体些就是，在地性或本土性难道不应该是流动的、错位的、多地共在的吗？

王老师，我对史书美女士的质疑，无疑是有着"中国本位意识"之前提的。现在在批判性的知识分子那里，有一种倾向，那就是大家都不屑或不敢提"爱国主义"，似乎一提它，就意味着民族主义，意味着维护体制。其实中国是我们大家的，而且我们也不可能不是中国人，我们为什么要轻易地让渡"中国"的拥有权呢？当然，我并非狭隘的大陆本位意识论者，我是想如果在地性、本土性是流动的、交错的、共在的、可交换的话，如果现实中多种主体、多种利益博弈关系是复杂与残酷的话，那么我们该怎样既警惕华夏民族主义，同时又能够更为辩证地理解它，从而为包含多地性与多元性的中国做出更多的合法性阐释？请王老师指教。

王：史书美自然有史书美的问题，但是华语语系这个提法当然是有积极意义的，只是它被拥护或反对它的论辩双方，给过于政治化了，染上了过强的民族主义、冷战的味道。所以，我现在更愿意用"华夷风"来翻译Sinophone这一概念。所谓"华"主要是要强调五千年的中国传统，她的语言、她的文字、她的文化所拥有的持久的魅力。近些年来，我有意识地调整了自己的研究方向，不再是仅仅重点关注中国现代文学与晚清的关系，而是以更久远、更宽广的视野来看待现代中国、现代中国文学，来挖掘它们与传统中国内在的深厚的关系，来思考"中国"这一关键词的整合性价值。而"夷"的意义则在于提醒我们要意识到，从来都没有简单的、本质化的、一以贯之的"中国""华"。"中国"、"华"的形成、流变，从来都是多文化、跨地域互动的结果。华夷互动，既有许多痛苦、悲剧性的灾难，也影响、促成了许多精彩的文化互动的结果。不管是灾难也好，精彩也好，总之中国、中国文化，就即是多样性碰撞的结果。所以"中国"这个概念，既是必要的、积极的、整合性的概念，不应该像史书美那样简单地反对、抛弃，但它又是多地性的，存在局限性与霸权性的。这也正是原来"华语语系"一词本应有的意义。

但是需要注意的是，我们不应该把"华夷风"作中原/边疆、中国/海外、大陆/台湾，或内地/香港、汉族/少数民族等一系列二元对立性的理解。其实无论是从内还是外、从中原还是边疆、从中国抑或海外来说，中国性都是多样的、流动的。就如汉语，既包含着语言文字的一致性，又包含着"汉语风"的多样性。比如有所谓的普通话、国语的一致性，又有粤语、闽南话、苏州话，还有像你们的新疆话等等的多样的声音、多样的风。当然还包括更为广泛的"两岸四地"、世界各地的华人、华语、华语文学，情况就更复杂多样了。还可以联系到你所说的少数民族文学或文化，如果我们在讲中国性的时候，连这些多样性都不能包容，那么中国又是多么的单调。但是反过来，如果我们不承认中国三千年的传统，不承认占人口百分之九十以上的汉族这一客观情况，也是有问题的。我所说的华夷风，正是包含着这样复杂、多意、多样的面相。所以，作为主体民族，需要有差异性、多样性的自觉，要学会欣赏、尊重其他族群的文学、文化。所以从这个角度看，史书美等用"华语语系"来取代"海外华文文学"、批判主体文化对少数族裔文化所客观存在的压抑，都是有道理的、积极的。但是我们不应该脱离历史现实而去进行浪漫化的想象。如果像史书美所想象的，每一个民族或族群都应该独立，通过独立来获取自我的主体性，那中国大陆该分化成多少个国家，而台湾13个族群，岂不是要分裂成13个国家？这完全不现实嘛。

姚：王老师，您前面所说，其实已经把我想问的一个问题提前解答了。我本来想问您，作为一个长期活跃于美国、"海峡两岸四地"以及更为广阔的在地或离散的华语世界的学者，不知您是否遭遇过身份的困惑，有人说您是"在'华语语系文学'中穿行的堂吉诃德"，您是否认同这种看法？您给您自己的身份定位是如何的？

王："堂吉诃德"……（微笑）的确，身份是多样的，多样性的身份，是一种困惑，也是一种财富。美国社会应该说是比较宽容的，但是我们还是清醒地意识到华裔在这个社会中的边缘位置，在这个高加索人种占有大多数的社会中的少数者的位置。它或许可以给你带来不便，但也可能帮助你更为自觉地意识到自己的偏见，更为自觉地尊重他人，自觉地以普遍性、多样性相结合的视野看待世界，坚持真正的自由主义的原则与宽容。

姚：王老师，可以想象您在实践这种原则时，所会遭受到的四面受敌、到处都不讨好的尴尬处境。作为一个台湾人，您的实践本身已经说明您是反对台独、热爱中华文化的。但是您意识中的中国，自然不同于一些人心中的中国。或许在您的意识中，中国既是一种文化的根基、一种存在的精神寄托，一个有着特定地理空间的存在，但又是一种杂糅性的存在，更为广阔世界中的一个部分性、流动性的存在。所以，您就会对中国意识、少数者的意识、海外华文文学、华语语系等，都带有更为包容的理解。而这必然给您带来尴尬与碰壁。我想应该是这样的吧？我自己这些年来的族群互动实践，让我有深深的类似的感受。

王：的确是这样的，但或许这也正是努力的意义所在。其实这些道理并不难理解，可是现在有些人僵化地认为不能这样说。去年我在（中国）人民大学做讲座时，谈到相关问题。

三

姚：王老师，从您近20年的文学研究活动看，您既通过对晚清与五四与当下中国社会的历时性重新解读，又通过华语语系之广阔空间的介入，试图从时间与空间上打通中国现代文学的复杂、多样、多元的关系，成就卓越。不过总体感觉，您很少从少数民族或边疆视野来思考中国现代文学的生成与流变。

王：你说得不错，这方面我关注得的确不够，这倒不是不重视少数民族文学，而是因为时间、精力、能力有限。不过我们已经在有意识地关注，努力把少数民族文学也纳入华夷风的视野中。比如说我在这里给学生讲阿来、讲次仁罗布的小说，欣赏、讨论万玛才旦的电影。我们还想邀请万玛才旦来，但他却来不了。另外在我新近主编出版的《新编现代中国文学史》一书中，也涉及了台湾少数族裔文学、西藏文学、新疆文学、东干文学等。

姚：提到这，有一点我比较好奇，那就是一本文学史往往也是一种文学观的表达或体现，那么您是如何将多方面的文学现象汇聚在一本书中，又是以什么标准确定入史的文学现象呢？

王：我主编这本中国现代文学史有两个基本考虑，一是想体现出中国现代文学生成、流变阐释的多样性、复杂性；二是要突出文学性，以往的文学史，往往都太不文学了。为此，在所包含的文学现象方面，我不仅注意到了地域、族群的多样性，同时也注意到了"文类形式"的多样性，比如说，这本书中就把音乐纳入了进来，不仅包括像崔健的摇滚歌曲，还包括一些少数民族的音乐文本。另外，在撰写者的选择上，我也有意识地突出了文学观念、身份特征的差异性。比如说有意识地选择一些作家来撰写相关章节，请哈金写鲁迅，莫言、余华写自己的创作，王安忆来写她的母亲茹志娟等。

姚：王老师，您不可能与张承志一致，你们两人的立场差异太大。但不管怎样，您这样处理的确新颖。新中国成立之初，少数民族"文学"就是以含混的"文艺"概念来指称的，像我们熟悉的少数民族文学歌舞。1950年西北文学艺术工作者代表大会上所选中的文艺作品中甚至包括"大力士捶石"这样的节目，那次会议简报还以此为例指出挑选节目把关不严。另外，当时新疆代表团团长孜牙·赛买提用维吾尔语所做的发言，翻译稿的不少表述，并非我们现在已经熟悉的方式，比如《突厥语大辞典》《福乐智慧》用的都是音译。以前我把这理解为新话语对旧话语初期规训的不成熟，但经您的提示，这些也可能是中国文学多种现代性的表征。所以敞开多样现代性的路径，既可以是发掘被遗忘的历史材料，也可以像您所主编的《中国现代文学》一样，通过重读、想象再发现。

王：就是如此。

姚：王老师，刚才您谈到东干族文学，自然涉及清代新疆、中俄边境所发生的复杂的历史，不知您是否注意到最近几年新出版的几本英文著作，比如大卫·布罗菲的《维吾尔民族：俄中边疆的改革与革命》[1]，林昂的《以笔抗争：维吾尔民族和民族利益的话语（1900～1949）》[2]？我们现在谈传统中国向现代中国转型，晚清时期向西洋日本派送留学生、翻译外国著作等都是重要议题，用刘禾的说法就是"翻译现代性"问题。但与内地大致同期，新疆或说更广义的中亚地区，也有着向欧洲、俄国和后来的苏联留学学习的情况，也出现了现代性的"扎吉德"运动[3]，当然还包括传统的阿拉伯圣城方向的朝圣。虽然，发生在新疆地区的现代转型的具体内容与目的指向，与内地差异较大，但最后大致被整合到了现代中国的历史中。如果我们再将视野返回到清帝国建立之后所发生的蒙古地区出现的

[1] David Brophy, *Uyghur Nation: Reform and Revolution on the Russia-China Frontier*, Cambridge: Harvard University Press, 2016.

[2] Ondřej Klimeš, *Struggle by the Pen: The Uyghur Discourse of Nation and National Interest*, 1900–1949, Leiden: Brill, 2015.

[3] 可参阅潘志平《俄国鞑靼斯坦"扎吉德"运动与近代维吾尔启蒙运动》，http://www.aisixiang.com/data/79058.html，最后访问日期：2018年3月24日。

汉译蒙、满译蒙的现象，是不是可以说，现代中国"翻译现代性"发生得更早，方向更多样，情况更复杂？

王：你说的这些当然是很有趣的现象，也应该纳入中国现代性的多种起源、现代中国文学的历史视野中加以审视。所以中国现代文学史的重构，还有许多工作可做，还有许多空间等待开拓……

姚：王老师，2016、2017两年，陈平原老师先后发表了两篇关于中国"多民族文学史"讨论的文章①，不知王老师是否读过？您是否对发生在少数民族文学界中的"多民族文学史讨论"的情况有所了解？您认为能否编写出一部包含所有声部、统一的中国现代文学史？

王：我与陈平原老师也是很好的朋友。他曾经与我交流过西藏大学的情况。他很是沮丧，国家花了那么多钱，但现在的结果却如此不堪。少数民族文学界的多民族文学史观的讨论我不了解，不过陈平原的那两篇文章大致浏览过。一部文学史尽量包含多种声音是一回事，编写一部包罗万象统一、权威的文学史是另一回事。前者是可能的，但后者没有可能。

姚：非常感谢您，王老师！

---

① 陈平原的这两篇文章分别为《多民族文学的阅读与阐释》，《文艺争鸣》2015年第11期；《编一册少数民族文学史读本如何？》，《读书》2017年第8期。

文学与人类学

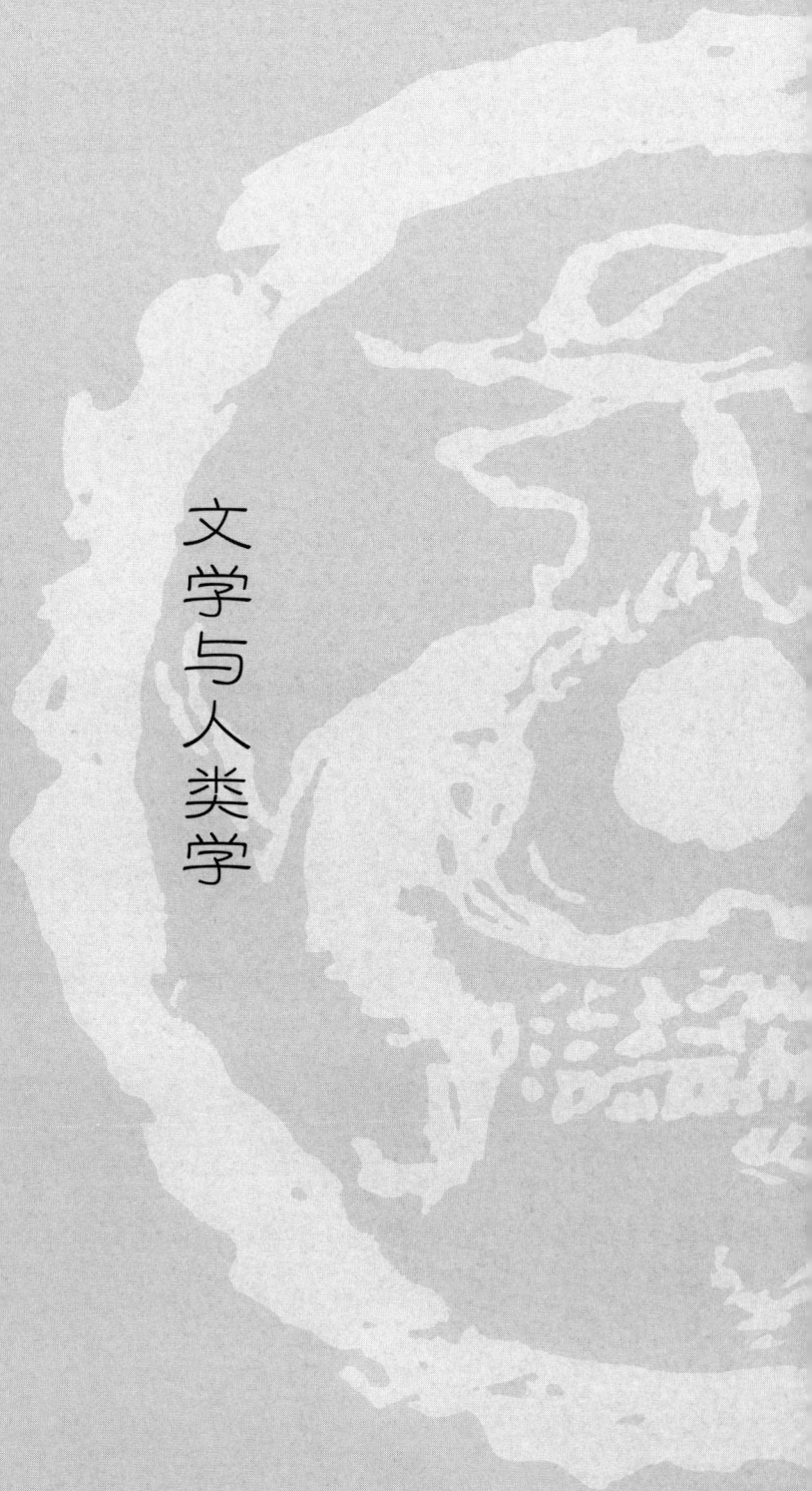

人类学写作的温度

巴胜超[*]

摘要：情动于中而形于言，在人类学写作的"言"中，通过美国人类学史上四场著名的争论，笔者表述了各种主观层面因素对写作的影响——形成写作者与文本做出"动情"解释的差异性。在田野与写作中，诗与学术交错的列维－斯特劳斯、"抵消偏见，精确而抛弃个人"的埃文斯－普理查德、在"我是我"与"我非我"之间纠结的马林诺夫斯基、在"彼岸写作"的本尼迪克特，他们的写作并不完全表述真理，而是双向构建了"他者"与"自我"文本。这些人类学写作既包含着冷静观察的"冰点"，亦包含热情感性的"沸点"，是"互镜理论"下的主体民族志。根据以上论述，笔者提出"两种温度交织，四种文本互动"的人类学民族志写作理念。

关键词：动情 非我 民族志写作

当前社会文化人类学的研究议题无论在风格、理论还是修辞上，都为这个时期的跨学科的热潮①所俘虏，后者的活动圈子和共同体继续成为人类学家寻求其研究的有效性和回应的首要领域。这些都超越了传统上规定人类学研究的那些主题和概念。20 世纪 80 年代以来，美国"年轻一代人类学家作为专业人士的感觉和自我形象已经发生了变化。从他们的研究伊始就已经不可避免地政治化了。激进主义，或者它对老式的不动感情的学

---

* 基金项目：国家社科基金艺术学项目"文化旅游情境中阿诗玛传统文化的创新发展研究"（项目编号：14CH138）成果。巴胜超，昆明理工大学艺术与传媒学院副教授，博士，硕士生导师，研究方向为文化遗产、传媒人类学、民族文化传播。

① 据马库斯 20 世纪 70 年代的观察，在人类学研究中，法国后结构主义者诸如福柯和巴尔特的影响、女性主义学者的成就、英国文化研究的重要性、创造一种结构主义的历史的努力（与当时盛行的马克思主义思潮相对）以及对田野工作的政治学的敏感（美国 20 世纪 60 年代短期骚动的结果之一）全都进入了人类学的学术范围。

者的挑战，已经成为大多数田野工作计划的先决条件之一"①，密歇根大学人类学系教授露丝·贝哈 1996 年出版的《动情的观察者：伤心人类学》②，该著作中六篇极具情感的文章③，从题目到内容，均是人类学"激进主义"动情写作的表征。《波士顿环球报》的 Barbara Fisher 如此评价：露丝·贝哈让我确信，动情的民族志将会创造出比过去那种保持距离、不带情感的学院人类学更有意义的人类学。相对于"科学的"民族志文本，人类学写作，该"动情"还是"不动情"？作为作者的人类学者，"我是我"还是"我非我"？人类学者的写作，情感的温度是"冰点"还是"沸点"，几摄氏度合适？种种问题，我们以"人类学写作的温度"为题，从"动情/不动情""我/非我""冰点/沸点"三组词语，讨论在"人类学文学转向"中，民族志文本"两种温度交织、四种文本互动"的写作理念。

一　动情/不动情：情动于中而形于言

虽是以中国古代诗歌文论的方式出场的，但《毛诗序》中"情动于中而形于言"的论述，对于包括"人类学写作"在内的任何一种写作形态，均具有概括性。"情动于中而形于言"，从根本上确立了人类学写作，必然是动情之后的产物。于是在人类学写作中，"动情/不动情"的分类，并非"二元对立"的思维使然，在此，"不动情"只是一种情感上的冷淡，其本质也是"动情"的一种状态。由此可以说，人类学写作，该"动情"还是"不动情"，并不是一个问题。"动多少情"才是人类学写作"情感维度"的思考对象。

---

① 〔美〕乔治·E. 马库斯：《〈写文化〉之后 20 年的美国人类学》，龚浩群译，载于〔美〕詹姆斯·克利福德、乔治·E. 马库斯编《写文化——民族志的诗学与政治学》，高丙中、吴晓黎、李霞等译，商务印书馆，2006，中文版序第 3～4 页。

② 作者透过揭露自身的生命故事，反思其在西班牙、古巴及美国的田野工作，将洞察力、真诚及怜悯注入文中，把民族志与回忆录交织起来，并将反身人类学、女性主义自传性书写，以及多元文化与离散论述融会。中文版：〔美〕露丝·贝哈：《动情的观察者：伤心人类学》，韩成艳、向星译，北京大学出版社，2012。

③ 六篇"动情"文章的题目如下：《动情的观察者》《死亡与记忆：从圣玛利亚到迈阿密海滩》《我的墨西哥朋友玛塔》《石膏里的女孩》《去往古巴：散居、回归与绝望的民族志书写》《令人心碎的人类学》。

　　露丝·贝哈的"动情写作"并非个案，在乔治·E. 马库斯的观察中，为了修正人类学家作为"关于遥不可及的异域的'他者'的专家"的身份合法性危机①，20世纪80年代以来美国人类学研究中，出现"来源于日常生活的细腻观察和叙事，即民族志的基础材料，代替了对社会与文化的宏大理论或出于空想的叙事而成为主流"② 的趋势。20世纪80年代以来美国人类学史上四场著名的争论，就是从民族志的基础材料出发，对人类学家及其重要著作的"动情"审视。

　　争论一：德里克·弗里曼1983年推出的《米德与萨摩亚人的青春期——一个人类学神话的形成与破灭》一书，以其充分的田野研究经验向学界宣称：萨摩亚社会有着严格的基于血统的等级制度，有着对少女童贞的极度崇拜，自杀率和侵犯行为发生率高，青春期冲突非常普遍……试图揭露玛格丽特·米德1928年完成的具有长期影响的著作——《萨摩亚人的成年——为西方文明所作的原始人类的青年心理研究》。在弗里曼看来，米德研究结论③的严重错误具有必然性，因为她着眼于"意识形态"的成功，一心

① 此危机至少有两个方面的原因：一是人类学作为殖民主义的一部分，是人类学无法回避的，而且公众仍然把人类学家看作关于原始的、异域的和前现代社会的专家，即使他们对现代或当代世界做出了贡献，那也是因为这个传统的专业技能；二是1967年马林诺夫斯基的田野日记出版后，民族志"作为特殊而严密的调查方式所提供的科学文化见解"被质疑和反思。〔美〕乔治·E. 马库斯：《〈写文化〉之后20年的美国人类学》，龚浩群译，载于〔美〕詹姆斯·克利福德、乔治·E. 马库斯编《写文化——民族志的诗学与政治学》，高丙中、吴晓黎、李霞等译，中文版序第5~6页。

② 〔美〕乔治·E. 马库斯：《〈写文化〉之后20年的美国人类学》，龚浩群译，〔美〕詹姆斯·克利福德、乔治·E. 马库斯编《写文化——民族志的诗学与政治学》，高丙中、吴晓黎、李霞等译，中文版序第6页。

③ 《萨摩亚人的成年——为西方文明所作的原始人类的青年心理研究》采用跨文化并置法（cross-cultural juxtaposition）对萨摩亚人的青春期与美国人的青春期进行了比较研究，将萨摩亚社会作为"青春期危机"的反例展现在世人面前，认为萨摩亚社会充溢着普遍的随和性，没有青春期的压抑与苦恼，男女之间的性爱更是"十分愉快的舞蹈"。至此，博厄斯的猜测"以往我们归诸人类本性的东西，绝大多数不过是我们对于生活其中的文明施加给自己的限制的一种反应"（参见〔美〕玛格丽特·米德《萨摩亚人的成年——为西方文明所作的原始人类的青年心理研究》，浙江人民出版社，1988，序第2页），得以"证实"，"先天—后天之争"也以文化决定论的占据上风而告一段落。《萨摩亚人的成年——为西方文明所作的原始人类的青年心理研究》作为独具威力的"证伪实验"，更是被奉为人类学"田野调查实验研究的经典之作"。（人类学家E. 亚当森·霍贝尔的评价，转引自〔美〕哈尔·赫尔曼《真实地带：十大科学争论》，赵乐静译，上海科学技术出版社，2000，第210页。）

寻求能够"证明"文化决定论的解释，从一开始就违背了科学的立场与方法①。

争论二：加纳纳什·奥贝赛克拉（Gananath Obeyesekere）1992年出版《库克船长的神化》（*The Apotheosis of Captain Cook*）批评马歇尔·萨林斯关于夏威夷岛屿上谋杀库克船长的叙述，使作者和库克船长成为西方暴力和帝国主义的代理人。萨林斯在《土著如何思考：以库克船长为例》中反驳道：奥贝赛克拉假装成一个同样的"土著"，打着为夏威夷人民说话的旗号，为了反对声称夏威夷人民把库克误作他们自己的罗诺神这样的诬蔑，他拼凑出这样一个在我看来不值一驳的历史个案。②

争论三：人类学家大卫·斯图尔（David Stoll）揭露了由危地马拉的玛雅人、诺贝尔和平奖获得者丽格伯塔·孟珠（Rigoberta Menchu）1987年出版的著名纪实性著作《我，丽格伯塔·孟珠》中的失实之处。一位在孟珠著作的背景所在地区拥有长期经验的人类学家大卫·斯图尔，在2000年出版了一个重要的案例，对孟珠的有影响力的作品的准确性和资料的真实提出了质疑。③

争论四：记者派瑞克·特尼（Patrick Tierney）在他的《埃尔多拉多的黑暗》（2000）一书中，对拿破仑·沙尼翁（Napoleon Chagnon）《雅诺玛

---

① 参见 Derek Freeman, "Fa'apua'a Fa'amu and Margaret Mead", *American Anthropologist*, 1989, Vol. 91, Issue 4, pp. 1017 – 1022.

② 〔美〕马歇尔·萨林斯：《土著如何思考：以库克船长为例》，张宏明译，上海人民出版社，2003，前言。

③ 《我，丽格伯塔·孟珠》是一部关于危地马拉的玛雅人遭受压迫和种族屠杀的纪实作品，当它于1987年出版的时候曾经在美国产生了重大的影响。当时，多元文化主义以及针对多元族群认同和被统治地位而进行的斗争正处于美国自由/左翼的人文与政治话语的前沿，这部自传因此被看作是关于一场巨大人权灾难的见证、翔实的资料乃至真理。在这场争论中表述再次成为利害攸关的因素：一种是传统意义上的人类学真理，以准确、客观的报道作为基础；另一种是"土著的"（native）真理，以生命参与的复杂情形以及讲述真理的体裁作为基础。在这场争论中，人类学真理（指还未被重新建构、没有受到《写文化》讨论影响的类型）反驳"土著"用他们自己的专门词语和体裁述说的真理。这因而可以被看作是这个时代一次成熟的争论，其中表述成为文化分析的批评目标，而竞争真理意义的政治利益在表述中是显而易见的。引自〔美〕乔治·E. 马库斯《〈写文化〉之后20年的美国人类学》，龚浩群译，载于〔美〕詹姆斯·克利福德、乔治·E. 马库斯编《写文化——民族志的诗学与政治学》，高丙中、吴晓黎、李霞等译，商务印书馆，2006，中文版序第12页。

玛：凶猛的族群》（1968）中关于雅诺玛玛族（Yanomamo）的民族志及生物医学研究——沙尼翁的研究是其中的一部分——的大背景所作的批判和曝光。① 《埃尔多拉多的黑暗》一书揭露美国科学家曾于 20 世纪 60 年代在南美洲向大批土著印第安人注射一种致命的麻疹疫苗，借此试验优生学理论②。

马库斯对以上争论的评论是："社会文化人类学中所有当代的民族志研究计划正在绘制和探索的就是：在生产关于特定的他者的知识时他们自身所处条件的网络。"③ 以"情感维度"审视人类学家的民族志书写，玛格丽特·米德一心寻求能够"证明"文化决定论的解释，萨林斯在《土著如何思考：以库克船长为例》中带有愤怒情绪的反驳，关于危地马拉的玛雅人"表述"与"被表述"的争论，印第安裔"雅诺玛玛"人麻疹疫苗残酷试验的揭露，均是不同的写作者对"田野"与"文本"的差异性做出的"动情"解释（写作）。

写作，作为一种文字表述的综合机制，涉及各种不同层面上的相关因素：

> 语言结构：人类思想形成和表达的一般框架和条件；
>
> 言语表达：思想内容的语言实现结果；
>
> 个人风格：与作者个人身心气质倾向相关的特殊修辞学倾向；

---

① 〔美〕乔治·E. 马库斯：《〈写文化〉之后 20 年的美国人类学》，龚浩群译，载于〔美〕詹姆斯·克利福德、乔治·E. 马库斯编《写文化——民族志的诗学与政治学》，高丙中、吴晓黎、李霞等译，中文版序第 13 页。

② 《埃尔多拉多的黑暗》讲述美国基因学家尼尔在委内瑞拉主导的一个试验，向当地印第安裔"雅诺玛玛"人注射一种毒性极强的麻疹疫苗，引发大规模疹症。疫症暴发后，尼尔不准同僚向病人提供任何治疗，坚持这次任务的目标纯粹是观察及记录疹症的发展情况，结果导致数千名雅诺玛玛人死亡。尼尔之所以这样做是因为他认为人类进入农耕时代前，聚居在一起的社群人数较少，拥有"支配基因"的男性，可以拥有较多的女人，在繁殖过程中快速地传播及改良人类基因。相反，现代社会平庸之人太多，人类基因的素质难以迅速提升。换言之，尼尔显然主张社会分隔，让拥有优良基因的男性支配人类的繁衍。这种观点与纳粹科学家门格勒的优生理论同出一辙。《美曾注射毒疫苗杀害数千土著人》，《环球瞭望》2000 年 9 月 25 日，http://hsb.hsw.cn/2000-09/25/2000-09-25-17hqlw6.htm，最后访问日期：2018 年 7 月 18 日。

③ 〔美〕乔治·E. 马库斯：《〈写文化〉之后 20 年的美国人类学》，龚浩群译，载于〔美〕詹姆斯·克利福德、乔治·E. 马库斯编《写文化——民族志的诗学与政治学》，高丙中、吴晓黎、李霞等译，中文版序第 14 页。

历史时代：社会时空环境内的人际支配关系，它影响着作者思想的形成；

认知方式：叙事表达和因果关系格式的时代特殊性；

价值语言：价值偏见和客观再现的混淆；

主体自由：作者在诸多主客观因素互动关系中的方向选择；

写作立场：作者在写作实践中最终的方向和策略的决定；

写作对象：实用目的和表现欲望的区别；

读者身份：被动消费和积极参与的区别。①

"情动于中而形于言，言之不足，故嗟叹之，嗟叹之不足，故咏歌之，咏歌之不足，不知手之舞之，足之蹈之也。"② 以上各项有关写作的主观层面，比如个人的语言结构、言语表达、个人风格、认知方式、价值语言、主体自由、写作立场和写作对象，均是写作文本"动情"的驱动力，即使在标榜"科学民族志"的写作中也是存在的。没有不动情的写作，人类学者的写作也是如此。

二　我/非我：人类学写作中的"我"

格尔兹在1988年出版的《论著与生活：作为作者的人类学家》中如是说："有的人描绘异文化是将其感官直觉转化为思维的对称，比如列维－斯特劳斯；有的人是将它们转化成一个非洲神瓮上的图案，比如埃文斯－普里查德；而有的人在描述它的时候，迷失了自己的灵魂（马林诺夫斯基式的民族志）。"③ 作为作者的人类学家——"我"：在田野中是全身心投入的参与者还是客观冷静的观察者，抑或是个两种情感状态均有的参与观察者？在田野后的文本写作中，作者与文本的关系是什么？观察者与被观察者间的关系是什么？"我"与田野、文本、被观察者间的这些关系

---

① 〔法〕罗兰·巴尔特：《写作的零度》，李幼蒸译，中国人民大学出版社，2008，译者前言第5页。

② 《毛诗序》。

③ Clifford Geertz, *Works and Lives*: *The Anthropologist as Author*, Stanford：Stanford University Press，1988，p. 77.

的处理，均以一种写作的温度被读者所感知。

（一）《忧郁的热带》里"诗性与学术的交错"①

"我本想写一部幻想作品，可是没能做到。民族学家指责我做了一件业余爱好者的工作，公众则认为这是部博学的作品。这，我倒无所谓。一本书写完了，对于我，它也就死了。这么说吧，我只是投入了一场令人迷醉的仪式，它显示了我的思想的一个侧面。"② 《忧郁的热带》之于克洛德·列维－斯特劳斯，在 1939 年是一部被命名为《忧郁的热带》，但是因为缺乏想象力、无疾而终的小说写作计划；在 1955 年是一部"想到哪儿，写到哪儿，不假思索地"一气呵成的仍然命名为《忧郁的热带》的游记，这部"非学术著作"初版，盛赞如潮，读者为其美妙神奇而如醉如痴。但学术界的同事们将《忧郁的热带》看作列维的一次"出轨"，期待他返回科学领域。一直支持列维的人类博物馆馆长保罗·里埃认为列维跑马到文学领域去了，失望之余，不惜与之绝交。但这一切都挡不住列维一举成名，成为公众人物。③

热带何以忧郁？"我讨厌旅行、我恨探险家"的开篇又如何解读？格尔兹是如此评价的："在《忧郁的热带》中所叙述的旅行中，列维－斯特劳斯背负的是人类学田野民族志者的一种理想——民族志作者不明智地放弃自己的人性，力图从一个充满优越感的傲慢和疏远中去了解和估计他的研究对象：只有如此他才能把他们从特殊的未知中提炼出来，置于这种或那种文明之下去理解。"④ 细读《忧郁的热带》，结合列维在 1934～1939 年间调查热带巴西和 1950 年考察热带印度、巴基斯坦的田野经历，以及列维 1939～1955 年间三次婚恋、照料病父、职业生涯前途未卜的人生经历，我

---

① 赵红梅：《诗性与学术的交错——克洛德·列维－斯特劳斯〈忧郁的热带〉述评》，《广西民族研究》2015 年第 1 期。

② 〔法〕德尼·贝多莱：《列维－斯特劳斯传》，于秀英译，中国人民大学出版社，2008，第 256 页。

③ 赵红梅：《诗性与学术的交错——克洛德·列维－斯特劳斯〈忧郁的热带〉述评》，《广西民族研究》2015 年第 1 期。

④ Clifford Geertz, *Works and Lives: The Anthropologist as Author*, Stanford: Stanford University Press, 1988, p.36.

们提出了有别于格尔兹的判断。

或许是列维－斯特劳斯在《忧郁的热带》"结束旅行"部分所推崇的"遗忘"，"遗忘把残剩的片段记忆创造出种种繁复的结构，使我能达到较稳定的平衡，使我能看到较清晰的模式"① 的写作缘起，让格尔兹将列维－斯特劳斯看成一个与田野、他者 "充满优越感的傲慢和疏远" 的写作者。细读文本中列维－斯特劳斯田野调查中遭遇的忧郁和历险，他既同情印第安人的生活，更为其文化变迁和种族存续而担忧。列维－斯特劳斯对调查对象 "自然震撼" "文化震撼" 的表述，文字表述的诗性语言，比喻、象征、类比、联想等文学修辞，以及理智性的反思，② 使列维－斯特劳斯在《忧郁的热带》中，呈现为一个 "诗性与学术交错" 的列维－斯特劳斯，虽然文中的诗性语言在很大程度上遮蔽了不时流露的理性思索，但并不能遮蔽《忧郁的热带》作为一部结构主义倾向的游记的特征。

（二）"抵消偏见，精确而抛弃个人" 的埃文斯－普理查德

"有的声音很容易模仿，但是几乎难以描绘，它们如此特别地变化着，精确地展示着，准确地远离平庸……在那些人类学史上的大人物中，对那间遥远的牛津高级公共休息室来说，没有一个主人能比埃德蒙·埃文·埃文斯－普理查德更为伟大了。"③ 自信、肯定，表述简洁而精确，在写作中 "抵消偏见，精确而抛弃个人" 的埃文斯－普理查德，赢得了格尔兹的赞誉。

埃文斯－普理查德从 1926 年开始前往非洲的阿赞德人和努尔人中展开长期的田野研究，完成了对阿赞德人和努尔人的一系列民族志作品，包括《阿赞德人的巫术、神谕和魔法》（1937）和 "努尔人三部曲"［《努尔

---

① 〔法〕克洛德·列维－斯特劳斯：《忧郁的热带》，王志明译，生活·读书·新知三联书店，2000，第 39 页。

② 列维－斯特劳斯说："对欧洲居民来说，首先，新世界不是我们的，我们对那个世界的被毁灭这项罪恶要负责任，对于这一片广大的无辜的人类来说，欧洲文明等于是一个庞大无比的、也是无法理解的大灾难；其次，再也不会有另外一个新世界。"参见〔法〕克洛德·列维－斯特劳斯《忧郁的热带》，王志明译，生活·读书·新知三联书店，2000，第 492 页。

③ Clifford Geertz, *Works and Lives: The Anthropologist as Author*, Stanford: Stanford University Press, 1988, p. 49.

人——对尼罗河畔一个人群的生活方式和政治制度的描述》（1940）、《努尔人的亲属关系和婚姻》（1951）、《努尔人的宗教》（1956）]。在《阿赞德人的巫术、神谕和魔法》一书中，埃文斯－普理查德从阿赞德人的视角出发，细致生动地描述了他们的巫术、神谕和魔法实践，并告诉读者，阿赞德人这些看似荒诞的巫术、神谕和魔法，和所谓的科学体系并不冲突，巫术、神谕和魔法在阿赞德人的社会生活中起着核心作用，并且构成了一个完全连贯而理性的体系。《努尔人的宗教》一书中，埃文斯－普理查德注意到了努尔人的神的阶层和社会阶层之间的关联，从努尔人的宗教被认为是"未开化或迷信的文化体"的表象出发，发掘努尔人抽象和复杂的神学体系。

埃文斯－普理查德叙述的语气非常自信，非常肯定，他利用的策略是，关注地方的日常生活并在叙述中利用读者对日常生活经验接近的预设，尽可能简化自己的表述，去除掉任何有关倾向性的描述，使读者毫不察觉到自己被引导。他偏好使用的平白简单的陈述句加深了这种日常性，压制了任何词语上的矛盾冲突，一切的叙述都是那么自然，那么清晰。这种建构策略使其语篇显示出强烈的直观性和形象性并散发着一种淡淡的感觉：没有什么很特别的，都是平常不过的事儿。埃文斯－普理查德之所以会觉得这么做非常自然，是因为他相信向无知的大众提供野蛮人的丰富知识和事实根据，实际上也是一种启蒙，是人类学家受命的任务。这项任务很困难，人类学家的田野调查必须跨越语言的障碍和个人偏见的樊篱，彻底抛弃个人，抵消偏见。①

（三）"马林诺夫斯基难题"："我是我"与"我非我"

人类学界公认的马林诺夫斯基最大的成就，是他所推动和确立的田野工作方法和民族志撰写方式。"关于文化的科学"理念所成就的"科学的民族志"，在1967年马林诺夫斯基生前日记出版后，引发了持续近20年的

---

① Clifford Geertz, *Works and Lives*: *The Anthropologist as Author*, Stanford: Stanford University Press, 1988, p. 63。转引自杨清媚《指向心灵的阅读——读格尔兹〈论著与生活〉》，《西北民族研究》2008年第4期。

争议，在学术史上留下了"马林诺夫斯基日记丑闻"①，激发了人类学界对民族志的主客体单向关系科学性的质疑，作为对"表述危机"的反思和回应，特别是1986年《写文化》问世以来，反思的、多声的、多点的、主客体多向的实验民族志作品得到发展。格尔兹对这位"奠定了现代人类学的理论和方法论基础的人类学家"的写作这样评价：他在写作中"迷失了自己的灵魂"，是指马林诺夫斯基式的民族志中典型的分裂症：内心真正是谁，而在外又想表现成谁，对这种意识得太过清楚；在田野中强调一种完全的浸没（immerse），抹去观察者与被观察者之间的距离，而在文本中却强调"我见证了"（I-Witnessing），是一种旁观者的证词。②

马林诺夫斯基毕生都感到困难的问题——如何将那些散布在零星田地和丛林中的野蛮人，刻画成为一幅精确测量过了的、有法制的社会事实。这并不是田野技术问题，也不是社会理论问题，甚至无关神圣的客体——"社会事实"，而是话语的问题：如何创作一种真实可信的表述？这是马林诺夫斯基给我们留下的最重要的遗产，也是最有非议的地方。③

"我是我"与"我非我"的"马林诺夫斯基难题"，在马林诺夫斯基的文本中以对立的方式呈现：一个"我"是经验丰富的民族志作者和探险家，一个"我"是本土化了的土著代言人；一个"我"是绝对的世界主义的自我膨胀，能见土著所见，听土著所听，想土著所想；一个"我"是完美的调查者，严谨、客观、冷静、精确。高度的罗曼蒂克和精确的科学主义，诗人的热情与解剖学家的理性，哪一个才是真正的马林诺夫斯基？

追随马林诺夫斯基从书斋和安乐椅中走进田野的一代代人类学者，以

---

① 马林诺夫斯基在巴布亚新几内亚和特罗布里恩岛考察期间，所记日记与他在严肃著作中对于当地人的态度相去甚远、充满矛盾。在日记中，随处可见他对当地人的鄙夷和痛恨（甚至有种族歧视的嫌疑），而且他不断怀疑自己和工作的意义并饱受情感、健康的困扰。参见〔美〕勃洛尼斯拉夫·马林诺夫斯基《一本严格意义上的日记》，卞思梅、何源远、余昕译，广西师范大学出版社，2015。

② 杨清媚：《指向心灵的阅读——读格尔兹〈论著与生活〉》，《西北民族研究》2008年第4期。

③ 杨清媚：《指向心灵的阅读——读格尔兹〈论著与生活〉》，《西北民族研究》2008年第4期。

两种截然不同的方式①在尝试解决"马林诺夫斯基难题"。一类是"我就是我":在文本中自我暴露,把马林诺夫斯基用以自我隐匿的日记形塑成一种有秩序的、公共的风格类型;一类是"我不是我":在文本中竭力要消灭自我,然而实际上他们仍然属于 I-Witnessing 类型,只不过他们的自我被更深地隐藏起来而已。

(四)露丝·本尼迪克特:彼岸的写作

露丝·本尼迪克特在成为人类学家之前,是一个诗人,中学时代的本尼迪克特(我)热爱文学,曾用笔名"安·辛格顿"发表了一些诗作。1905 年,就读于瓦萨学院,主修英国文学,也接触到了文学评论和分析,比如尼采的《查拉图斯特拉如是说》就对她后来的人类学观点的形成产生了一定影响。1921 年,33 岁的本尼迪克特进入哥伦比亚大学,拜博厄斯为师,攻读文化人类学。本尼迪克特前期的研究并不是基于田野调查之上,而往往都是来自图书馆研究,仅在 1922 年对南加利福尼亚的塞拉诺人有过短期调查。她真正的田野工作是从 20 年代中期开始的,先后到祖尼人、夸库特耳人、多布人以及阿帕切人的梅斯卡莱罗分支中从事田野调查。在这些调查中,她一方面记录整理大量即将消失的传说与仪式,另一方面逐渐产生了文化形貌论的想法,启发了她对人格与文化的兴趣,她后期的大量著作和学术思想也是在此基础上形成的②。《文化模式》(1934)和《菊与刀》(1940)是其中最脍炙人口、最为畅销的学术著作。在今天的人类学学科史上,这两本书使本尼迪克特置身于博厄斯历史文化学派当中,指向了"文化与人格"研究和文化相对论研究。但是格尔兹认为,即使如此,本尼迪克特并不属于当时的任何一个学者群体。③

格尔兹把《文化模式》与斯威夫特的虚幻讽刺小说《格列佛游记》相比,认为将本尼迪克特笔下的祖尼人、夸库特耳人、多布人与《格列佛游

① 杨清媚:《指向心灵的阅读——读格尔兹〈论著与生活〉》,《西北民族研究》2008 年第 4 期。
② 丁苏安:《露丝·本尼迪克特列传》,《民族论坛》2013 年第 8 期。
③ Clifford Geertz, *Works and Lives*: *The Anthropologist as Author*, Stanford: Stanford University Press, 1988, p. 115.

记》中的慧骃国、布罗卜丁奈格人和勒皮他人相比较，来讨论本尼迪克特的文本建构策略及其风格之形成①：本尼迪克特是在用虚构的小说来写民族志，也便能够理解她的论著通常都是一种社会批评模式，充满冷嘲和讽喻；而她所使用的修辞手法就是：把本文化司空见惯的熟悉之物与未开化的奇风异俗相并置，而且这种并置是互换位置的。本尼迪克特在相反的空间里写作，存在着绝对的直率，建构了那些写在文本之外的隐喻。

我们把本尼迪克特的写作，看成一种作者在"彼岸的写作"。特别是《菊与刀》，本尼迪克特受美国战争信息中心的委托，对日本人的国民性展开调查，但受到战时诸多因素限制，她无法前往日本实地调查。她于是把战时在美国拘禁的日本人作为调查对象，同时请教在日本生活过的外国人、日本专家，大量参阅书刊、日本文学及影像资料，最终写成报告。没有到过田野点的本尼迪克特，写作了一部备受田野点的文化持有者关注的民族志作品，② 这实在是一次"彼岸写作"的巨大成功。本尼迪克特与当时其他学者的不同之处，恰是"因为她想要成为一个真正的社会科学家的企图和她本质上诗人气质的张力，由她的率直直接对接，给她带来了方法论上的困境，与她文本想表达的东西矛盾"③。而如今，人们大多把《菊与刀》当成一种了解日本文化、进行学术学习的训练手册，而忽略了诗人本尼迪克特写作中的讥讽元素。格尔兹说，以一种斯威夫特、孟德斯鸠和凡勃伦等人的方式来看本尼迪克特，就会理解《菊与刀》不再是一种美化理性科学主义的策略，而是像她自己所说的："让这世界苦恼而非让它转向"④。

---

① Clifford Geertz, *Works and Lives：The Anthropologist as Author*, Stanford：Stanford University Press，1988，p. 113.

② 1946 年，本尼迪克特把报告整理成《菊与刀》（*The Chrysanthemum and The Sword*）出版，立刻在日本引起强烈反响。1949 年初被译成日文，1949 年至 1951 年，日本多家杂志约请专家举行座谈，对此书进行评论。1951 年此书被列入日本《现代教养文库》，至 1963 年已重印 36 次。1982 年出版的一本介绍"日本学"名著的书中称赞此书是现代日本学的鼻祖，是文化人类学者研究日本的经典性著作。

③ 杨清媚：《指向心灵的阅读——读格尔兹〈论著与生活〉》，《西北民族研究》2008 年第 4 期。

④ Clifford Geertz, *Works and Lives：The Anthropologist as Author*, Stanford：Stanford University Press，1988，p. 127.

以上被国内学界划归为"科学民族志"时代的经典文本中，可以看到一种作者写作中的主体身份的选择差异：列维-斯特劳斯在以《忧郁的热带》为代表的结构主义著作中凸显了一个"诗性与学术交错"的我；埃文斯-普理查德则极力抵消偏见，以精确简洁的民族志描述，抛弃了个人的存在；马林诺夫斯基以及一大批"科学民族志"的追随者或反思者，在"我是我"与"我非我"的纠结和矛盾中，以"我就是我"和"我不是我"的不同向度，呈现了主体身份在民族志作品中的位置；而露丝·本尼迪克特则以"彼岸写作"的身体位置，在社会科学家（人类学家）与文学家（诗人）的身份矛盾中，既看他者，亦观自我。

可见，当我们认真分析作者与文本间的关系时，学界对"科学民族志"所总结的且被学界广泛认同的结论："经典民族志作者自信运用所谓'科学的方法'，获得了一种纯然的'客观性'，因而，他们所撰写的民族志是一种以客体为中心的民族志形式，其表述方法是'第三人称的、外部描写的、纯客观方法的、语音学的、行为性的、遥距感知经验的'"[1]，此结论是不公允的。后现代人类学的批评家们所认为的：经典民族志（科学民族志）"没有给予作者一定的角色，如果有的话也只是在注脚和前言中提到作者，给他一点无足轻重的发言机会。出于极为重要的理论原因，目前民族志实验文本给予作者相当重要的角色，让他再现在关于其田野工作及其发现的陈述中，对自己的思考作出解说。作者的暴露已成为当前实验的深刻标志"[2]，这样的定论也是值得商榷的。

由此看来，人类学写作或民族志文本从来就不是客观的、科学的表述，而是主观的、文学的叙述；人类学书写在本质上就是文学的，而不是科学的。从本质上讲，文学转向不单是对元书写的颠覆与否定，它同时也是对人类学书写范式的一种反思。但这并不意味着人类学研究从此就不需要进行田野考察了，它仅仅表明，田野考察之后的民族志本身并不能完全

---

① 〔美〕克利福德·格尔兹：《地方性知识》，王海龙等译，中央编译出版社，2000，第72页。

② 〔美〕乔治·E. 马尔库斯、米开尔·M. J. 费彻尔：《作为文化批评的人类学：一个人文学科的实验时代》，王铭铭、蓝达居译，生活·读书·新知三联书店，1998，第68页。

表述真理，人类学书写是一种建构"他者"与"自我"的双向行为。①

三 冰点/沸点：人类学写作的温度

人类学写作是人类自我认知的一种文本呈现。人类学的看家本领"民族志文本"就是介于文学和科学之间的"过渡性文本"，在它的两头，分别呈现着另外两类：即"科学"和"文学"的文本。作为一门具有系统话语的学科，人类学也有自己的写作性，究其根本，那就是关于人的故事。在最根本的意义上，人类学的初衷也是讲述一个故事：人是什么。这才是"人类学写作"的关键所在。所有人类学的文本，无论是科学式的、民族志式的、还是文学式的，说穿了，最本质的内容就是一个关于人的故事。②人有悲欢离合，月有阴晴圆缺。写人的故事，写作者情感的温度，需要"冰点"的冷静还是"沸点"的热烈，几摄氏度合适？

在人类学"写文化"的反思过程中，后现代人类学、实验民族志等学科探索，开始对人类学的公众身份进行重新定位。但"在西方文化的浸染之下，西方民族志作者所执行的自我批判的立场、思考方式、理论观点的本质及研究方法依然是西方的。就后现代人类学而言，'求知主体的对象化'依然是理论家的理念与愿望，而他们的民族志作品起码存在着如下三种弊端：第一，缺乏对主体的研究目的和文化背景的批判性反思。第二，缺乏对'求知主体'的整体展示。第三，分割了主体、客体、主客体关系三者之间的联结"③。

针对学界对科学民族志的批评和对后现代民族志的承续中出现的新问题，学者朱炳祥提出了"主体民族志"的概念和理论框架，倡导以郑板桥的"三竹"理论为基础的主体民族志书写④。首先是"眼中之竹"，这是主体感觉与知觉中的客观事物。就民族志主体而言，它是一种"知性主

---

① 王倩：《人类学的文学转向——民族志书写的另一种思考》，《世界民族》2011年第5期。
② 徐新建：《人类学写作：科学与文学的并置、兼容》，《重庆文理学院学报》（社会科学版）2011年第2期。
③ 朱炳祥：《反思与重构：论"主体民族志"》，《民族研究》2011年第3期。
④ 朱炳祥：《反思与重构：论"主体民族志"》，《民族研究》2011年第3期。

体"。其次是"胸中之竹",这是主体立场、观念中的客观事物。就民族志主体而言,它是一种"观念主体"。最后是"手中之竹",这是画家在运用表达技巧(即方法)所画出来的艺术品。就民族志主体而言,它是一种"写作主体"。同时以"互镜"概念作为"主体民族志"的认识论基础,达到"主体民族志"的"互镜"的民族志形式——在"主体"与"客体"相互映照的多重影像中,达成主体"认识自己"的目的。学者李立①曾针对"学者与村民的互动对村落意味着什么?"这样的"主体"与"客体"的相互映照,以一个贵州村落为聚焦点,观察先他而来的学者在村落留下的"印记",倾听村民如何表述这些"印记",叙述学者与村民的知识生产故事,分析了学者和村民对"地戏""村志"等地方知识所表述的话语特征,梳理20多年来学者与村民互动的脉络与谱系,探讨互动的动力、机制和意义,也对作者本人与村民的互动进行反思,具有"研究之研究"的反思色彩。

而人类学的"写文化",从研究方法上总结,可归结到多重叙事的概念②。前些年提出的所谓四重证据,一是传世文献,二是出土文献,三是人类学的口传与非物质文化遗产方面,四是图像和实物。现在从叙事学的角度看,也可以将文化书写分解成四种或五种方式。文物典章制度实际上来源于宗教仪式的法器/道具,所以它也能够叙事,叫物的叙事。归纳起来,这五种叙事就是:口传叙事;传世的文字文本叙事;出土的文字文本叙事;图像叙事与物的叙事;仪式的叙事。

在这些理论成果的基础上,我们提出一种"两种温度交织、四种文本互动"的人类学民族志写作理念。两种温度交织,指民族志作者在田野调研、文本写作中,均是以感性的沸点和理性的冰点在认识、阐述他者文化,存在着"冰点与沸点"两种温度的交织,存在着"我"与"非我"的"马林诺夫斯基难题",亦即"主体民族志"所说的"知性主体"与"观念主体"。如何将"冰点与沸点"、"非我"与"我"、"知性主体"与"观念主体"进行相对客观、相对真实、相对完整的民族志呈现?"四种文

---

① 李立:《在学者与村民之间的文化遗产》,人民出版社,2010。
② 叶舒宪:《人类学的文学转向及"写"文化的多种叙事》,《百色学院学报》2009年第5期。

本互动"是可供选择的方式之一。四种文本互动，指民族志作者在文献综述、田野调研、文本写作过程中，对同一个调研对象，在民族志作品中进行田野日志、研究报告、研究论著和影音文本四种文本交错呈现的互动书写，田野日志能将作者情感的沸点、知性主体的"我"进行呈现；研究报告、研究论著能把作者理性的冰点、观念主体的"非我"进行呈现；影音文本，包括研究中获得的照片、视频、绘图、录音等视觉和听觉资料所构成的文本，虽然影音文本也不可避免地带有"我"的情感和理性印记，但与田野日志、研究报告、研究论著主要以"文字文本"写作相比，影音文本在视觉、听觉上的文本补充，能让民族志文本的接受者较全面、完整地还原他者文化的世界，并在这四种文本的阅读对比中，对"田野与书斋""人类学者与他者""作者与文本"等"之间"的关系进行开放性的解读。

为了落实四种文本互动写作的倡议，笔者以《寻找阿诗玛：人类学写作的四种文本》① 为例，完成了寻找阿诗玛的四种文本互动写作实践。本书分为四个部分：其中"田野日志"，集合了 2014 年、2015 年、2016 年我们进行阿诗玛文化主题调研的田野日志，此部分文字尽量保留了写作者的主观情感；在"调研报告"部分，我们以"文化旅游情景中口传叙事长诗《阿诗玛》的传承研究"为题，相对客观地呈现《阿诗玛》传承人的传承现状、问题；在"研究论文"部分，我们从饮食、服饰、居住、娱乐、节庆、旅游等视角，对"阿诗玛文化"的传承、保护、创新、发展进行专题论述；在"影像文本"部分，我们以"密枝节田野图像"为例，以静态照片描述节日传说、节日前的准备、节日的过程和节日之后的情景，视图文本与"研究论文"中的密枝节研究文章进行对照，读者可以从中发掘不同文本形态在描述同一文化事项时的差异和特点。

在此写作方法的指导下，人类学写作的"真实性"是处于不断变化之中的②：人类学自诞生以来，民族志研究就一直把记录和反映"真实性"作为一项重要的历史使命和学科目标。由于社会历史的变迁以及由此所引入的新的社会关系和结构因素，致使"真实性"呈现出复杂多变的样态。

① 巴胜超等：《寻找阿诗玛：人类学写作的四种文本》，民族出版社，2018。
② 彭兆荣：《民族志视野中"真实性"的多种样态》，《中国社会科学》2006 年第 2 期。

另一方面，人类学家在不同的历史语境中所关注的问题、采取的方法、形成的范式等，必然使他们在"真实性"样态的把握和反映上出现差异。既然"真实性"处于变化之中，那么，民族志对它的反映和解释亦在过程之中。同时，民族志研究的历史也构成了另一种"真实性"的学科样态——不仅包括认知理念的时代性样态和实践原则的差异性样态，而且反映在民族志写作的范式性样态等。这些不同的样态无疑丰富了我们对客观世界的认识。

人类学的"文学转向"，从实质上说，并没有"转"，只是从正面肯定了人类学的文学性；人类学的文学转向，从形象上说，是人类学家对"写"文化以来人类学整体发展的历史趋向进行的一种理论修正，也是人类学这门学问，因语言的承载表现为"写文化"问题后的理论思考。而我们真正需要更深入追问的是：人类学家为何需要写作？

论民族志的文本建构与文学
人类学的何以可能

何小平*

摘要： 传统科学民族志强调客观、理智，倡导用科学客观的方法进行民族志的写作，这种民族志写作思想和实践构成了强烈的冲突，事实上民族志的客观要求无法达成对文化中的经验元素的描述和表达。对经验的表述，诗学的手段不可或缺。实验民族志的兴起正是为了有效解决对文化中经验元素的描述问题。民族志写作的文学性成为民族志实验的基本内核。文学与人类学由于共同的指向而相互融合，最终走向文学人类学。对于民族志的文本建构而言，文学性成为必然。对于文化的表述而言，文学人类学完全成为可能。

关键词： 文学人类学　民族志　文本　文学性

20世纪80年代之后，社会科学和精神科学中的科学主义的抽象思维方式越来越受到质疑，文学的方法在社会学科的写作中越来越引起重视。文学的过程，隐喻象征、形象表达、叙事等都影响了文化现象被记录的方式，从最初的观察到民族志文本的建构，以及在民族志文本被阅读的接受过程之中，这些文学因素都在发挥它的作用。文学手段和诗性因素渗透到人类学学科之中，这是民族志实验的突破口。文学修辞格在民族志写作中的运用，成为后现代民族志实验的一个重要特征。在对后现代民族志的思考中，一般认为，民族志的功能是唤起读者对异文化的理解，而不是再现，所以民族志写作的基本目的应该进行调整，从再现田野工作对象的文化特征到对异文化进行描述基础上的理解，这本身是民族志功能和目标的

＊　何小平，吉首大学文学与新闻传播学院副教授、博士，硕士生导师，吉首大学沈从文研究所所长，研究领域为文艺美学和沈从文研究。

一种转换，这是民族志摆脱科学归纳思维模式的必要途径，文学人类学成为民族志危机的解救之基本策略。

一　实验民族志的文体模糊特征与文本拓展策略

民族志实验强调对写作模式单一的突破，实施民族志文本的拓展。这种文本拓展必然导向民族志文本的认知问题，也就是说在民族志文本的拓展过程中，要能够对民族志文本的界限抱有一种宽容的态度，尤其是对于文本的文体模糊问题。民族志文体的拓展问题往往集中在两个方面，其一是民族志写作时的文本拓展问题；其二是在民族志研究时，在寻找民族志文本对象的过程中，应该拓展民族志文本的范围，不能只停留在人类学学科本身的民族志书写文本上，还要到其他社会学科，比如文学中去寻找。许多人类学家本身，也用文学的形式完成了对异文化的描述。许多文学家，在文学创作过程中，也有大量对异文化的书写，这些都可以成为民族志研究的文本资源。

（一）民族志文本文体的多样性与文体的模糊性

民族志实验中的文本写作打破了单一的科学民族志写作模式，用文学手段和诗性样式去描述异文化中的经验元素，力图通过对异文化的多种表达和描述方式，达成对异文化的有效表述。首先，对异文化的理解不能抱有绝对客观的浪漫与幻想，对异文化经验的理解不可能是绝对客观的理解与描述，只能是在某种程度的客观理解与描述。对于理解的客观程度问题而言，还是当代美国人类学家保罗·拉比诺总结得好，他认为民族志的写作模式是不能纯粹化或单一化的，只有将各种模式的方法和技巧结合起来，形成一种综合，那么才有民族志本身的创造性，他说，"民族志的写作模式中，大致有四种，经验的、解释性的、对话性的和复调的，对于西方和非西方的民族志文本的写作来说，没有哪一种是过时的，也没有哪一种是纯粹的：在每一范式之内都有可供创新的空间"。① 在保罗·拉比诺看

---

① 〔美〕保罗·拉比诺：《表征就是社会事实：人类学中的现代性和后现代性》，〔美〕詹姆斯·克利福德与乔治·E.马库斯主编《写文化——民族志的诗学与政治学》，高丙中等译，商务印书馆，2008，第298页。

来，民族志的写作模式并不是纯粹的，也不是科学化客观化所能严格规定得了的，民族志写作是各种方法和模式的综合，就是因为这种综合性，才使得民族志文本具有拓展性，使得文本会呈现出多样性。所以在面对民族志文本大家族众多成员的时候，会出现很多陌生的面孔，对这些面孔，我们应该持以亲近的、包容的心态，而不是排斥的态度。实际上，文体的模糊性，是对任何的思想、意识及观念进行表述时存在的一个普遍性的问题。在思想表述时，思想本身并没有对其思想表述的文体进行刻意的选择和要求。这一点在古今中外的思想史写作中，已经有很多的例子。例如孔子的语录体，后来出现的对话体，老子《道德经》五千言，《庄子》的汪洋恣肆，等等；比如中国历史作品，体裁多种多样，如司马迁《史记》有书、表、本纪、世家、列传等体裁。古希腊柏拉图的哲学作品中也有对话体。这就是说，对于思想表达来说，文体本身这个概念是模糊的。文体的分化实际上也是人类思维精细化特征之下社会分工飞速发展导致学科分化的结果。文体是为表达思想服务的，文体是手段、途径和方法，思想表达才是目的。为了有效表达日益复杂的思想，文体本身就呈现一种开放性和发展性。

在人类学学界，艺术和社会科学之间的界限也有模糊处，而作为人类学学家和艺术家之间的文化身份和职业身份的界限在有些时候也是模糊的。许多人类学家在从事严格科学意义上的写作的时候，他们也在进行文学创作，创作出了大量的人类学的诗歌、散文或者小说，例如倡导科学民族志写作的功能主义学派马林诺夫斯基就是如此。民族志作者在对田野工作对象进行文本写作的时候，在对异文化进行描述和反映的时候，他们并没有完全局限于科学民族志单一的一种文体，同时也创作了大量的文学人类学作品，包括诗歌、小说和散文等形式。从而拓展了民族志的文本样式。笔者认为，遵循科学规范写出的那种所谓科学民族志是民族志的一种重要样式，但是包括民族志小说、诗歌、散文等在内的其他文本同样也构成了民族志文本的重要样式。在民族志大家庭中，成员不应该是单一的，应该是多样化的。民族志文本的这种多样化的要求，反映了民族志实验文本的基本走向，也就是说，文化差异下的表达形式和表达方式都应该是多样化的，民族志文本及其文体表达同样是多样的。

(二) 实验民族志的文本拓展策略

实验民族志文本的策略主要集中在反思民族志文本如何表达文化差异的问题上。当人类学学者进入某种异文化中进行田野工作，总是希望在文化整体观的指导下，努力寻找表述该异文化的各种方式，对于那些受过长期科学民族志专业训练的人类学学者来说，对异文化的表达方式远远满足不了对异文化描述和表达的需要，特别是面对异文化中的经验要素，他们都需要尽力开拓对异文化表达的文本样式，展开民族志写作的文本实验，这些实验力图采取各种不同的文本策略向读者传达他们对被研究者的理解。民族志写作文体的多样性，事实上成了人类学领域中的常见现象，就是科学民族志的开创性人物马林诺夫斯基本人的民族志写作，也没有完全被科学民族志的客观要求所限制，他还创作了大量的人类学诗歌、散文和小说。

我们知道，文本写作经验相对于文本理论来说要显得复杂得多，这使得民族志实验的张力巨大，也提供了许多发展的可能性。在民族志史上，在对文化的表述过程中，除了民族志本身，往往还存在着大量的人类学学术随笔等文体，这种文体不在科学民族志严格意义上强调的范畴内。同时，这些人类学学术随笔也因为和文学创作情感原则和形象虚构的疏离，这种作品又不是严格意义上的文学作品。这些人类学学术随笔好像什么也不是，其位置在文学和人类学之间似乎非常尴尬。那么这种作品，我们只能归结为民族志实验文本的一种形式。这种文本刚好符合人类学学科和其他学科之间理论相互采借和流动的关系，边缘而交叉，什么也不是，但是什么也都是。在长期的田野实践中，许多人类学家意识到传统文本形式不足以描述被研究者，所以力图拓展民族志文本的构建，因此除了人类学学术随笔之外，民族志小说长期以来已经成为一种持久的实验形式。在这些田野工作者的作品里，小说的运用与科学专著界限分明，但是被容许存在，最常见的情况就是小说是作为一种次要的、多少有点想象性的民族志文集的构成部分而出现。在传统科学民族志那里，在民族志本身范围内运用小说或小说手法则很容易令人质疑。具有故事性的民族志所具备的文化表述的有效性，事实上对一种文化的信息在不同文化的人们之间的传递来说不是好事情，因为故事存在虚构性，表现出文本写作者的主观性。这种虚构性和主观性，在号称科学客观的科学民族志那里，是不道德的，也是不允许的。但事实上，在民族志的表述中，却又是无法回避的。

在文化人类学的实验民族志写作中，人类学小说、诗歌和散文都是民族志写作的重要表现形式。这说明民族志文本本身应该具有自我扩容的能力。民族志实验样式的各种文本体裁的模糊性，实际上也给民族志文本样式的多样化提供了拓展的可能性，同时也使得人类学学科对那些非民族志文本但是又具有比较鲜明的民族志特征及价值的文学作品，包括人类学诗学作品等等更加关注，特别是那些反映土著文化的文学作品，本身被实验民族志写作视为同类，因为它们共同主张对异文化的经验进行描述。

除了在田野工作中被研究者的口头叙述之外，来自于第三世界大部分地区的大量当代小说和文学作品，也正在成为民族志与文学批评综合分析的对象。这些文学作品不仅仅提供了任何其他形式所无法替代的土著经验表达，而且也像我们自己社会中类似的文学作品那样，构成了本土评论的自传体民族志（autoethnography）。①

因此，由人类学民族志的实验写作沿着文学和人类学的重叠地带延伸了一个问题，即，我们怎么去理解和解读那些作为文化文本的文学作品，文学作品的文化书写的方式及其文化理解诠释的价值的评价问题等等，再继续延伸，那就又追问出一个问题：文学文本是不是具备了人类学研究基础的本文的基本特征，文学文本能否成为人类学学科研究的对象。我们知道，在传统的文化人类学研究中，文化人类学往往依靠的是考古发掘的第一手资料，还有通过田野调查实践来实现人类学的研究目的。而长期在香港大学任教的爱尔兰籍教授泰特罗提出了另外一种研究思路，就是"本文人类学"，主张通过人类创造的各种文本，包括主观创造充满想象的艺术作品，诗歌、散文、戏剧、雕塑、绘画等，或者是客观记录写实的文本读物，只要是人类的一切书写文本，隐含了文化内涵的一切的文化文本样式

---

① 〔美〕乔治·E. 马尔库斯、米开尔·M.J. 费彻尔：《作为文化批评的人类学：一个人文学科的实验时代》，王铭铭、蓝达居译，生活·读书·新知三联书店，1998，第111页。

都可以作为对象去研究人类文化的各种要素和特征。①

　　对文学作品的人类学研究，是文化研究对文本的文化阐释的主张。文学无论作为一种研究对象还是作为一种表现手法，都是民族志文本建构时必须面对的。在人类学的学科领域中除了直接面对的独特的社会组织和风俗习惯之外，人类学学者还大量直接接触到了作为文化重要表现方式而存在的神话、故事、传说、戏曲、诗歌等，对这些文化表现样式的艺术进行文化的、心理的、制度的、历史层面的深度解读，成为人类学学科发展过程中很重要的一环，如古典进化论学派、结构主义学派、美国历史学派等都对艺术方式进行了文化的解读，对那些存在于边远或者原始部落或者是异于西方现代文化的那些异文化中的艺术进行了文化的解释。我们知道，艺术是文化非常重要的样式，广义的文学艺术包括了传说、神话、故事、歌谣、谚语、寓言、咒语、俚语、歇后语、俏皮话等，这些文学艺术样式特别在那些所谓的原始的、落后的、边远的族群中，大部分是以口头的方式表现和承续的。对于文化的诗性样式的关注，文化人类学的关注集中在两个方面，一是重视口承文学，二是重视对各种文学样式的过程研究。因为人类学对文本的研究，注意到了文本和情境之间的脱节或者分离问题，为了对情境尽力还原，人类学在对各种文学样式的情境过程的研究中，更加关注文本写作时个人的创造因素、个人的体验以及个人的表达，还有参与者、讲述者以及研究者之间不同主体的不同视角。而事实上，上述这些活动构成了文化理解和阐释的多向度、多维度的关系丛，所有这些，都成了民族志关注与描述的对象。进一步而言，对于民间文化中艺术样式的展演空间的研究成为实验民族志的一种必然选择。在展演中，口传文学的内容形式、活动的参与者与文学样式所发生的背景仪式等连接起来，在这些互动中清楚地显现了文化情境、种种社会关系和历史脉络。

　　民族志实验的文本拓展问题上，还有一个很重要的主张，那就是提倡民族志综合文本。这种综合文本，可以将包括有关语言和风情在内的文化

---

① 参考〔爱尔兰〕安东尼·泰特罗《本文人类学》，王宇根等译，北京大学出版社，1996，第1~3页。

经验样式描述与表达出来，也可以将这些田野工作中所接触到的各种具体人物的生活内在化组成部分与它们的外在联系结合起来，这就将民族志的写作和文化事象的场景性统一了起来，使民族志体裁的选择和文本的写作突破了仅仅是客观写实的表达主张。在实验民族志写作者看来，在对文化的理解和诠释中，不应把各种文化事象当作静止之物来描述，而是更要重视文化样式的变化因素，去描述文化的动态发展特征，"目前实验时代的潜在任务就是修正民族志描述的传统惯例，避免以自在的同质以及相当大程度上反历史的文化单位为背景来构造变迁的图景，把文化情境看作是不断流动的状态。文化的流动性表现在：文化处于既外在于又内在于地方场合的广阔影响过程之中，保持着一种永恒的、具有历史敏感性的抵制和兼容状态"。[①]

对于文化事象的动态发展变化属性的描述，单一的科学的民族志文本样式是无法完成的。另外一个方面，人类在不同的时间与空间中所形成的文化显然具有差异性，文化种类和样式的多元化和多样性也决定了民族志文本的多样性。所以说民族志文本的拓展是由文化多样性、多元性以及其变动不居的变化特征所决定的。当然，民族志文本的书写策略还和民族志写作形成的文本在人类文化整体中的作用方式有关，民族志发挥作用的因素不仅仅是民族志写作者本人，还包括对文本进行阅读的读者，"整体的意义既不是在文本上决定的，也不是作者独有的权利，而是文本—读者—作者之间的功能互动。它不是文本背后或文本之间隐藏的秘密；也不是存在于作者心中而仅仅被他蹩脚地表达或压制的东西"。[②] 也就是说，民族志文本的意义本身并非民族志写作者的独断，也非阅读者的任意发挥，而是围绕民族志文本在写作者和读者之间的建构，一句话，民族志文本的意义也是建构出来的，那么民族志文本的意义具有在文本和读者之间的生发性特征，因此也就具有了理解的无限可能性。民族志文本意义的绝对的确定

---

① 〔美〕乔治·E. 马尔库斯、米开尔·M. J. 费彻尔：《作为文化批评的人类学：一个人文学科的实验时代》，王铭铭、蓝达居译，生活·读书·新知三联书店，1998，第115页。

② 〔美〕斯蒂芬·A. 泰勒：《后现代民族志：从关于神秘事物的记录到神秘的记录》，〔美〕詹姆斯·克利福德与乔治·E. 马库斯主编《写文化——民族志的诗学与政治学》，高丙中等译，商务印书馆，2008，第173页。

性或者说恒定性，只是科学民族志的自我设定而已，本身也只是科学民族志写作者善良的主观愿望而已。

二　回归诗性：实验民族志文本的书写策略

后现代民族志重视对异文化或不同文化的诠释时的美学准则，突破了科学民族志对美学原则排斥对立的心理。笔者认为，诗性文化本身是文化重要的样式，具有感性的东西在文化中处处能感觉出来，折射出来。所以在田野工作中，我们不管如何用客观要求，用科学的逻辑基于对现实的反思推理、归纳的思维模式和书写形式，努力去摆脱这种诗性的浸润，力图减弱这种诗性对于民族志写作的影响，这种刻意拒绝诗性的书写企图一般会失败。原因有二：其一，作为民族志作者本人，在文化性格与文化心理上，是感性和理性的结合，是传统与当代的结合，也努力地使二者结合让自己成为一个人格完整的人，任何一个单方面的维度的坚持都会导致人格与心理的碎片化和扭曲化，所以感性、经验、情感、主观甚至带有任性，都是无法避免的，因为感性本身就是人性的有机构成；其二，作为文化他者也是如同民族志写作者本人一样，也是人，是生活在某种特定的空间和时间之中的人，这种生存的时空场域具有差异性，相对于他人来说就是独特的，具有不可重复性。那么，对于建立在人的生活时空基础上的文化的绝对客观的理智的探讨分析与描述是难以控制的，比如对上文所说的文化的经验要素的描述，绝对地去回避主观性是做不到的，纯粹客观描述的目标只是一种憧憬和浪漫的想象。

传统科学民族志力求对文化进行客观科学的描述，而在实验民族志这里，则被视为一种虚幻的假想。因为在文化的各种要素之中，传统民族志的这种客观实录是无法达成对文化本质的真正的描述与传达的，这也是传统科学民族志频发危机的根本原因所在。传统民族志对于客观的要求，实际上并不能真正地全方位地去反映文化的真实本质，而只能说是一种虚幻的现实主义，"遵守科学修辞之教规的迫切愿望，使得博物学式的简单的现实主义成为民族志散文中占支配地位的模式，但那已经是一种虚幻的现实主义"。① 那么，怎样才能达成对文化各种要素的有效描述呢？实验民族志的写作必然会突破传统科学民族志那种科学的、客观的要求。我们知道，人类学学者在田野工作中对某一文化对象进行调查和研究，在对某些方面的问题有深刻的认识，一旦要把这些文化事象进行探讨和分析时，必然就要形成民族志文本，民族志文本的形成脱离不了用文字和音像等手段进行记录，特别是不能回避语言文字。只要写作在艺术和各种科学中还有一席之地，只要存在有文本化的问题，那么不管出现怎么样的文本形式，文本的写作都会存在有文学性，需要想象与虚构。事实上，这些文学性，即使以科学著称的科学民族志的写作也是无法回避的。一句话，文学的表达方式在人类学学科的民族志写作中，是不可或缺的。

（一）民族志写作的虚构性

虚构，在以前的科学民族志阶段，是民族志写作应该努力回避的。因为虚构，总是涉及主观想象，这和科学民族志所主张的客观与科学的要求是背道而驰的。而事实上，在目前的民族志实验文本中，这些实验作品之所以能具有吸引力，是因为在文本写作策略上，它们为了表述经验和描述发生于田野工作者与异文化中的被研究者之间的遭遇，力图表述多种视野和多种声音。考虑到隐私的保护或者叙述者的影响等职业道德伦理要求，人类学者在构造民族志文本的过程中，对事件、事实以及现实中的真实人物、事件进行重新安排，这就允许人类学者在民族志叙述报道中使用小说虚构的方式或者手法。对民族志而言，关键在于为了创造出更为有效的描述和分析跨文化经验的方法，人类学学者利用了容易扣人心弦的虚构手法，但虚构手法的效果使民族志所强调的科学和实证形象出现了问题。② 总之，虚构，使得科学民族志写作者常常心情矛盾，既爱又恨，基于写作的客观真实要求，力图拒绝虚构的使用，但是又为了表达效果的需要而始

① 〔美〕斯蒂芬·A.泰勒：《后现代民族志：从关于神秘事物的记录到神秘的记录》，〔美〕詹姆斯·克利福德与乔治·E.马库斯主编《写文化——民族志的诗学与政治学》，高丙中等译，商务印书馆，2008，第171~172页。
② 〔美〕乔治·E.马尔库斯、米开尔·M.J.费彻尔：《作为文化批评的人类学：一个人文学科的实验时代》，王铭铭、蓝达居译，生活·读书·新知三联书店，1998，第113页。

终无法回避虚构。虚构的表达方式在民族志写作那里，本身就是双刃剑，能伤人，也易自伤。

为什么虚构对于民族志写作来说，无法回避呢？美国当代人类学家詹姆斯·克利福德在《〈写文化〉导言：部分的真理》一文中指出，民族志写作的虚构至少以六种方式被决定：

> （1）从语境上（它从有意义的社会环境中吸取资料并创造有意义的社会环境）；（2）从修辞上（它使用有表现力的常规手法，也被后者使用）；（3）从制度上（写作既处在特定的传统、学科和观众读者之中，又对立于这些）；（4）从一般意义上（民族志通常区别于小说或游记）；（5）从政治上（表达文化现实的权威是不平等地分配的，有时候有斗争）；（6）从历史上（上述所有常规和限制都是变化的）。①

上述六种因素决定了民族志写作中虚构性质的存在。民族志无法回避的虚构性质，对于传统科学民族志写作的客观记录的原则来说，是极大的打击，甚至具有颠覆性。当然，对于文化描述的主观因素渗入的合理性的肯定，实际上还是和社会科学的真理观的变化联系在一起的。一方面，以前我们强调了自然科学的客观真理，自然科学的真理被视为客观存在，只是等着我们去发现，而不需要人们去改变它，这种自然真理观反映到社会科学来说，就是机械地强调社会真理的客观不变，强调文化通则，主张宏大叙事。在近现代对自然科学真理观覆盖社会科学的情况的反思中，则强调社会科学特别是人文科学里的真理的相对性、场景性和语境性，也强调了意义的生发性和建构性，认为文化的描述与历史的书写表达都达不到绝对的客观和冷静。另外一个方面，还要注意书写者本人的各种主观性。在运用语言和文字对文化和历史进行书写的时候，书写者本人都带有比较鲜明的主观因素而导致书写的主观性。因而，在对文化的理解和阐释活动中，对文化和历史的某种通则与恒久规律的诉

---

① 〔美〕詹姆斯·克利福德：《〈写文化〉导言：部分的真理》，〔美〕詹姆斯·克利福德、乔治·E. 马库斯主编《写文化——民族志的诗学与政治学》，高丙中等译，商务印书馆，2008，第 31 页。

求，仅仅是一种臆想，所以在对文化和历史进行书写的时候，要明确反对这种通则的幻想。当下人类学学科实验民族志写作强调了在客观真实基础之上的虚构，力图用这种虚构表达出文化的最高真实性。这种最高真实性体现在用典型化的方式，用个别来表达对带有普遍性的文化真相的描述。真实和虚构之间，本身就是一种矛盾的统一。实验民族志书写用这种矛盾刚好也说明了当下人类学学科民族志写作的尴尬处境，同时也说明了当下民族志写作的实验方向，即强调了民族志实验文本构建时的文学性。民族志写作能避开虚构与想象吗，能不使用比喻、象征和寓言吗？民族志的真理是完全的真理还是部分的真理，是客观的真理还是主观的真理呢？这些貌似矛盾的观点恰好也显示了实验民族志生命生发与孕育的可能性。

（二）民族志写作的个人叙述风格

实验民族志对虚构的肯定，是从民族志文本的表述手段角度来说的，但并不是说是在肯定民族志写作中的主观杜撰。真实也是实验民族志所坚守的道德底线，实验民族志与传统科学民族志的区别在于达成真实的途径不一样，传统科学民族志强调绝对的科学与客观，而实验民族志则强调用典型化的方式以及个人的主观构建因素来达成的最高真实。民族志写作对于个人风格的肯定，则是从民族志写作者本人的因素来肯定民族志写作的主观因素的不可回避的性质。自从马林诺夫斯基开始将人类学民族志科学化处理以后，人类学民族志被视为人类学学者的职业写作，这种写作强调了客观。而怎么处理主观的个人经验呢？他们一般持守一种谨慎的态度，他们的主观的个人经验，在社会和文化调查过程中常常凸显出来，但是到了民族志文本的写作阶段，则一般反对个人风格对于异文化描述的影响。也就是说，民族志作者的主观个人风格，在社会文化的调查中是被容许的，而在科学民族志的文本写作中是被排斥的。而实验民族志为了反思科学民族志的科学与客观主张，对民族志写作的主观性问题进行现象学的还原，在他们看来，民族志实验的重要内容就是民族志的表达方式问题，因此，民族志实验者们力图追寻一种全新的叙述方式，"对于文化人类学和历史学等领域，具体研究过程实际上与表述问题密切相关"。①

　　民族志写作中的个人叙述（personal narrative）和个性化描述（inpersonal description）之间的关联是在民族志的写作中无法回避的。而科学民族志所宣称的那种客观记录，强调将个人叙述排斥在写作方式之外，这正如马林诺夫斯基在《西太平洋的航海者》的导论中所说的那样，"一个时代已经结束，在那时代我们可以容忍把土著人描述成失真幼稚的人物漫画呈现给我们"。马林诺夫斯基毫不客气地以科学的名义对以前的那些宽泛的民族志进行了否定，宣称主观表达会导致虚假，"那样的画像是虚假的，就像许多谎言一样已经被科学戳穿"。所以将民族志的书写从以前的那种非专业化的个性化叙述，提升成为客观求真的文本要求，坚决反对游记、个人回忆录、报刊文章以及传教士移民和殖民地方官员的记述。马林诺夫斯基的这种科学与客观的民族志要求作为专业和权威性的论述，上升成为民族志写作的理性规范，而个人的叙述常常被当作碎片化的个人化的呓语，甚至被当作标新立异的异端而加以批评、排斥。尽管这些排斥和批评充斥在人类学学界中，但是这些个人性的叙述还是不断地出现，并没有被科学民族志的客观要求完全消灭掉，事实作为民族志常规的书写形式也存在于民族志本身的写作历史之中。而具有反讽意味的是，马林诺夫斯基本人的这种非正式民族志文本后来也出版了，而且在学界流传甚广，甚至以人类学民族志经典的身份进入人类学学科训练的讲堂。马林诺夫斯基的这些文学人类学作品在对异文化的描述效果上，远比他的知名的人类学民族志作品生动形象，更加吸引人。上述民族志写作个案，其中缘由，耐人寻味。马林诺夫斯基在其民族志作品《西太平洋上的航海者》开篇时有如此文字表述，"想象一下，你突然被抛置在靠近某个土著村落的热带海滩上，孤身一人，只有你所带的装备围绕着你，载你前来的汽艇或者小艇已驶出你的视线"。这段描述，就是一种个人化色彩极浓的叙述，是典型的主观心理的描写，反映一个人类学学者初到田野工作所在地的典型心境。倡导科学民族志的马林诺夫斯基民族志的写作，也不能摆脱修辞。

────────────────

① 〔美〕乔治·E. 马尔库斯、米开尔·M. J. 费彻尔：《作为文化批评的人类：一个人文学科的实验时代》，王铭铭、蓝达居译，生活·读书·新知三联书店，1998，第34页。

事实上，这种非正式的充满个人风格的叙述，带有文学和诸多修辞特征的民族志文本更能吸引一般读者，甚至是专业读者也从中获得许多灵感。这种个性化叙述的民族志写作，大多和客观的描述结合起来，并不是民族志作者在写作理念上的妥协，而是民族志作者在面对异文化时的写作逻辑使然。面对诸多物象，对社会和文化中经验方面内容的描写和作者主观的思想情感投入之间是不可分割的。作为科学民族志的倡导者，为了追求表述效果，民族志写作者也会选择和创造出新的修辞来表达对异文化的理解，来达成对文化事象描述的最佳效果，所以对民族志的写作来说，文学和修辞本身就是有机的构成部分。这就要求人类学家要审视自己的民族志写作，应该突破人类学内部的传统话语，从该传统的内部和外部来审视文学和修辞等在民族志写作的历史呈现状况，从这个角度来说明民族志中的个人叙述和客观描述的内在关联。叙述要体现出效果，就必须生动，生动就要有形象感，形象则需要一系列的文学手法来构造，所以文学性是民族志写作的基本要素。

对文化样式进行客观的描述，以及在描述过程中的个人化风格，二者在实验民族志的书写活动中是无法割裂的，事实上在个人化的叙述和客观的描述之间，实验民族志的书写强调了二者之间的张力作用，"既不否认也不赞成含混，既不颠覆主观性也不否认客观性，而是使得明确的主观性得以在可能的含混的客观性的主观创造之中，表达了它们的互动"。[①] 在适当范围内，民族志作者可以吸收小说的有效的叙述技巧，把文化意义范畴的抽象分析性探讨与对社会生活中单独事件的表述联系起来。许多异域题材的文学作品中所描述的民间文化样式，如歌谣、舞蹈、祭祀仪式等，是展示土著人群的生活方式的重要途径和媒介，只有对其进行生动形象的描述，才能充分让人理解该文化的方方面面，而不是某种单一维度的抽象理解。这些文化书写活动熟练地使用了文学手法，表述该社会各种文化样式中人的情感、灵魂、精神以及信仰等精神层面的问题，能有效地使读者怀着兴趣关注这些精神文化。所以，在民族志书写中，写作者个人的描述风

---

① 〔美〕斯蒂芬·A. 泰勒：《后现代民族志：从关于神秘事物的记录到神秘的记录》；〔美〕詹姆斯·克利福德与乔治·E. 马库斯主编《写文化——民族志的诗学与政治学》，高丙中等译，商务印书馆，2008，第177页。

格、精神气质与文化表述的效果之间有内在的关联。总之，表述的个人风格是任何文化书写活动都无法回避的，民族志书写亦如此。

三 走向文学人类学：文学与人类学的融通之路

民族志书写活动过程中，艺术虚构以及个人风格是不可避免的，主要原因之一是民族志写作中主观性因素存在的。另外，我们还要注意到一个事实，在人类文化的有机构成中，诗性的内容是很重要的组成部分，如音乐、舞蹈、宗教、信仰等，例如许多民族文化中的口承文化样式，这些都是人类社会生活存在的大量的非语言的或者不能用语言来表述的文化样式或者生活方式，这些不能用科学实证的方法来处理，对其表述的科学化处理也只是一种臆想而已。而这些诗性的内容，常常是被标准化了的科学和学术规范所排斥的，所以往往导致对这些文化样式的片面理解乃至扭曲。如果要达成对这些诗性文化样式的全面而深入的理解，必须采取诗性的方式，即文学和艺术的方式。所以文学人类学的出现，不只体现了人类学和文学对诗意文化样式的共同关照，还体现了人类力图用艺术的形式来表达社会生活中的不清晰的、象征的、隐喻的那些文化要素的诸多努力。在人类文化的表述史上，比如弗雷泽的《金枝》和林耀华的《金翼》都是用诗性手法写成的人类学文本，而郑振铎、闻一多、沈从文等人在他们的作品之中，用散文笔调书写了大量的人类学知识。其中沈从文采取实验写作的方式，用散文这种文体，描述了大量的湘西地方性知识或者现代中国都市的现实风貌，沈从文的这类文本是用文学手段和诗性的方法写作的文化志文本，至少可以把他的作品作为民族志特征很强的文本来阅读和理解。学界曾经提倡，人类学的写作要回归到文学，用当代学者萧兵的话来说就是"走向人类，回归文学"。所谓回归文学，就是用文学的样式来丰富人类学的表现手段，用文学的诗意的描述的方法来重构人类学的文本样式，来有效地传达田野的信息，以此来恢复人类学的文学本性。虽然说这种文学的方式、艺术的方式或者说诗意的方式，是不能替代人类学学科规范中的那些科学实证的论述的，而且文学形式的人类学作品和人类学文学化的作品之间的差别还是存在的，但是不管差别如何，二者的共同指向还是在人及人类本身、人类文化，其终极目的在于揭示人及人类本身存在的各种生命情况，关注人及人类的生命本身的健康的可持续性发展问题。

（一）人类学与文学的共同指向：人及人类性

20 世纪下半叶以来，对文学的文化研究拓展了文学研究的理论视野，强调了对文学研究的理论的多元性。在文学研究的多元理论与方法下，把文学放在人类文化的整体视域中去理解，成为文学的文化研究的基本主张。因而文化人类学的理论与方法进入文学研究者的视野。对文学的人类学研究，也属于文化研究理论方法视野拓展所出现的一个文学研究现象。文学人类学强调在广阔的文化视野中对艺术创造过程与文学文本的研究分析，作为一种批评方法，人类学的视野是宽广的，具有世界目光，往往跳出了狭隘的地理限制，以一种贯通中西、融汇古今的宏观视野来审视文学与艺术。在时间维度上，具有历史视野，它注重联系，要求超越学科限制，把民俗、宗教、神话、哲学、历史、文学等各种文化样式看作一个彼此联系的整体，视文学为文化土壤里的一种生长物；在空间维度上，把文学当作全人类的产品，突破了狭隘的地域限制，在创作思想上强调越是民族的就越是世界的，在创作实践上往往关注人类生命生存与发展过程中的普适性问题。

对于一个民族的文化的理解，包括人类学学家在内的社会科学家在描述、探讨与研究，文学家也在做审美呈现与艺术反映。文学艺术，不管是口头语言艺术还是书面语言艺术，都是凭借语言与文字这种符号来表达人类的情感、来记叙人类的种种文化生活样式。由于文学语言具有内指性、心理蕴含性与阻拒性，所以文学艺术所使用的象征系统比一般的文化象征系统更为复杂，因为这种象征系统不但表达个体的情感，而且表达族群、民族甚至是整个人类的生活感受，以及体验、思想、意念等精神层面的内容。我们知道，文学是文化的一种特殊样式，它能全方位地、深度地承载、反映文化的各种信息。人类学家等社会科学家从学科角度，强调用科学的态度对待人类丰富的思想感情，主张客观地甚至不带有任何情感的理智态度去记录一个民族或者族群的文化状况。而文学家不同，文学家往往持有丰富的感情，深度地体验着该族群社会生活的各个方面，用语言和文字等艺术手段，通过象征的手法来建构各种艺术形象，以丰富饱满而又生动的艺术形象，来达成对文化全方位、多层面的记载和反映。

文学的这种对文化的形象的记录与反映方式，是一种最具情感的方式，也是一种主观的方式，更是一种最有效的方式。一个文学家成功的标准，特别是一个民族作家，他成功与否，就在于他能不能道出一个民族的心声，去反映一个民族独特的精神，去揭示这个民族独特的文化，特别是这个民族在面对自然、社会和历史矛盾中所做出的抉择和应对机制。通过这些具有民族特征与地域特色的反应机制和应对措施，在此基础上去寻求人类的真实与美好，去表达人类对于爱，对于美，对于和平，对于善良、正义等共同主题的追求，通过文学表达中的民族的特殊性达到对人类共同性的探讨，从文本上看，这些就是表达了人类学思想的文学作品。在文学史中，带有人类学思想的文学作品有很多，比如中国现代作家沈从文的《湘行散记》《湘西》《阿丽斯中国游记》《凤子》《月下小景》《长河》等；当代作家韩少功的《马桥字典》；姜戎的《狼图腾》；阿来的《尘埃落定》；赵宇共的《走婚》和《炎黄》；潘年英的中短篇小说集《寂寞银河》《伤心篱笆》，长篇小说《故乡信札》《木楼人家》，文化散文《西南笔记》《黔东南山寨的原始图像》《雷公山下的苗家》等。西方的《塞莱斯廷预言》《第十种洞察力》《前往伊斯特兰的旅程》《寂静的知识》，等等。

（二）人类学与文学之间理论和方法的相互采借

在人类的精神文化史上，人类学作品的文学属性和文学作品的人类学属性，这二者之间的界限是非常模糊的。而在学科划分上，随着社会分工的精细化，学科分类越来越精细，但是不容忽视的是，学科划分中，不存在纯粹性的学科，而存在有大量的交叉性学科，甚至学科内部本身的构成也有大量的非本学科的因素，更何况各个学科各有其边缘地带。学科本身，也是人类在发展过程中对知识的一种分类。因此任何学科的出发点是人本身，而人本身就是感性和理性的结合。所以说，现代科学界限只是一种设定，对学科发展来说是一种分工的结果。具体落实到文学或者人类学本身，是不能用那些所谓的科学界定来理解它们之间的内在关联的。在我们的阅读实践中，具有鲜明文化属性的文学文本和运用文学手段形成的文化文本，这二者之间，我们不能强制区分开来。①

文学和人类学在学科和表述方式上，相互采借，相互支撑，使得两者之间形成了一个交叉地带。在这个交叉地带上，二者各有很多生长点。文本是文学的核心概念，田野是人类学的核心概念。在文本和田野之间，在文学与人类学之间形成了一种亲密关系。文本是文学活动的中心，没有文本，就没有作家，更没有读者，也就没有文学活动本身。任何的文本写作都强调对文本本身内容和形式的建构，以及在此基础之上的意义的生发，因而文本本身就是一种以语言与文字为符号的意义系统，我们应该系统地理解文学作品作为文本的意义的生成机制。而对于人类学而言，更注重文本的形成之间的过程，以及文本之外的各种情境，各种要素之间的互动关系，其目的在于把握文本在特定的情境中的结构关系以及在过程中的价值与社会功能所在。文本和田野之间存在一种互相融通的关系，文本具有了田野的潜质，田野也具有文本的特性。文本具有田野的潜质，是指文本是田野的符号化产物，可以通过文本揭示出田野的内涵，所以也存在着对文本诠释的田野工作。在人类学的初期，出现的所谓的书房中的人类学家，没有真正走向田野实践，而是躲在书房里，根据收集到的文本资料，对相关的人类学问题进行研究，所以他们的研究就是从文本到文本，中间没有田野工作的证明，事实上缺失了文本的情境化过程，所以情境对于文本的特殊要义没有体现出来。这些研究往往导致对研究对象的误读甚至扭曲。

作为文学文本的文学作品和作为人类学文本的民族志之间存在关联。在民族志发展过程中，科学民族志在科学主义所主导的抽象与归纳的思维模式下，主张绝对的科学和客观的写作，不能有文学性和诗性的表达，在民族志写作过程中必须拒绝主观因素的介入。事实上科学民族志的这些主张在民族志写作实践过程中往往是行不通的。因为语言的写作本身就带有比较明显的主观因素，不管是口头还是书面的，语言使用者本人的主观的介入是无法避免的，因为语言使用本身具有比较鲜明的情境性，也就是说语言和语境是不可分的。民族志的写作也一样，民族志作者本人的文化因

---

① 参见潘年英《评议与发言》，潘年英：《画梦录》，作家出版社，2011，第358页。

素和个人风格总在影响着写作的风格。以号称客观描述的科学民族志是经不起民族志写作实践的检验的。

从20世纪60年代开始，民族志写作已经实现了变化，"转移到了解本土人的现实观点，了解他们的生活关系，理解他们对于自己世界的看法"。① 所以实验民族志聚焦于怎么提高对异文化的描述功能，怎么提升文化人类学的批评功能。其核心问题是表述的有效性。既然民族志的关注与写作对象发生了位移，那么在民族志实验中，对文化的理解、诠释和描述方式的探讨逐步成为问题的核心：民族志描述中虚构和想象等诗性的方式能不能成为民族志的写作方式，民族志实验写作的实验文本和修辞特征、民族志的文学性在民族志写作中的功能、价值与意义能不能承担文化批评的功效，等等。

在文学和人类学之间，呈现交融状态。人类学的写作回归到文学，用文学的样式来丰富人类学的表现手段，用文学的诗意的描述方法来重构人类学文本样式，传达田野的信息，以此来恢复人类学的文学本性。笔者认为，对于文化中诗性内容的表述，以客观著称的科学民族志很难有所作为。对于文化中诗性的东西，只有用诗性的表达方式才能表述，这是民族志实验中虚构和想象等诗性表达方式存在的理由。实验民族志主张对某种特定的文化进行主位的观察和研究，在民族志写作的时候强调了主观因素的不可回避性质，也不回避民族志书写时的虚构和想象等文学手段的运用，特别是对于文化中经验要素的描述，那种个人风格和文学性更是重要的手段。

---

① 〔美〕乔治·E. 马尔库斯、米开尔·M. J. 费彻尔：《作为文化批评的人类学：一个人文学科的实验时代》，王铭铭、蓝达居译，生活·读书·新知三联书店，1998，第101页。

文学与人类学双重视域下 19 世纪
法国的民间文学研究*

佘振华**

摘要：目前，中国的法国文学研究事业取得了巨大的成就。可是，这一巨大成就亦包含着一些不足，而忽视法国民间文学研究则是其中之一。因此，本文试图从文学与人类学两个论域去寻找 19 世纪法国的民间文学研究方面所做出的成就。在文学领域，以乔治·桑为代表的作家们开始走向民间文学，不仅从民间文学中汲取养分，而且积极地收集和整理民间文学。在民族学（或者文化人类学）领域，则是以赛比约为代表的民俗学和民族学研究者积极地收集和整理民间文学尤其是口头文学，把它纳入民俗学的研究范畴并试图将其理论化。

关键词：文学　人类学　19 世纪　法国　民间文学研究

自西学东渐以来，西方文学亦伴随着列强的军舰进入国人的视野。其中，对法国文学的翻译和研究更是蔚为大观。从 1898 年林纾翻译的《巴黎茶花女遗事》开始，中国许多学者就开始投身对法国文学的介绍、翻译和研究事业上并取得了巨大的成就。直至今日，法国文学研究仍然是中国文学研究界的一个重要阵地。借着诺贝尔文学奖的春风，自 21 世纪以来，国内法国文学研究已经陆续掀起了"勒·克莱齐奥研究""莫迪亚诺研究"等数个研究热潮，在文学理论和文学批评等领域继续做出了许多成绩。

---

* 本文系四川省社会科学"十三五"规划 2017 年度项目"文学人类学视域下 19 世纪法国地理学会刊物与'表述中国'"的阶段性成果之一（项目编号：SC17B074）。此外，项目主持人还曾于 2017 年得到中国国家留学基金资助赴法访学。

** 佘振华，四川师范大学外国语学院副教授，文学博士，巴黎第十大学人类学博士研究生，法国国家科学院（CNRS）比较社会学与民族学实验室（LESC）访问学者，研究方向为文学人类学、比较文学。

　　然而，在这长达一个多世纪的法国文学研究史上，除了赞扬成就，还要总结经验。笔者认为，目前中国法国文学界所关注和研究的绝大多数集中在以文字为载体的法国精英文学，对法国民间文学、口头文学乃至身体文学的关注非常少，甚至连总体性介绍和概述法国民间文学、口头文学、少数族裔文学的研究成果都是寥若晨星，遑论深入的理论探讨了。造成这一局面的原因有很多，从法国文学本身来看，文字文学、精英文学的成就过于耀眼，它们在法国本土都是占据垄断性的地位，更不用说需要通过文字才能译介到的遥远东方了；从中国文学研究界来看，亦有长期过于重视文字传统之偏颇，如徐新建教授所言，"关于文学的定义主要受限于西方。……这样的界定以精英和文字的书写为代表，扼杀了民间、口传和仪式过程中的活态文学"[①]。

　　所幸的是，在这长达 120 多年的历史中，法国民间文学的身影并未彻底消失，它总是在某个地方或直面或乔装出现在我们的视野里。早在 1926 年，时任国民革命军政治部宣传科科长、共产党员邝墉把当时儿童传唱的一首法国童谣《雅克兄弟》重新填词后，变成了脍炙人口的《国民革命歌》。虽然"打倒列强"的愿景代替了原作的"Frère Jacques"，但是至少证明在当时，法国民间的歌谣已经漂洋过海，甚至进入了中国学堂。而在 20 世纪二三十年代，在民国早期的报纸杂志上也经常翻译一些法国的民间故事。例如 1928 年文学家徐蔚南就在《文学周报》上发表了法国南部民间故事《青鸟》的译文；1931 年，法国著名民间故事《美女与野兽》（时译《美人与兽》）也已经被翻译成中文，发表在当时上海滩非常流行的报纸《明灯》上。中华人民共和国成立之后，1955 年，少年儿童出版社翻译出版了一本特拉吕编著的《法国民间故事》[②]。除了上述民间故事的译介之外，早在 20 世纪 30 年代，中国著名的民族学家杨堃也在《鞭策周刊》上介绍了法国民俗学的相关研究和理论并把汪继遒波（现译范·热内普）的《民俗学》（*Le Folklore*）之片段译介给国内的读者。只是由于学科之界限，

---

① 徐新建：《文学人类学的中国历程》，《西南民族大学学报》（人文社会科学版）2012 年第 12 期。

② 〔法〕保·特拉吕编《法国民间故事》，严大椿译，维·普·塞科利绘图，葛辛校，少年儿童出版社，1955。

杨堃先生诸多关于法国民俗学和民间文学理论的研究并不为法国文学研究者们所熟知。鉴于此，笔者拟从文学与人类学的双重视域出发，简述 19 世纪法国民间文学研究几个阶段的特点。

一　从文学中开始：19 世纪的法国作家与民间文学

1789 年，法国大革命爆发。在这场革命中，法兰西不仅仅在人类历史上率先推翻了君主专制，更是在全国乃至整个欧洲范围内点燃了民众参与革命的热情，提高了民众的政治地位。共和国的模式、公民的身份以及教育的普及化刹那间成为民主的标志。这一时期的文学亦深受其影响，尽管仍然是文人精英在掌控着文艺的舞台，但是文学已经开始把自己的目光彻底地从王公贵族身上移开，从此注视着民间的平凡大众。如范·热内普所说：

> 就是这样一点点地，尤其是借助初级教育范围的扩大，这些旧栅栏崩塌了；同时，政治也在同样的方向上行动起来。因为通过普选制度，在今日欧洲的许多国家里，大部分的选民就来自农民，他们直接参与选举也促使了社会阶层相互混合，这也是为了更好地相互竞争。因此，与农民交谈，愉快地了解他们的需要、他们的判断方式和情感对于那些上层阶层来说也不再是什么有失身份之事了。①

无论是浪漫主义还是现实主义，象征主义还是自然主义，都把民众作为自己的写作对象之一。不仅如此，在这场"眼光向下的运动"中，许多法国作家开始自发地关注民间的文学，甚至开始与农民交谈，整理民间故事。例如，梅里美就曾经宣称"在历史当中，我只对那些民间流传的趣闻轶事感兴趣"②。其名作之一《高龙巴》的人物原型就源自在西班牙旅行中，作者从一位名叫何塞·纳瓦罗的土匪口中听来的传奇故事③。当然，

---

① Arnold van Gennep, *Le Folklore*, Paris: Librairie Stock, 1924, p. 12.
② Pierre Pellissier, *Prosper Mérimée*, Paris: Tallandier, 2009, p. 1.
③ 参见 Bruno Etienne, "Carmen ou Colomba?", *La pensée de midi*, N° 22, 2007。

从拉伯雷到夏尔·佩罗、拉封丹，法国文学史上从来都不缺乏从民间汲取养分的作家。但是，与文艺复兴、启蒙运动时期的文学，甚至上溯到中世纪的宗教文学和骑士文学相比，19世纪的法国许多作家不仅仅是从民间获取故事题材，更是具有一种民族学家的气质，自发地收集和整理民间故事，并结集出版。仍然以梅里美为例。他在担任法国历史文物视察员期间，不仅与好友维奥莱–勒–杜克一起修复了包括巴黎圣母院在内的众多物质文化遗产，更是利用巡视和旅行的机会收集了欧洲各地的民间故事和歌谣并陆续结集出版，如《古斯尔》等。关于这些民间故事和歌谣，法国学者玛丽–卡特琳娜·于埃–布里夏尔（Marie-Catherine Huet-Brichard）认为，梅里美站在捍卫原初民族的当代立场上，通过一种"无艺术"的诗歌（指《古斯尔》）重建了一个严密的人类学世界[1]。

如果说梅里美、雨果[2]等人的努力还是比较宽泛的话[3]，那么乔治·桑的工作已经与当时的民俗学家非常接近了。这位主要在法国外省生活的女作家对自己的家乡贝里注入了极大的情感。她认为"农民是史前时代留给我们唯一的历史学家"，而且"口头传统是被书籍遗漏了的历史，它在民间的符号中得以保存"[4]。1851～1855年，乔治·桑陆续撰写了《贝里的风俗与习惯》（*Moeurs et coutumes du Berry*）、《乡间夜晚的幻象》（*Les Visions de la nuit dans les campagnes*）等作品，试图记录和分析贝里地区的风俗、习惯和民间信仰。1858年，乔治·桑把自己收集的12篇贝里地区传说和5篇描写贝里地区风俗的文章结成一个文集出版，取名为《乡野传说》（*Légendes rustiques*）。法国学者达尼埃尔·贝尔纳（Daniel Bernard）把乔治·桑誉为"法国民族志的先驱"。他认为：

---

① Marie-Catherine Huet-Brichard，"Le Barbare et le Civilisé：Mérimée ethnologue dans La Guzla"，*Mérimé et le Bon usage du savoir*，Toulouse：Presses Universitaires du Mirail，pp. 55 – 73.

② 在雨果的《世纪传说》中，亦收集出版了许多从民众中听来的故事和传说。

③ 这种宽泛性主要体现在两个方面。第一，这些故事的来源地过于广泛，有来自法国的，亦有来自欧洲乃至世界其他地方的，不能充分体现某一地区和民族的独特性；第二，这些作家的目的亦非为了保护一个地区或民族的非物质文化遗产，甚至许多故事都有被作家改编的痕迹，仍然具有较强的精英文学特征。

④ Georges Lubin，*Préface de la Promenade dans le Berry*：*Moeurs*，*coutumes*，*légendes*，Bruxelles：Editions Complexe，1992，p. 17.

　　受到浪漫主义运动和凯尔特学院之贡献的影响，乔治·桑对后来成为民族志的一切保持着一份非常特别的兴趣。她的孩提时代都是在诺昂的村民们中间度过的，因此对他们的风俗、传统、习惯有着非常细致入微的观察，对来自岁月深处的口头文学亦保持着非常敏锐的意识。她用民族志学者式的目光注视自己周围的农民和乡土世界。在她的整个一生当中，她不停地标注、核实、观察和记录大量的细节，就像后来民俗学家们所做的那样。①

　　然而，如果我们就此认为乔治·桑是一位研究法国民间文学和民俗之学者，可能也不完全准确。"在了解了乔治·桑的作品及其本人的贡献之后，人们可能会认为应该把民俗学家们之'导师'的荣誉和成就授予她。这就犯了一个错误了！"② 法国民间文学研究大师、著名民俗学家范·热内普1926年在当时文学界最权威的刊物之一《法国信使报》上专文批评了乔治·桑的上述实践：

　　　　因此，我们就完全找不到一处关于房屋、村庄、服饰、首饰以及儿童游戏的详细描述。从科学的角度来看，这在我们今天是极为珍贵的。另外，我们也找不到关于各类过渡仪式的全面记录（诸如洗礼、安产感谢礼、葬礼等等），只是在《魔沼》的附录部分才有一些关于婚礼仪式的内容。乔治·桑描写地方性风俗的目的并非是为了这些风俗本身，也不是为了科学，她在这些风俗中只看到了一块可以绣上"人类"以及"人道主义"普遍化的底布而已。她想以此来触及法国乃至全世界的广大民众，并推动情感、良知以及制度的进步。在这些条件下，民俗学对于她来说只是一个添加剂，而不是目标。③

　　可以说，范·热内普对乔治·桑的上述评价不无道理，甚至适用于当

---

① Daniel Bernard, "George Sand: pionnière de l'Ethnographie", *George Sand, une Européenne en Berry*, Poitiers: Amis de la Bibliothèque Municipale du Blanc et Comité du bicentenaire George Sand, p. 121.

② Georges Lubin, *Préface de la Promenade dans le Berry: Moeurs, coutumes, légendes*, Bruxelles: Editions Complexe, 1992, p. 19.

③ Arnold van Gennep, "George Sand Folkloriste", *Mercure de France*, No. 671, 1926, pp. 373 – 374.

时所有关注民间传统的法国作家。然而，如果非要用民俗学家的标准去要求他们，也未免有失偏颇。毕竟在那个年代，"此类（指民俗学）研究还并没有一个公认的准则，而且像乔治·桑这样的艺术家所关注的也不是一门当时刚刚起步之科学的技巧。要知道，法国在 1872 年出版的《19 世纪万能大词典》中甚至还没有收录'民俗'（folklore）这个单词"①。倘若我们把关于"这些作家是否是民间文学研究者或者民俗学家"的争论放到一旁，反而能够更好地认识到这些作家在法国民间文学研究领域所做出的成绩，至少可以归纳为以下两点。

首先，这些作家在当时法国的影响力远远超出那些早期的民俗学家。因此，他们的号召直接掀起了一场民间文学收集整理的热潮。1843 年，特奥菲尔·马里翁·杜梅尔桑（Théophile Marion du Mersan）整理出版了《法国民间歌曲与歌谣》，随后又陆续出版了 5 部不同的民间歌谣集。外省各个地方的名人也纷纷收集和整理本地的民间文学与风俗，如艾尔弗雷德·莱斯内尔·德·拉萨尔（Alfred Laisnel de La Salle）出版了《法国中心地区的传说与信仰》，等等。在这股热潮的推动下，1853 年，法国公共教育部委托佛尔图尔·安贝尔（Fortoul-Ampère）起草并颁布了《与法国民间诗歌有关的法令》，其目的就在于指导和组织关于收集整理民间文学的工作，因为"这些财富每一天都会被时间带走，乃至不久以后就会消失"。②

其次，像乔治·桑这样热衷于民间文学与风俗的作家所做的不仅仅是收集工作，他们同样还凭借着自己高超的思维和广阔的知识去分析这些作品与现象，提出了许多即使在今天看来都是极为重要的概念与观点。例如，在谈到民间想象时，乔治·桑提出了"集体记忆"的概念，她认为"民间想象一直以来都只是某种集体记忆的模糊形态或者变化形态"③；在涉及民间文学的时候，乔治·桑提出了"口头文学"的概念，指出"我们可能没有很好地提醒那些研究者，要知道同一个传说会有数不尽的版本，

---

① Georges Lubin, *Préface de la Promenade dans le Berry*: *Moeurs*, *coutumes*, *légendes*, Bruxelles: Editions Complexe, 1992, p. 20.

② Fortoul-Ampère, *Instructions relatives aux poésies populaires de la France*, Ministère de l'Instruction publique, 1853.

③ George Sand, *Légendes rustiques*, Paris: Calmann-Lévy, 1858, p. Ⅳ.

甚至每一个村庄、每一个家族、每一个茅屋里都有自己的版本。口头文学的特点就在于这种多样性。乡村诗歌就和乡村音乐一样，有多少个体就有多少个改编者"，等等。①

二 民族学的介入：19 世纪法国民俗学家的民间文学研究

除了文学的源头之外，法国民间文学研究或者说民俗学研究更是与早期的民俗学家或民族学家紧密相连。法国学者大都认为，凯尔特学会（Académie celtique）的成立是早期法国民俗学研究诞生的标志，因为在法国，凯尔特学会最早系统地开始收集各地的民俗②。的确，从 1804 年至 1813 年间该组织通过统计和纪要的方式收集各地的民俗，但是它"并不仅仅满足于'收集'和'撰写'，同时还试图比较和解释所有这些古董、建筑、习俗和传统……。这也不再仅仅是为了更好地破译法兰西而进行清查盘点，……而是对构成一个国家之财富和力量的物品进行实证地和系统地展示"。③ 然而，不幸的是，自 1814 年凯尔特学会改名为"考古学家协会"之后，涉及习俗、传统和方言的研究就逐渐减少，乃至自 1830 年之后完全消失了，变成了一个纯粹的历史和考古学会。而且，哪怕是在 1830 年以前该学会还在关注民俗的时候，它的成员"也几乎完全忽视了口头文学，仅有极少数的几篇传说而已"。④ 因此，虽然法国的民俗学和民族学研究可以追溯至凯尔特学会，但是法国的民间文学研究并没有在这一时期得到重视。而且，法国学者尼可尔·贝尔蒙（Nicole Belmont）认为：

这一空缺在法国一直持续到1870 年，然而与此同时，在欧洲的其他国家却并非如此（例如在德国，从格林兄弟的努力开始，民俗学的

---

① George Sand, *Légendes rustiques*, Paris：Calmann-Lévy, 1858, p. Ⅴ.
② 参见 Nicole Belmont, *préface d'Aux sources de l'ethnologie française. L'académie celtique*, Paris：CTHS, 1995。
③ Florence Galli-Dupis, "Aux origines de l'ethnologie française：l'Académie celtique（1804 – 1812）et son questionnaire（1805）", http：//www. garae. fr/spip. php? article227.
④ Nicole Belmont, "Folklore", http：//www. universalis-edu. com/encyclopedie/folklore/#c_ 2.

大量收集工作就从未中断)。导致这一现象的原因可能是法国已经很长时间没有民间抒情诗歌了，12 和 13 世纪的史诗传奇也只是以一种退化的形式在流动商贩的小人书里残存下来，而且凯尔特学会的学者们也几乎忽视了民间文学①。

笔者认为，贝尔蒙女士虽然看出了法国民间文学在早期民俗学中的空缺，但是如果考虑到法国作家们的贡献的话，用"空缺"这个提法可能就不十分准确了。因为，如上文所述，当时法国的文学界开始关注民间文学，并激发了一个全国性的民间文学收集和研究热潮。也正因此，19 世纪后 30 年至 20 世纪初，法国的民俗学、民族学和人类学实践才掀起了一个民间文学研究的高潮。

在法国历史上，1870 年是一个非常重要的年份。那一年，普法战争爆发。随后，法兰西第二帝国的失败和巴黎公社运动让这个国家顿时陷入分裂和动荡之中。以加斯东·帕里斯（Gaston Paris）为首的法国学者呼吁回到古代文学和传统文化中去找到一种爱国主义，以避免法兰西的分裂。与此同时，亨利·盖多斯（Henri Gaidoz）和欧也尼·罗兰（Eugène Rolland）主编的《梅吕西娜：神话、民间文学、传统和习俗汇编》也在 1877 年至 1912 年间共出版了 10 卷，其中民间故事、传说、神话、诗歌和歌谣占据了总篇幅的三分之二以上。这套汇编的出版彻底拉开了法国民间文学研究的大幕。1885 年，保罗·赛比约（Paul Sébillot）创办了法国民间传统协会，从 1886 年开始每月定期出版刊物《民间传统杂志》。在这个协会里，聚集了一大批重要的法国民间文学研究者，其中有欧也尼·罗兰（Eugène Rolland）、埃米尔·亨利·卡尔努瓦（Emile Henri Carnoy）、菲利克斯·阿尔诺丹（Félix Arnaudin）、夏尔·马丁·普洛瓦（Charles Martin Ploix）、勒内·巴赛（René Basset）和约瑟夫·鲁（Joseph Roux）等人，他们共同把口头文学研究放在协会使命的第一位②。

---

① Nicole Belmont, "Folklore", http: //www. universalis-edu. com/encyclopedie/folklore/#c_ 2.
② 在创建之时，该协会就把自己的研究对象分为六个大类，分别是 1. 口头文学；2. 游戏与娱乐；3. 传统民族志；4. 激发传说与习俗观念的语言学研究；5. 民间艺术；6. 与民众信仰和叙述有关的文学创作。参见 Paul Sébillot, "Programme & But de la Société des Traditions populaires", *Revue des Traditions populaires*, 1886, tome 1ᵉʳ.

当然，对于这一时期的法国民间文学研究来说，保罗·赛比约是最重要的实践者和理论家。在实践方面，赛比约所取得的成就是让人叹为观止的。自1880年发表的《上布列塔尼地区的传统、迷信与传说》之后，赛比约陆续出版了26部关于法国各地民间文学的作品。1904～1906年，赛比约完成了他的巨著《法国的民俗》（*Le Folklore de France*），"这部巨著……汇集了15000至16000个左右的'事实'，其中有故事、歌谣、传说、谜语、谚语，同样还有偏见、习俗、迷信、儿歌等。它是法国乃至所有法语国家民间传统的名副其实的清单"。①

同时期的其他民俗学家也在法国各地收集和整理了大量的民间文学作品，例如欧也尼·罗兰在梅斯地区，埃米尔·亨利·卡尔努瓦在皮卡迪地区，等等。然而与他们相比，赛比约的杰出贡献还体现在他为法国的民间文学研究乃至民俗学研究奠定了理论基础。他的第一个理论贡献在于首次确定了民俗的含义。"1886年，保罗·赛比约提出用'传统民族志'（ethnographie traditionnelle）来指代全部的风俗、习惯、信仰、迷信、小人书和民间图画，而'民俗'则还包含'口头文学'，也就是说故事、传说、歌谣、谚语和谜语等。"② 由此可见，赛比约首次从学术的角度肯定了民间文学和口头文学的价值。除此之外，赛比约还从学术史发展的角度分析了民俗学的不同阶段。他认为，刚开始，民俗学的领域是非常局限的，它只包括了故事、传说、民间歌谣、谚语、谜语和儿歌等被书本所忽视的内容，也就是口头文学。后来，为了解释某些神话，民俗学也开始包含方言等内容。再后来，民族志开始进入民俗研究领域。从此，民俗学的研究进一步扩大，习俗、信仰、迷信等所有这些构成一种民众心理的事物就逐渐被补充到上述研究材料当中了。因此，民俗学也就成了一门新科学，它的定义如下：

> 一种民众阶层或者进化不发达民族之传统、信仰和习俗的百科全书，同时还兼有口头文学和上层文学的相互影响；这是对遗存的研

---

① "Avant-propos de l'éditeur", *Le Folklore de France*, Paris：Editions IMAGO, 1986.
② Geza de Rohan-Csermak, "Ethnographie", http：//www. universalis-edu. com/encyclopedie/ethnologie-ethnographie/#i_90679.

究，如同参照某些部落之相似社会状态而进行的史前史研究那样，这些遗存亦可以上溯至人类的早期，它们多少有些变异地被保存在最文明的民族当中，有时甚至不自觉地被保存在最有学问的思想当中。①

通过这样的定义我们可以看出，赛比约的民俗学已经深深地打上了人类学的烙印。而且，从学科发展史的角度去讲述口头文学与民俗学之间的关系亦留下了一个巨大的危险，从而导致在整个 20 世纪的法国，民间文学都很难从文化人类学（或者说民族学）中独立出来并逐渐被强势的人类学或民族学研究所掩盖。

另外，赛比约还首次把"口头文学"的概念理论化了：

在口头文学的名称下，我们发现了对于不识字的民众来说，到底是哪些东西替代了识字之人所创作的文学作品。这种文学先于书面文学。我们发现它存在于所有的地方，而且根据民族进化程度之不同，它所具有的活跃程度也不同。②

与此同时，赛比约还对口头文学的内容进行了分类，主要有故事、歌谣、谚语、儿歌、谜语五个大类。其中，故事包含了个人冒险故事、宗教传说（或者仙女、超自然力量的故事）、诙谐故事等。歌谣则分别与历史、爱情、习俗、职业等相关。有些歌谣是用来说教，有些歌谣是用于舞蹈，还有一些诙谐歌谣也值得收集。而且歌谣往往与民间音乐相联系，因此也要收集歌谣的曲调。谚语则主要分为两类，第一类与道德观念相关，第二类与一些真实可见的对象相联系。儿歌长期被人们忽视，然而它们也是一种珍贵的信息来源。它们往往非常悠久，而且有一些是古老的宗教仪式遗留下来的。与儿歌相联系的还有誓言和粗话。谜语则可以分为普通意义上的猜谜和一些诙谐的问题。

由此可见，在 19 世纪的后 30 年中，由于民族学（或者文化人类学）

---

① Paul Sébillot, "Le Folk-lore", *Revue d' Anthropologie*, troisième série, tome 1er, 1886, p. 293.

② Paul Sébillot, "Programme & But de la Société des Traditions populaires", *Revue des Traditions populaires*, 1886, tome 1er.

的介入，法国的民俗学研究快速地实现着自身的学科化和理论化。与此同时，它也把民间文学纳入了自己的研究范畴。这一现象可谓一把双刃剑。一方面，法国民间文学研究因此得以进入科学的领域，推进着自己的理论化并且让自己的研究变得更有系统性；另一方面，由于法国民间文学逐渐融入民俗学研究，后来进一步融入民族学研究领域，所以面临着失去自我身份的危险。面对民族学其他研究类型的强势力量，20世纪的法国民间文学研究一度被挤压到学科的边缘。

今天，法国仍然是一个文学的国度，吸引着无数学人的目光，以至于法国文学界每一部获奖作品、每一位获奖作家都会迅速地被法国文学的研究者们分析和评论。然而，除了塔尖上这一点点的精英文学和文字文学之外，在法兰西的广袤田野中，在法国学术的丰富内涵中，还隐藏着大量民间的口头文学、身体文学。因此，在笔者看来，今天的法国文学研究需要一个文学人类学的视野，需要"大文学观"，因为只有这样，我们才能更好地发现丰富的法国民间文学及其相关研究，更完整地了解法国文学。同时，他山之石，可以攻玉。法国在民间文学方面取得的实践经验和理论成果也可以为我们所借鉴，从而推动中国民间文学的发展。

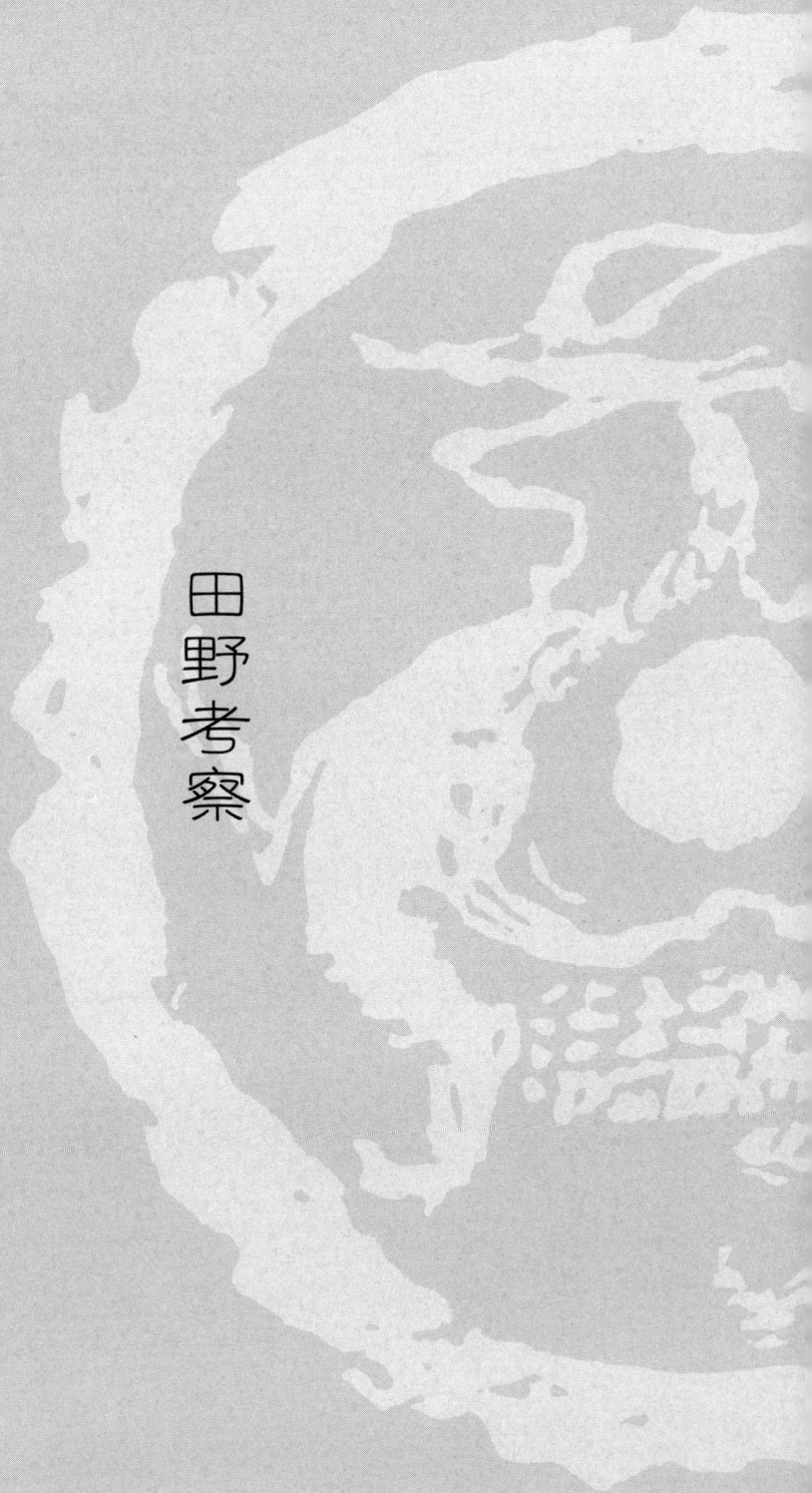

田野考察

修改灵魂户口：苗族古歌功能研究

——以婚姻礼辞调查报告为例

龙仙艳*

摘要： 本文以东部方言区婚姻礼辞的吟诵为例，展开基于调查基础上的苗族古歌的多重功能探讨。婚姻礼辞的吟诵功能有对苗族定居分布、苗族传统通婚圈的介绍，有对结婚新人及其亲朋好友的现场伦理教育，但吟诵最为重要的目的是给新娘改姓，即修改灵魂户口。

关键词： 苗族古歌　灵魂户口　婚姻礼辞　理老

引　言

据著者多次参与苗族古歌①的田野调查得知，就婚姻礼辞的吟诵功能，最为重要的是为新娘改姓，即修改灵魂户口②。修改灵魂户口等同于《西

* 本文系 2015 年国家社科基金项目 "民国时期苗疆多重表述研究"（项目编号：15CZW056）与贵州师范大学博士科研启动项目 "苗族古歌的人类学研究"（项目编号：201327）的阶段成果。龙仙艳，女，苗族，文学博士，贵州师范大学教授，研究方向为文学人类学、文艺学。

① 苗族古歌的界定按照人类学主位与客位的二分法有自称和他称之别。自称而言，苗族古歌在东部方言区称为 "dut ghot dut yos"（音译：都果都谣）、中部方言区为 "hxak lul hxak ghot"（音译：夏鲁夏个）、西部方言区为 "hmongb ngoux loul"（音译：蒙歌老）、yax lus（音译：亚鲁）等；他称则有 "苗族古歌""苗族史诗""古老话""亚鲁王" 等不同称谓。在本文中，苗族古歌指在苗族聚居地用苗语流传的有关开天辟地、万物起源、战争与迁徙等远古性题材的韵文体口头传统。婚姻礼辞是东部方言区 dut qub dut lanl 古歌的汉译。

② 自 1950 年 5 月 1 日颁行《中华人民共和国婚姻法》后，婚姻是否成立最为权威的法律证据是结婚双方到当地民政局领取 "中华人民共和国结婚证"。从户口流动方向而言，在民间，多数是女方将户口迁入男方家庭。与物质生命的户口类似，在东部苗族社区，新娘的灵魂户口得以通过吟诵婚姻礼辞调换进入夫家。

部苗族古歌》提到的"叫魂"或"勾魂"之说，在《勾魂辞》（ghet bles）中，杨照飞提到："新娘嫁到婆家，就成了婆家的人，所以有叫魂的程序，意为生是婆家人，死是婆家鬼。"① 鉴于灵魂户口之说具有唯心成分，较难追溯其学术源流，但从民间存在的冠夫姓或从夫姓②可看到其大量存在。下文将以婚姻礼辞为调查对象，从以下四个方面展开本文结构：一、田野点概况；二、婚姻礼辞吟诵语境；三、婚姻礼辞功能调查；四、婚姻礼辞信息总结。

一 田野点概况

笔者所在的田野点为湘西土家族苗族自治州凤凰县两林乡代稿村。

湘西州成立于 1957 年，位于湖南省西北部，云贵高原东侧的武陵山区，与湖北省、贵州省、重庆市接壤。是湖南的西北门户，素为湘、鄂、渝、黔咽喉之地。境内有汉、土家、苗、回、瑶、侗、白等 30 个民族，人口 283 万，世居主体民族土家族占 41.5%、苗族占 33.1%。辖吉首市和泸溪、凤凰、花垣、保靖、古丈、永顺、龙山 7 个县，总面积 15461 平方公里。③

凤凰县系湖南省湘西土家族苗族自治州所辖八县市之一。东与泸溪县交界，南与麻阳县相连，西同贵州省铜仁市、松桃苗族自治县相邻，北和吉首市、花垣县毗邻，距州府吉首市 53 公里，土地总面积 1759 平方公里。全县辖 24 个乡镇 355 个村（居）委会。2010 年底全县总人口 41.69 万，其中苗族人口 22.72 万，占全县总人口的 54.50%。境内山江镇、千工坪乡、木里乡、麻冲乡、腊尔山镇、禾库镇、两林乡、米良乡、柳薄乡、三拱桥乡、原火炉坪乡、原两头羊乡（现此两乡合并到吉信镇）、都里乡、落潮井乡等乡镇为苗族聚居乡镇；阿拉镇、竿子坪乡、廖家桥镇、县城沱江镇、新场乡均有部分苗族聚居村。所有苗族聚居村寨均使用苗语东部方

---

① 杨照飞编译《西部苗族古歌·上》，云南美术出版社，2010，第 315 页。
② 冠夫姓或从夫姓是指妇女结婚后不用本姓而改用丈夫的姓氏，这是夫权婚姻的产物，有只用"夫姓"与"夫姓＋本姓"两种基本形式。
③ 《湘西土家族苗族自治州》，http://baike.baidu.com/view/110750.htm。

言、西部土语为社会交际语。①

两林乡不属于腊尔山镇，却归属传统意义上的腊尔山台地。腊尔山台地在历史上是苗族最为集中的地区之一，清人严如煜在《苗防备览·险要考》中云："大腊尔山，城（凤凰）西七十里，高十余里。山势甚大，跨楚黔两省。东之鸦有、夯尚，南之栗林、有泥，西之亢金、嗅脑，北之葫芦，篁子坳，俱系此山脉，绵亘百余里，其上苗寨甚多。故往史称湖、贵苗生苗者必腊尔山。"

代稿村包括四个自然村，即 dex gheul、ub ndut raos、lieux bleat、zheit gheul yinx zhal，共有 334 户 1300 人，除了 5 个汉族媳妇外，其他均为苗族，人均收入 870 元，粮食基本上保持自足，主要经济作物是烤烟，此外百分之八十以上的年轻人在外打工，外出务工收入也是其主要的经济来源。

笔者调查的村寨，属代稿村自然寨之一 ub ndut raos（直译板栗园），它主要以龙姓（deb zheul）、唐姓（deb biant）为主。婚姻对象而言，40 岁以上的苗族几乎没有与外族人（尤其是汉族）结婚的习惯，30 岁左右的青年随着在外求学、务工等外出机会逐渐扩大了婚姻圈，村里先后有人与外族结婚：目前有三个外省汉族媳妇，并有两个姑娘外嫁。

之所以选择这样的田野点，出于以下两点思考。首先，就行政区划而言，代稿村属于湘西，然而这样的划分仅仅是在中华人民共和国成立后的行政隶属。狭义的湘西一词从行政意义上指湘西土家族苗族自治州（上文所言），而广义的湘西即东部苗疆文化带。作为历史概念来说，唐宋以前的"五溪蛮"，宋元以后的"千里生界"以及明清之时的"生苗"甚至民国时期的"不相统属"以及乾嘉苗族起义和湘西革屯运动都可看出东部苗人之间荣辱与共、休戚相关的凝聚感。作为地理概念而言，湘西主要指湘西土家族苗族自治州、怀化市麻阳苗族自治县、黔东北的松桃苗族自治县以及湖北省的恩施、宣恩等县市，重庆市的秀山、酉阳和彭水等县。现今犹存的南起湖南与贵州铜仁交界的亭子关，北到湖南吉首喜鹊营的"苗疆万里长城"即是较好的地标；作为文化认同而言，他们自称 ghaob xongb（果雄），彼此之间生活习俗相近并能用母语（东部苗语）相互交流。在

---

① 据笔者对凤凰县民研所唐建福田野访谈的录音整理。

《溪蛮丛笑》中记载其："有踏歌、椎牛之俗；重视过四月八、端午节，划龙舟。"

其次，苗族古歌的演唱时空逐渐缩减。传统意义上，东部苗族日常生活中处处离不开古歌演唱：

> 东部苗疆在椎牛时讲述世界起源、迁徙苗族史诗，在敬雷神时讲述宇宙自然苗族史诗，在主持婚嫁仪式时讲述婚嫁姻亲苗族史诗，在主持吃血时讲述誓盟苗族史诗，在主持丧葬时讲述火把苗族史诗，在主持理论辩对时讲述理辞苗族史诗，在主持村规民约时讲述规款苗族史诗等。①

然而在当下现实生活中，大多依附在 bax deib（音译：巴兑②）祭祀活动中的古歌演唱场合越来越少：椎牛、接龙和祀雷等大型宗教活动偶尔举办，大多是由政府策划，带有明显的旅游宣传目的，其中苗族古歌的吟诵或零星点缀或直接取消。椎猪或还傩愿在东部方言区民间依然进行，但前者涉及古歌部分较少，后者以笔者在贵州省松桃县大兴镇东风村参与的还傩愿个案为例，苗族古歌已具象化和仪式化。故而从严格意义上来说，东部方言区活态的古歌吟诵仅存婚礼上吟诵的婚姻礼辞。

二 婚姻礼辞吟诵语境

文学人类学倡导研究一种文化必须基于田野调查，笔者这次古歌吟诵功能的探讨仅限于婚姻礼辞，故而以婚姻礼辞的参与者（即唱者与听者）为重点，在逐一介绍其身份之后，将介绍婚姻礼辞的吟诵情况。

jangs dut（汉译：理老）③：男方理老 LJH④。其古歌从父辈继承下来，据说是当地很有影响的理老。现年 70 岁，家有三儿四女，仅有长子 LSY 可以吟诵古歌，LSY 是村支书，但和父辈口传心授不一样，他用文字记诵苗族古歌。LJH 坦言自己有十多位徒弟且有几位已经出师，但由于现在年

---

① 笔者对石寿贵的田野采访。
② 苗族东部方言区的"祭司"音译。
③ 理老即除巴兑外苗族东部方言区吟诵苗族古歌之人，婚姻礼辞的吟诵多数由理老完成。
④ LJH：苗族，理老、歌师，凤凰县两林乡代稿村村民。

轻人没有以前像自己那样热心学古歌，故而真正能像自己身兼两职——jangs sead（汉译：歌师）与理老——的并不多；女方理老 LXZ① 多次在婚宴中为他人吟诵婚姻礼辞，据笔者对田野协助者 LQJ 的采访，认为此次婚姻礼辞吟诵中理老 LXZ 表现较为优秀。

　　受众：受众群体可以分为三类人。第一类人即当事人。当事人包括新娘、新郎及其围坐在礼桌旁边聆听婚姻礼辞的至亲。他们按照与新人的辈分和亲疏关系以礼桌为中心辐射设座，女方有其父母、姨妈和叔伯婶娘、兄弟姐妹及嫂子；男方有爷爷奶奶、父母、叔伯婶娘和兄弟及未出嫁的妹妹，大约 30 人。第二类人即媒公媒婆。虽然这两位新人是自由恋爱，但媒公媒婆作为协调新人双方举办这场婚礼的中介是必不可少的，一是显得正式，就如在《婚姻礼辞》里提到，"天上无云不下雨，地上无媒不成亲"；二是能在中间协调，即双方就彩礼等问题上作为中介联系人。第三类人为流动性的听众。出于对婚姻礼辞内容或是对新人双方送多少礼物的兴趣，有 30 人左右（图 1）。

图 1　"婚姻礼辞" 吟诵现场

　　这是笔者进入田野之前所没有预料的，婚礼当天请来了摄影师。据与他们交谈，当下凤凰一带的婚礼，新人都愿意请摄影师对整个过程录像并制成光碟，每场婚礼大约给他们 1200 元的服务费。鉴于要取得较为唯美的

————————

① LXZ：苗族，理老，家住凤凰县腊尔山镇。

拍摄效果，摄影师几乎如导演一般权威，在新娘进入村寨时，按照礼节要男方的理老开始吟诵都通（dut ntongd）①，但为了效果逼真，这段时间由摄影师来确定。在这次婚姻礼辞吟诵中，为了争取多拍摄互送礼物的镜头，摄影师要求理老婚姻礼辞不用讲述太多。据笔者观察，理老也没有表现出很明显的反感，甚至对于吟诵被随意打断也表现得较为宽容。

笔者参与的这次婚礼中，婚姻礼辞在整个婚姻过程中的吟诵有三次。前两次是3月1日婚礼当天晚上的散打式，即21:42~21:48男方理老开始吟诵都通和22:52~01:18双方理老交叉吟诵都通。据了解，这两次所讲述的都通属于婚姻礼辞里面的陪客礼辞篇章，属于待客的客套话，在一般请客的场合都可以讲述，通常情况下，讲述时主客双方一较高低的辩论意味比较浓厚，但其吟诵没有较为明确的主题，也没有太多的场景布置，从形式而言较为散漫，从内容而言较为宽泛，故而不是本节的论述重点。

第三次婚姻礼辞的吟诵则为婚礼第二天（即3月2日）早上ntad qub（汉译：解礼）与zhot qub（汉译：成礼）两个仪式。按照理老的说法，苗语的解礼直译为"解开婚"，意译为"解释婚源"之意，其主要讲述万物起源、民族迁徙、姓氏分布等内容，其吟诵内容为古根礼辞；成礼直译为"放某物于婚"，意译"谢婚"，其主要内容是结婚的男女双方通过理老用金钱或物品互相致谢，致谢对象依次为媒人、双方父母、兄弟等，其吟诵内容为待客礼辞。

古根礼辞和待客礼辞之辩证关系需做进一步阐释：古根礼辞和待客礼辞分开时，待客礼辞属于陪同客人所说的话，即客套话，可以根据仪式内容和谈话内容而随意变动，但句子结构必须为对偶句；古根礼辞一般指解礼仪式上所讲的对偶文，内容固定，不能随意变动，讲述者必须凭记忆讲述，不能随意更改，其内容为天地起源、万物起源、工具创制、民族起源、姓氏起源、婚姻起源、民族迁徙、姓氏分布等。理论上本文的苗族古歌仅限于古根礼辞部分，然而由于两者相互交融，以本次田野采访为例，即先说待客礼辞再到古根礼辞又到待客礼辞，加之民间概而称之婚姻礼辞，故而本文婚姻礼辞涵盖两者。

---

① 都通：东部苗族古歌就形式而言都可称为都通，即古辞。

　　田野协助者 LQJ 提醒笔者，前两次所吟诵的待客礼辞是热身，真正体现水平和达到演唱功能的是婚礼第二天（即 3 月 2 日）早上解礼和成礼仪式中婚姻礼辞的吟诵。鉴于这次吟诵集中了新娘新郎双方的亲人，并且双方各指定一位理老为代表吟诵，故而是本次田野观察的重点。以笔者参与观察的这次婚礼为例。就婚姻礼辞吟诵场面而言，自 8：30 开始，陆续有人负责布置，即在 hangd ghot（汉译：夯果）① 处摆设八仙桌一张，桌上摆酒碗一对，摆放一升白米，猪头、炒好的鸡肉两碗并筷子两双，另有香纸若干（如图 2 所示）。

图 2　ntad qub（解礼）、zhot qub（成礼）场景布置

　　此次婚姻礼辞的讲述过程从 9：20 持续到 10：30。与晚上较为零散的讲述不同的是，早上的这段婚姻礼辞仅仅是双方各派一位理老为代表，他者不得帮腔和打断，此外在大约 40 分钟的解礼仪式正式讲述后，双方即进入成礼的仪式，相互赠送礼物，其顺序是男方在理老的主持下不断地向女方至亲——派送礼钱：先是媒人，后是父母辈、兄妹辈，随后女方同样由理老给男方至亲逐一送棉被、鞋子、衣服等，最后两位理老顺时针方向向听众发烟敬酒，仪式结束。

　　为了对东部方言区婚礼背景有较多理解，笔者将婚姻礼辞已经出版的文

---

　　① 苗族以户为单位的祖宗魂灵安置处，类似于汉族的神龛。

本、汉文译名、内容简介以及与吟诵者汉译等相关的信息列表如下（见表1）。

表1　婚姻礼辞已出版文本相关信息

编号	著作	汉译	内容简介	jangs dut 汉译
1	《湘西苗族婚俗》①	古歌	天地初生—人类来源—开亲结义—民族迁徙（提及但没有收录古歌歌词）	歌手、歌师
2	《苗族创世纪史话》②	婚姻史话	兄妹成婚（人类起源）—创制婚姻—迁徙定居（吴姓、石姓、田姓、麻姓、杨姓、龙姓）	理老、法师
3	《苗族创世纪》③	婚姻史话	兄妹成婚—苗汉分居—创制婚姻—迁徙定居（吴姓、石姓、田姓、麻姓、杨姓、龙姓）	
4	《苗族婚姻礼词》④	婚姻礼辞	绪头—婚姻起始—部落迁徙—分支分系（吴、石、杨、田、隆、廖、麻、龙）—颂词	礼郎
5	《湘西苗族古老歌话》⑤	婚姻嫁娶	酒席互谢	
6	《中国苗族古歌》⑥	部族变迁	迁徙、十二宗	
7	《古老话》⑦	开天立地亲言姻语	开天立地—创制婚姻—迁徙定居（戴弄、濮沙、戴卢、戴辽、大半惹佬、戴璐、戴轲、戴砯、戴恺、戴莱）	讲古的老师傅

注：①田仁利：《湘西苗族婚俗》，岳麓书社，1996。
②石如金、龙正学搜集翻译《苗族创世纪史话》，民族出版社，2009。
③龙正学搜集翻译《苗族创世纪》，中国言实出版社，2011。
④张应和、彭荣德整理《苗族婚姻礼词》，岳麓书社，1987。
⑤张子伟编《湘西苗族古老歌话》，湖南师范大学出版社，2012。
⑥石宗仁搜集整理译注《中国苗族古歌》，天津古籍出版社，1991。
⑦龙炳文、龙秀祥等整理翻译《古老话》，岳麓书社，1990。

笔者的这次田野资料大多亦按照这些出版物的内容逐渐推进，即摆放礼桌—开天立地—婚姻起始（媒人来历）—东部分支分系。鉴于内容大同小异，虽然全程摄像与录音，但笔者只选择目前没有出版的内容来举例，比如说到婚姻礼桌时这样吟诵：

Teat nend，今天
Nongx nieax boub lis yous joud 椎牛需美酒佳肴
Chud qub boub lis yous ghot 婚姻照礼辞古俗

Ad doul jid bex nend 这张婚姻礼桌

Bleib leb deb gib nangb bleib leb hneb dand 四个金角如四轮日升

Bleib leb deb qand nangb bleib ngongx rongx nios 四块银边如四凤侧卧

Bleib goul deb zheat nangb bleib nongx rongx xeud 四只桌腿如四龙屹立

......

三　婚姻礼辞功能调查

对于苗族古歌的功能研究论文较多，其中笔者认为较为深入和全面的有杜卓在其硕士学位论文所提到苗族古歌主要的社会功能包括认知功能、教育功能、娱乐功能和维系功能。基于对苗族古歌的搜集和整理文本的功能研究这是较为合理的解释，然而苗族古歌作为口头诗学，其功能研究应该不限于学者的文献梳理，更需要聆听文化持有者的声音。本文提出与书写文本的功能研究形成较为可行的文学评论和历时文献梳理不同，口头诗学的功能研究应该回归唱本，在实地田野中聆听文化主位者对其功能的多维表述。

婚姻礼辞功能为何？可以按照婚姻礼辞涉及对象的不同身份从三个维度展开。首先，从理老的角度而言，婚姻礼辞吟诵的首要功能是为新娘改姓。以此次田野调查为例。这次婚礼新娘姓龙，家住湖南省花垣县雅酉镇夯杜村；新郎姓唐，家住湘西土家族苗族自治州凤凰县两林乡代稿村。因为男娶女嫁之故，故而婚姻礼辞的改姓之说即将新娘之龙姓改为唐姓。分析这次婚姻礼辞吟诵，在整个婚礼仪式中改姓之说一共出现三次：第一次是在婚姻礼辞吟诵之初，男方理老吟诵：今日改姓入夫家，更姓为我唐家人（max nend lies heut lieas ghaob senb, lieas senb geud chud boub tangd giad）；第二次是男方理老提到当时订婚的时候已经有了约定——不放啊是你们的龙家女，放了就是我们的唐家婆①（bub huangb and nis manx nangd longx giad nis, jangt led doub janx boub nangd tangd giad pob）；最后一次是

① 新娘姓龙，新郎姓唐，因经过这次释婚后就将新娘改姓，故而有龙家女改为唐家婆之说。

在吟诵婚姻礼辞即将结束时，男方理老再次强调：喝喜酒呢我们要更换姓氏，吃喜宴呢我们要调换家庭（hud joud led boub doub lies lieas senb, nongx nieax boub doub lies lieas njod lead）。可见，将新娘姓氏由龙姓改为唐姓贯穿整个婚姻礼辞的吟诵过程。

此外，大量的访谈和调查亦可证实改姓之说，苗族理老 LJH 用古老话（古歌）这样阐述吟诵婚姻礼辞的功能：

> Hud joud zot hlongb，饮酒能斟，
>
> Nongx nieax zot ghueas。吃肉得嚼。
>
> Hud joud lieas senb lieas njod，饮酒为改姓改宗，
>
> Nongx hliet lieas bax lieas minl。食肉为改父改母。
>
> Jex jangt nis deb npad zheul，不嫁你是龙家女，
>
> Jangt lol janx ad niax biant。嫁了你是唐家婆。
>
> Joud heub del hud，祭酒能喝，
>
> Nieax heub del nongx。祭肉能吃。
>
> Hud jul joud heub lies geud fax fub fax guib，饮酒后发富发贵，
>
> Nongx jul nieax nieal lies geud fax zit fax send。吃肉后发子发孙。

他随后这样解释：

> 在还没有唱这个古歌之前，即使酒肉端上桌子来，你还没有改姓是不能吃的，否则按老辈人的说法是，你吃了会遭到虎狼的袭击甚至吞食。只有通过摆这张礼桌说完婚姻礼辞，你才可以成为家里的一分子来享受这个祭酒祭肉，所以其最重要的根本就是为新娘改姓——不嫁是龙家女，嫁了是唐家婆。

同在两林村的理老 WSQ 这样补充：

> 婚姻礼辞最主要的是为新娘改姓。假如你不唱这个亲言亲语，那么她即使嫁过来一百年，终究还是客人身份：女性在娘家始终是外姓人，一旦嫁为人妇，之后娘家的祖宗就不再庇护她；设如不通过吟诵婚姻礼辞为新娘改姓，那么夫家的祖宗不保佑她，因为她没有得到祖

宗的保佑和认可，她随时可能生病或出现其它不好的情况。在歌词里面有这样一句：不许你是龙家女（泛指），许了你是唐家婆（泛指）。唱了这个亲言亲语，给这个嫁过来的媳妇改姓以后，她一来和娘家的祖先断了联系，不再受娘家祖先指挥，而由夫家的祖宗来保佑她，这不仅是生前保佑她平平安安，而且百年之后她才能被夫家的列祖列宗认可，坐上祖先的牌位，接受子孙的香火。你要是专门讲这些是为了新娘改姓，那些干部（外地人）是不认同的，认为这是迷信。但我们说婚姻礼辞，再多都是花架子（华而不实），只有这几句是一定要说的：

Jex jangd nis longx giad nis 不许是龙家女

Jangd jul nis biant giad pox 许了是唐家婆

Goud neul geud mongl dangb nex shab kheat 身前要她待人接物

Goud zheit geud bul xangb poub xangb niangx 身后要她承继香火

固然还有其他理老提及唱诵婚姻礼辞的功能是让亲戚双方尽快认识，从而达到新人双方亲朋好友相互沟通，但笔者调查参与这次婚礼的 9 位理老，大多认同婚姻礼辞吟诵的实质性功能是为新娘改姓。笔者于 2017 年 1 月再次到凤凰县拍摄婚姻礼辞，在与多位理老的交谈中，他们多次提及婚姻礼辞的吟诵功能主要是为新娘改姓。

访谈对象：LYS①

访谈时间：2017 年 1 月 25 日

问：为什么要唱婚姻礼辞？

答：按照我们苗族的习惯，这是一种娱乐。

问：除了娱乐是否还有其他原因呢？

答：除了娱乐，还有尊重客方的原因。结婚、满月酒甚至起房子（建新房），我们苗族拿这个当最大待客的礼。

问：待客礼辞是尊重对方和娱乐，但为什么要讲述古根礼辞？

---

① LYS，苗族，理老，1945 年生，湖南省凤凰县沱江镇南华社区第九组居民。

答：这个原因说起来话长，说的是以前我们苗族婚姻第一步是订婚（zhanx qub），那个时候（这个女性）还不是真正地是你婆娘（妻子）。也就是说敬奉鬼神的时候，就比如这次婚礼的这个妹崽（新娘）姓龙如果没有经过今天早上解礼这个环节，在她父亲（娘家）那边祭肉你不能吃，夯果你不能碰，意思是户口还没有迁到这里来（还没有改成夫家户口）。

问：灵魂户口？

答：是的，这是以前阴阳的说法。只有经过解礼这个环节，才可以吃婆家的祭肉，吃了也没有罪，因为她的户口已经迁到唐家来了。你看刚才我们喝酒调户口，就是这个意思，所以解礼不是开玩笑的。为什么要烧香烧纸？你要告诉（男方的）家神，这是我们给你们领来新的家庭成员，户口已经迁到你这里，所以烧纸烧香告知男方的列祖列宗这是家庭的一分子，所以解礼是不能开玩笑的。

通过后期的文献梳理，笔者在文本中找到了同样的表述：不嫁是我家的女啊，嫁了便是你家的人；不放是某家女，放了是某家婆。故本文提出婚姻礼辞的吟诵主要功能为新娘修改灵魂户口。

其次，从苗族知识分子的角度来说，婚姻礼辞强调东部苗族的定居状况以及婚姻圈的分布。本土学者张应和提出：

（古歌的吟诵）很大程度上是维系亲属内部的团结，它成为维系家族或民族内部团结的一根纽带。通过讲这个古老话使大家不忘我们民族甚至亲族的根，加上这些古老话语言比较生动，它通过一些明喻、暗喻和对仗以及苗族民间的典故来增加趣味，从而具有寓教于乐的效果。[1]

唐建福[2]提出婚姻礼辞的功能较为重要的表现为以下两个方面。一是团结功能，例证是每叙述完一个姓，均要这样吟诵：

---

① 笔者对张应和田野访谈的录音整理。
② 唐建福：苗族，湖南省凤凰县两林乡人，湖南省凤凰县民族局民研所工作人员，本节"婚姻礼辞"田野调查撰写得到他大量的资料资助与订正，在此致谢。

Ad god nend deit nis poub niax nangd qub，这是祖辈姻亲，

Ned mat nangd lanl；父辈婚配；

Jox reux wangx jit boub nis jox reux nangd qub，千代姻亲皆由此，

Gul reux wangx jit boub nis gul reux nangd lanl. 万代婚配溯古根。

二是文化历史传承功能，具体例证是每个姓的习惯与分支（小姓）都有所描述，吟诵的内容契合东部方言区的苗族情况，甚至可以从婚姻礼辞中按图索骥找到各个姓氏的分布，在描述每一个姓的起初都是叙述：

Jib ub njout mloul，沿河寻找渔猎之地，

Jib bul njout denb，沿山寻找耕种之所，

Pud dand boub nangd dab leb deb×× 。说到我们这个姓××。

接下来即交代这个姓氏的迁徙过程、定居之地、民俗与婚配圈等。

苗族学者麻勇斌①提出婚姻礼辞的吟诵更多地是对婚姻方向的确认以及对婚姻圈的肯定和重复。通过婚姻礼辞的吟诵对苗族的分布做出更详细的讲述，故而唱者与听者皆会在潜移默化的古歌吟诵过程中了解到东部苗族的分布概况。比如东部方言区之婚姻礼辞在创世叙述和婚姻来源之后，接下来即是对东部苗族之五宗六亲的交代：

Ad hneb fend mianx dax nongs nbat 昔日分鼓雨雪下

Ad deat fend nhol dax nongs neb 往日分社冰雪飘

Lies ngheub nius manl nangd blab mat 要吟旧日之五宗

Lis nzhut blab bad blab mat nex 要诵昔日之六亲

Blad senb doul jongt renx blab ntongd 五姓分散坐五溪

Blad bad doul jongt blab npand renx 五宗散居住武陵

最后，从苗族民众而言，吟诵婚姻礼辞的功能是感谢亲朋好友并现场对新人进行伦理教育。笔者采访了几位村民，对吟诵婚姻礼辞的功能有多

① 笔者对麻勇斌田野访谈的录音整理。麻勇斌：苗族，贵州松桃人，贵州省社会科学院研究员，著有《苗族巫辞》《苗族巫事》等专著。

种不同的说法：有苗族民众认为是给母亲 janx ned（汉译：奶水钱），表示出对女方父母养育的感谢，也有人认为是在婚娶双方相互的过程中教育新人，使其婚后生活美满幸福，以歌举例如下：

其一：

> Zhot qub dud bloud meb ghob xot 成礼主家摆竹席
> Zit yangd boub lies beat jid tab 钱物必须依次放
> Max eib jid chat dand max nend 自古礼节需跟随

> Panx deb soud giead jid gub kut 养儿育女真辛苦
> Nongx hliet ghob ted lies heut zhab 幼时吃饭需喂养
> Liox deb rut yangs tob job gind 成人对镜贴花黄

> Liox lol lies bix minl nangd nius 需赔母亲养育苦
> Teat deat sead lol gangs nghat mab 今早才给奶水钱
> Renx qenx doub nis ad bob nend 人情正是由此出

> Janx ned lies ghox bad god gil 奶水钱追溯古根
> Jid chat max ead nangd lis senb 追溯古歌皆由此①

其二：

> goud mex xub nex ghob jut yot 姑娘年龄尚幼小
> chud jib chot dot ad leb giad 怎能操管一个家
> ghad nzod beut nghueb dand hmangt jos 贪睡中日不见起
> heut xeud heut hnant mex nangd nhenx 需您大度宽容她

> soud deb jex xangd nianl leb rut 妹妹年龄尚幼小
> xub hent jit sheab wul jid yangl 懵懂诸事望体谅

---

① 笔者对湖南省凤凰县两林乡田野协助者理老 LQJ 的田野访谈整理。

nghet ub jid xeab nex sheit tongt 挑水需轻放水桶

bleat ub jid seit nex ghob gangd 倒水要轻靠水缸

max nend mex heut sheub wud jid rut 教导有方全靠您

sheab rut geud janx bad dud nangd 亲如己出如一家

xib hneb ub band 他日

deab qub deab lanl wud deab dot 招亲待客万般礼

mex nbut doul nib mex nangd giad 美名远扬遍苗乡①

此外，还有民众提出吟诵婚姻礼辞的功能是表示对婚礼参与者的尊敬，因为所有参与婚礼的人或多或少都带礼钱来贺喜，大家都费心费力，讲婚姻礼辞能让所有亲戚听，是出于对他们的尊重。

可见，虽然学者与村民、主位和客位之间对婚姻礼辞吟诵功能的理解分歧较大，然而这些功能并非因为吟诵者身份不同而截然不同，这之间有一定的交叉和相似性，但依照婚姻礼辞主流传承者理老的说法，为新娘修改灵魂户口才是婚姻礼辞吟诵最为重要的功能。

四　婚姻礼辞信息总结

在参加此次婚礼之前，笔者曾参加松桃苗族自治县长兴镇等高村的一场苗族婚礼，田野协助者事前告诉笔者会有古歌吟诵，因而笔者从成都赶到现场并作为新娘陪送人全程参与了婚礼。遗憾的是由于男方无人会吟诵古歌，所以没有取得"五个在场"②的古歌吟诵。通过前期的阅读和田野调查，加上笔者此次全程参与婚姻礼辞的吟诵流程，笔者了解到关于东部苗族古歌之婚姻礼辞的以下信息。

第一，婚姻礼辞吟诵的功能已为学者所探讨，但大多忽视本土声音。从婚姻礼辞吟诵的整个过程来看，笔者认为苗族古歌的功能较为多元，具

① 笔者对贵州省松桃县正大乡吴国汉田野访谈的录音整理。
② 廖明君、巴莫曲布嫫：《田野研究的"五个在场"——巴莫曲布嫫访谈录》，《民族艺术》2003 年第 4 期。

体到此次田野的婚姻礼辞而言，其吟诵内容分为古根礼辞和待客礼辞。在古根礼辞部分牵涉到 ghot sob ghot bens（汉译：洪水古歌）等创世古歌和 njout bul njout denb（汉译：历次迁徙）等迁徙古歌，其后在待客礼辞中夹杂了大量的礼俗古歌，每一段古歌的吟诵功能都不能涵盖其他。

首先，吟诵果索果本创世古歌，讲到开天辟地、婚姻起始的古歌，是为了解释婚姻的来历，以至于有理老提到的是为了给新娘改姓，即将新娘的灵魂户口从娘家迁到夫家，修改灵魂户口之说又源于苗族万物有灵的生命观。在此过程中使受众对于苗族世界体系和婚姻来历形成一个基本的了解，凸显婚姻的神圣与庄严性。

其次，吟诵历次迁徙等迁徙古歌，提到五宗六亲的分布是对东部方言区苗族八大姓氏七个可通婚集团的分布做出一个基本的概述，既有对民族迁徙和定居状况的情境性教育，同时也是对通婚区域和通婚方向甚至通婚对象的提醒与肯定。在较为传统的苗族社会里，婚姻对象和婚姻圈是较为固定的。①

最后吟诵的是待客礼辞，则是伦理的现场教育，既有对作为新人的言传身教，也有对观众潜移默化的影响。同时通过这样较为正式的介绍，使新人双方的亲朋好友得到沟通和了解。可见虽然贯穿其中的吟诵一直具有诗学美感，但显然婚姻礼辞的吟诵不仅仅是文学的审美，更多的是文化教育。

---

① 在婚姻礼辞（dut qub dut lanl）中东部方言区苗族姓氏的讲述一般为八大姓七大通婚集团与五宗六亲之说：八大姓即 deb hlongb（吴伍洪滕）、deb xot（吴伍滕贺欧）、deb miel（龙隆余薛）、deb biant（龙隆唐梁）、deb khad（麻欧施张刘向胡时王吴田）、deb ghueas（廖石沈）、deb kheat（杨罗）、deb lel（田滕彭李），各个大姓下都有不少分支，目前实地调查到50多个苗语姓氏。在婚姻礼辞讲述时八大姓的讲述顺序必须以 deb hlongb 为先，结婚双方女方为倒数第二，男方倒数第一。这是因为传说中苗族迁入湘西时是 deb hlongb 打头阵，最辛苦，所以要最先讲；苗族通婚集团为八大姓七大通婚集团，因为 deb hlongb（大吴）与 deb xot（小吴）至今在苗族传统习俗上不能通婚，两者合并仅剩7姓；五宗六亲（没有具体到某一具体姓氏，泛指整个东部方言区苗族）契合苗族古歌吟诵的 blad nbat zhot mat（五宗六亲）之说。苗族姓氏之间能否通婚的依据不是汉姓而是苗姓，因东部方言区苗族汉姓多是改土归流后时由所居住管辖的土司和官府给定的汉姓，以利造册编户，如 deb khad 对应的汉姓有十多个，但在凤凰境内均称兄弟（nab goud），不能通婚。只有交表为最理想的通婚对象，平表不婚。经实地调查，苗族各姓氏的实际分布情况与古歌描述内容基本一致。资料来源：凤凰县民族局民研所唐建福为笔者所加的田野资料。

第二，在吟诵空间上，在整个东部方言区，随着录像技术的普及，一部分举办婚礼的家庭会花钱请摄影师将整个婚礼过程录制成录像带，为此尽量还原苗族原生态的婚礼，故而会特意请理老吟诵婚姻礼辞。因而各地皆零星有婚姻礼辞的吟诵，但这样的人为干预的婚礼数量较少，构不成规模。东部方言区活态的苗族古歌仅有婚姻礼辞还在 gheub zhead①（如图3）一带吟诵。

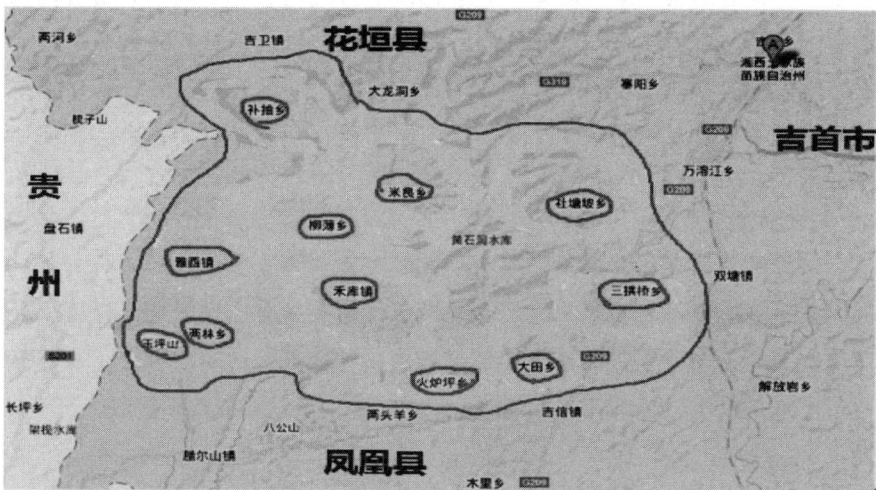

图3　gheub zheud 黑脚苗地理分布

第三，理老大多年事已高，后继乏人。此次田野调查的八位理老中，年龄最大者87岁，最小者45岁，从与他们的交谈中知道，婚姻礼辞的学习是一个长时间的过程，其中在婚礼上的吟诵是初学者最好的"旁听"阶段，但由于代稿村百分之八十以上的青年外出务工，随着外来文化的冲击和价值观的转变，婚姻礼辞的传承岌岌可危。此外理老 LQJ 还提到与花垣县相比，凤凰县过度注重旅游发展，忽视这些苗族传统文化的保护，目前较少有文化部

---

① 两林一带尚黑服饰苗族之他称。如就行政区域而言，属湖南凤凰、花垣、吉首三县市。分布包括凤凰县禾库镇、两林镇、米良乡、柳薄乡、三拱桥乡，腊尔山镇的贺村 giub xud 自然寨、凤凰县原火炉坪乡，以及花垣县雅西镇、补抽乡的少部分村寨，吉首市的社塘坡乡、大龙乡的少部分村寨等。就服饰文化而言，其服装特点是男装以前爱戴梅花状丝帕子、包黑裹脚，苗语叫 xaot mes zheat ghuoud（狗脚帕子），女装跟松桃服饰相比，后面没有绳花、围腰及膝；其他文化与东部苗族大同小异。ghueb zheat 直译为黑脚苗，人数约十万人。资料来源：凤凰县民研所唐建福为笔者提供的田野资料。

门给予关注，他认为可以举办类似于古歌比赛的活动加大影响和宣传。

结　论

在苗族古歌的功能研究上，行文仅以苗族古歌之婚姻礼辞的田野调查为个案借以反思学者的文本推断，目的在于倡导断定一种文化的功能必须基于田野调查的基础上并需要聆听文化持有者的声音。通过调查多重维度的本土文化持有者，可知婚姻礼辞的吟诵功能多维，但根据婚姻礼辞吟诵需要特定的时空语境，加上吟诵现场有礼桌摆放并焚烧香纸等，再参考其传承人理老之观点，婚姻礼辞吟诵最为重要的目的是给新娘改姓，即修改灵魂户口。

致谢：本文的撰写得到田野信息人隆七金的大力协助，得到婚礼当事人唐顺强及其亲人的无私帮助，得到吴松青、龙金华、隆喜真等理老的无私分享，得到苗族学者唐建福、麻勇斌的不吝指导，我母亲吴培凤以70岁的高龄陪我辗转于湘西一带调研，在此一并感谢。

四川古代佛教美术铭文遗存解析[*]

肖卫东^{**}

摘要： 我国古代佛教美术作品是历代民间匠师的智慧结晶，是中华佛教文化外宣的物化形象，然而这些作品创作活动的缘起、过程与创作者却很少为人所知。本文以四川古代佛教美术铭文遗存为研究对象，以田野调查为主要研究手段，结合历史考证，研究了四川地区古代佛教美术铭文反映的佛教造像活动的缘起、内容和价值。本文考释出铭文所反映的佛事活动在消灾祈福、还愿、超度祭祀、即兴抒情等四个方面的缘起；分析了记述性铭文、文学性铭文、宗教经典铭文等几方面的内容；探讨了铭文在研究宗教发展、地方经济状况、地方历史、文学艺术及古代民俗等方面的重要史料价值。

关键词： 四川　佛教　铭文　价值

四川古代佛教造像有时间跨度大、艺术风格多样、多宗教造像杂糅的特点，是古代佛教及其艺术多路线发展的重要遗迹。域内与其同时出现的榜题等铭文则有助于我们探寻古代佛教美术创作及其相关社会文化背景。然而此类铭文多裸露在户外山崖陡壁之上，经风吹日晒，岁月侵蚀，其中多数漫漶难辨。在长期田野考察中，我们从零星地残存于各地的铭文中发现了它们记录的丰富信息，其中包括各类造像活动的缘起、丰富多彩的内容及其多元价值，涉及社会历史、宗教信仰、百姓风俗、民间文学、艺术等多个领域。

四川地区古代佛教造像分布很广，南到泸州、凉山，北达广元、若尔

---

* 本文为四川省教育厅重点科研项目"四川濒危佛教造像整理研究"阶段性研究成果（项目编号：12SA076）。

** 肖卫东，四川师范大学影视与传媒学院基础美术系主任，副教授，硕士生导师，研究方向为美术学、民族民间文艺、宗教学。

盖，西至德格、石渠，东抵达州、万源。时间上现已公认的早至魏晋时期的广元千佛岩、巴中石窟，晚到清末至民国初年各地开凿的石刻，此外还有学界认为最早的汉代乐山麻浩崖墓佛教石刻，其形制风格上属于南方丝绸之路直接从云南传入的早期印度佛教造像，其发现打破了四川佛教唯一北传路线的说法。类型上有摩崖造像、圆雕石刻、寺庙壁画等，其中以摩崖造像数量最多、规模最大，代表性的有广元千佛崖、皇泽寺、巴中南龛、巴中西龛、水宁寺、绵阳梓潼千佛崖、蒲江飞仙阁、仁寿牛角寨、安岳石刻、夹江千佛崖等。造像风格上以刻绘结合为最大特征，多为高浮雕施彩绘，少数泥塑敷彩，因此创作过程中雕匠与绘师分工合作，而妆彩工作甚至代际相传，故我们今天仍能看到艳丽的摩崖造像色彩。我们从艺术的角度审视摩崖造像时，历代各阶层人物留下的铭文是不可忽略的。这些铭文连同供养人造像一起为我们提供了解读各时期佛教造像的文化信息，因此我们专门对其做了初步探究。

一 铭文为考释各类造像活动的缘起提供了证据

古代佛教造像活动形式多样，原因众多，每一个造像的目的决定造像内容、方式和规模，也反映一个时期宗教信仰的侧重和这个社会"共时性""通时性"的理想追求[1]。据四川各地内容多寡不一的铭文考释，造像的缘起大致有以下情形。

（一）消灾祈福

百姓对于生活的理想首在幸福和顺的家庭愿望与健康长寿的生命祈求。他们勤劳耕作、自给自足的同时也希望天灾不降、神灵护佑。在生产力低下的古代，人们面对天灾和人祸时只有求助于万能的理想偶像，因此，塑造偶像以便供养祈福就成为时尚习俗。

巴中南龛第 71 号龛与第 77 号龛之间有铭文：

---

① 郑式：《宗教美术史研究方法论的三组主题词》，《美术观察》2016 年第 9 期。

给事郎行化城县主簿张令该，幸以微斑来臻此邑，屡逢凶贼，得免佔危，爰抽薄料，敬造释迦牟尼佛一铺于巴州西南山，美夫□（鬱）穸□□□□□□（崇悬石壁雕镌始）就豪相开，装饰已成，金容月□□□（满当愿）见在兄弟，合家长幼，永无灾厄，□□□□□□□□□□（永保康宁，加以法界苍生），共同斯福，时开元□□□□□（廿八年中春）之二月也。①

巴中地区是四川省内几个代表性的石窟集中大区，其地处古蜀时期米仓道上交通要隘，历来为兵家入蜀与北上的要塞，这一地理位置决定了此地成为古蜀历史见证人的重要地位。巴中石窟造像的开凿时间较早，但后期妆彩等活动一直持续到民国时期。巴中石窟造像尤以南龛数量最多，南龛造像的艺术特点也在很大程度上代表了巴中石刻的总体特征。这则铭文记录了主簿张令该到达巴州后多次逢凶化吉，继而开龛敬造释迦牟尼佛供养，以求合家长幼"永无灾厄"、平安吉祥，是典型的消灾祈福类铭文。

洪雅县柳江镇佛子岩位于偏僻的山腰崖壁上，规模不大，数量不多，从铭文看造像的开凿主要在明末至清代，民国有少量妆彩，其造像简陋，以观音为主，多大刀砍凿，少有精细刻画。其第12龛高浮雕观世音菩萨一尊，其旁边阴刻铭文："洪邑柳姜党张□□居住信人张玉堂切为□□堂表张钟氏今梦身染疾病只得叩拜。"

蒲江县长秋乡石马村有多处造像，其开凿时期最早的在隋代，造像规整，尤其有隋炀帝杨广"大业十四年"铭文鸡公树山摩崖造像，是迄今四川地区发现的唯一有确切纪年的隋代佛教造像。长秋乡石马沟造像第8号龛墨书铭文："光绪二十四年戊戌春元月十二日，有陈永染病之灾……"②该龛为唐代开凿的千佛，中间为唐代典型的一佛二菩萨高浮雕搭配样式，正中下部为二力士相向而立。铭文应是记录光绪二十四年（1898）陈永染病后为消灾祛病而发心为该龛妆彩供养，故墨书记述。

---

① 四川省文物管理局等：《巴中石窟内容总录》，巴蜀书社，2006，第110页，其中括号内为雷玉华等编者释读。参见霍玉华《巴中石窟研究》，民族出版社，2001。

② 卢丁、〔日〕肥田路美：《中国四川唐代摩崖造像：蒲江·邛崃地区调查研究报告》，重庆出版社，2006，第98页。

以上两则铭文反映的是古代乡村医疗条件落后，百姓遇病痛时，无力求医，只有造像发愿以祈求菩萨救助、消灾治病的习俗。而这一习俗的思想根源是百姓对于诸佛、菩萨大慈大悲救人疾苦品行的笃信。

（二）还愿

此类铭文为信士本人或家人之前曾遭遇灾难抑或曾有求于菩萨而许愿，后灾难化解，愿望实现，起愿信士造像还愿。如眉山市洪雅县柳江镇佛子岩第 13 龛造观音一尊，铭文记："大邑□□孔文□妻刘氏无子，只得叩拜观音大士，多蒙神圣有感，今子有三个，择吉满还叩会了愿，保幼（佑）合家老幼吉安。"

古代农耕文化背景下，"不孝有三，无后为大"所揭示的社会现实是：青壮男子就是核心生产力，对于男丁的渴求实际是对农业生产延续与农业文明传承的需要。从铭文可以看出，远在成都大邑县的孔氏夫妇慕名来柳江造像求子，后刘氏得三子，还愿之际同时也祈求观音大士保一家老小平安吉祥。

许愿还愿等行为在客观上促使了佛教美术创作与后续修补、妆彩等活动的产生，也起到了推动佛教造像的创作活动，保护了佛教造像，甚至有以妆彩华丽的程度来表达对佛、菩萨崇敬之心的虔诚度，所以装金身往往是信徒最高感激之心的表现。我们现在看到造像的色彩面貌，实质上大多数是后期妆彩的功劳。当然后期部分妆彩也有对原作造成损坏的，尤其是今天的众多民间居士妆彩活动。但回归宗教精神，宗教信仰中的还愿行为实质上是百姓诚实守信的契约精神的体现，不欺老幼亦不欺神灵，是中华民族淳朴美德的体现。这一美德也与儒家其他诸多思想一起融入了外来的佛教文化之中。这种文化的交流，一方面，体现了佛教本土化进程与儒家思想在其中的主导影响作用；另一方面，反映了佛教在四川发展的极大包容性与主动变革的态度。

（三）超度祭祀

超度祭祀类铭文主要是指佛教信徒家中有人去世，便依据佛教仪礼刻石造像超度亡魂，帮助逝者不入地狱，往生西方净土。

巴中南龛第 69 号龛与第 71 号龛之间有一则铭文："维大唐开元廿三年，前乡贡经党守业，拜化城县尉，发愿为亡考姚敬造释迦牟尼像一辅，原罪障销灭早生净土，功德先已，庄严表庆，讫至廿八年十二月一日，归贯□□记之以石□□□□□河南□□书。"① 这是化城县尉为其去世的父母超度而开凿释迦牟尼佛像，目的也很明确"原罪障消灭早生净土，功德先已"，就是帮助父母消除生前所造罪障，早日往生净土世界。

蒲江县长秋乡新建村鸡公树山漏米石造像第 9 号龛外龛右壁上部铭文："十二光佛……为亡……造，大中九年十月十日……"②

安岳县石羊镇双龙乡文库村四社佛儿岩 4 号龛铭文："……孙太元家□发心造此，□教□真元祖母圣容□□生余为瞻仰□……"铭文显示该龛造像乃供养者一家为其元祖母超度而开凿。

四川各地此类祭祀性铭文相当普遍，也说明了佛教往生思想在百姓中的影响极大，这一超度供养形式在一定程度上也是与中国孝道文化结合的产物。

（四）即兴抒情

有部分铭文并非为佛事活动的开凿而撰写，乃是游人观摩前人造像、题刻等或游历山水时即兴而作的诗、辞、赋、联等文学作品。这些作品有对前人开凿造像的赞叹，有对自己身世触景生情的感慨，有面对华夏大好河山的骄傲，也有面对国破山河碎的忧伤。此类铭文随着时间的推移日积月累越加繁多，这当中也不乏名诗、佳句，它们或大或小的布局，或粗或细的笔画，有的工整端庄，有的铁画银钩，从整体上以线或面的形式，与众多摩崖造像形成对比的同时又互为视觉补充，无论从形式上还是内容上都取得对比之美。

二 四川佛教铭文遗存的内容

四川佛教美术遗存铭文涉及内容十分广泛，主要包括记述性内容、文

---

① 转引自巴中市文管所《巴中石窟》，巴蜀书社，2003，第 35 页。
② 卢丁、〔日〕肥田路美：《中国四川唐代摩崖造像：蒲江·邛崃地区调查研究报告》，重庆出版社，2006，第 108 页。

学艺术内容、宗教经典等几方面。

（一）记述性铭文

记述性铭文是指客观记录某事某物的文字。如发愿文、还愿文、功德碑铭、祭祀性铭文皆属此类。这些铭文多是普通百姓出于特定目的诉求发心造像，配合文字将自己的心愿表达得更加清楚。其中历史事件的记载多杂糅于其他内容之中，一般在讲述某核心活动背景时三两句话提到，较少专门叙述。

洪雅县柳江镇佛子岩第 32 龛榜书铭文：

> 大清国，清四川嘉定府洪雅县中保乡高龙党油宜家湾居住，□□喜士人李万福妻张□氏男宝、龙，初为三年无嗣，路过佛子崖愿举念蒙神，锡凤更名李龙宝愿今发心于佛子岩刻观音大士一尊，祈保合家清吉，人春平安，吉祥如意矣。

巴中南龛第 8 号龛民国 36 年 （1947）铭文详细记述了当地孝子王绍康与继母情同亲母子的真实感人事迹，王绍康在继母年迈之时携妻“侍奉甘旨”，因母病，于是虔心在南龛敬镌观音大士一尊。此则铭文记录的王氏孝母可称为巴中孝道文化的典范，是民间历史的铁证。① 这类事迹与佛教吸纳儒家传统孝道思想而演化的“报恩”题材造像相得益彰，映衬出在儒、佛二家文化影响下四川百姓由内至外的思想与信仰，笔者在旺苍县、南江县及川南乐山市沙湾区等地调研清代墓葬艺术时，也发现了这一文化现象，可见其传播影响之远。

（二）文学艺术类铭文

文学艺术类铭文是指以诗歌、辞赋、楹联、散文、记叙文等形式创作的铭文。其创作初衷有文人墨客山水抒情文字，有僧众信徒修行参悟的阐释，而且其中不少成为历史上著名的书法艺术代表作，如乐山市《嘉州凌云寺大佛像记》，中江县唐代《石亭记》《千秋亭》诗刻，三台县印盒山

---

① 铭文详见《巴中石窟内容总录》，巴蜀书社，2006，第 25 页。

唐代《石室记》，广元千佛崖《吕延宥等题记》等。①

此类作品在巴中南龛尤为丰富，仅第 25 龛老君洞内就有宋巴州守作《水调歌头》词 1 首、诗 25 首之多，文人雅士之情怀表于诗歌，刻于磐石，于今可见。如其中冯伯规作《先期登高观菊岩新榜》："先得重阳五日来，清江晚日与人谐。共收磊磊落落句，要敌奇奇怪怪崖。乌帽几容虚此景，黄花每喜近吾侪。山城酒熟浑无客，一笑临风寄老怀。"全诗洋溢着与同僚一起登台赏菊时的惬意，也传递出文人官员面对名利的淡泊胸怀，是一首即兴抒情七律诗。

此外，不少题刻铭文从书法角度来看成为不朽的书法艺术品，如乐山乌尤寺大量题刻、夹江千佛崖诸多巨书、安岳石刻中的优美铭文等，此类铭文成为四川书法艺术史的重要组成部分。

（三）宗教经典铭文

宗教经典铭文是指记录佛教各宗派的重要经典篇目，一般很少全文铭刻。由于历史上佛、儒、道的交融发展，四川境内某些佛教铭文中发现了各教难得的经典篇目。这为研究古代宗教发展提供了宝贵材料。

如眉山市仁寿县牛角寨《三宝龛》的天宝八载（749）《南竺观记》，铭文记录了道教的众多经典。此外四川各地常见的石刻经幢，从经目到内容都有不同侧重的记载，代表性的有安岳县石羊镇孔雀洞的《石刻八角转轮经目塔》，整个塔分三层，下有基座，上建塔刹。该塔特别之处在于其24 根六棱石柱，除最高层少数几根柱为素面外，其余每柱每一面分别楷书阴刻一经书名目，包括：《南无大藏佛说涅槃经》《南无大藏佛说宝积经》《南无大方广佛华严经》《放光般若摩诃般若经》《慧上菩萨经大灌顶经》《得无垢女经正法华经》《宝心陀罗尼经华首经》等，计约数百部经目。这些都为我们研究古代佛教提供了重要实证。

四川省内佛教铭文的内容繁多，兹不赘述。

---

① 唐林：《四川美术史》上册，巴蜀书社，2015，第 640~641 页。

三 四川佛教美术铭文遗存的价值

（一）铭文反映了佛教在古代四川各地发展的状况及其与各宗教间的交流

古代佛教在四川的发展经历了漫长的过程，四川地区不少古代佛教铭文的详细记述，为我们提供了从魏晋南北朝到明清时期整个四川佛教发展的状况。

巴中南龛第1号龛外有一通《严武碑》，记述了唐肃宗乾元年间古巴州佛寺发展的宏伟规模，正面讲述了当时佛教在四川的传播状况。碑中记载：严武任巴州牧时观"前件古佛龛一所，旧石壁镌刻五百余铺，划开诸龛，化出众像，前佛后佛，大身小身，琢磨至竖，雕饰甚妙……新作龙宫，精思竭诚，崇因树果，建造屋宇三十余间，并移洪钟一口，庄严福地，增益胜缘，焚香无时，兴国风而荡秽，燃灯不夜，助皇明以烛幽……"①，从铭文可知，巴州在严武到来之前，佛教曾经盛极一时并伴随有大量造像，中途因某种缘故寺庙废弃，造像"仪形亏缺"，而在严武的大力赞助下，又重塑往日盛况，建造屋宇，庄严福地，焚香无时以至于燃灯不夜。可见巴州在唐乾元年间，佛教因地方官员的支持再度宏盛。

此外，四川各地佛教的兴盛也体现在拥有较高社会地位的供养人的参与，他们的支持一方面代表了上层社会的支持与重视，这是佛教发展的大环境利好；另一方面因为上层社会官贵的参与，使佛教的各类宗教活动（尤其造像活动）有了充足的资金保障，因此成为佛教及其美术创作的重要因素。现有各地铭文中记录了大量古代上流人群捐龛供养的真名实姓，如：巴中水宁寺第1号龛外壁左壁铭文记录有"巴州始宁县改阆州录事参军"，南龛第137号龛有"尚书右丞判户部张祎"，而阿坝州茂县叠溪镇点将台则罗列了更多的官员，有"持节兼翼州诸军事翼州刺史上大将军李玄嗣、行治中张仲品""录事承参军常诠胄""司仓参军李德超""司户参军王季札""行参军刘绍约""翼针县令范孝同""翼水县令席义静承""左

---

① 转引自巴中市文管所《巴中石窟》，巴蜀书社，2003，第16页。

封县令刘保德""和府统军宋威""右别将王君相""石臼戍副郑宝贤" 等十数位军政大员。①

而佛教几经盛衰的历程，也是其与华夏文化融入的重要时期，尤其是在这一过程中佛教与道教、与儒家之间的斗争与磨合，在古代佛教摩崖造像的铭文中也体现出来。

四川仁寿县牛角寨第 40 号龛《三宝龛》左侧刻有唐玄宗天宝八载（749）《南竺观记》碑一通，碑高 1.46 米，宽 0.85 米，楷书共 17 行。主要铭刻了道教三洞的核心经典藏目：

> 三十六部经藏目：洞真十二部，洞玄十二部，洞神十二部。
>
> 一天之下，三洞宝经合有三十六万七千卷。二十四万四千卷在四方，十二万三千卷在中国。
>
> ……

此段铭文详细记录了洞藏三十六部经藏目，除对于研究洞真十二部、洞玄十二部、洞神十二部的道教文献有着极高的文献价值之外，其龛窟形制及人物造型、排列上都具有典型的佛教特征，铭文与造像一起可以为研究道教与佛教艺术的交流提供方向性的指导。铭文多数有确切的纪年，对于研究不同时期佛教的交流与发展提供了确凿的证据。

（二）铭文反映了四川各地历史上的经济水平

佛教铭文可以从供养人构成、功德碑铭等结合雕刻规模与精致程度几个方面反映当地的社会经济水平。

供养人是捐赠供奉的主体，他们的生活地域、经济状况反映了当地的社会经济。在四川地区铭文记载的供养人中有高官大员、富商巨贾，也有地方乡绅、村野农夫，各地不同阶层供养人在佛教美术造像及其他佛事活动中所占的比例就是一个地方的经济史直观图。

功德碑主要记录捐资者的姓名及其捐赠详目。一般而言大多数地方施主的捐赠以银钱为主，无论多寡均镌刻铭记，大众捐赠钱银的数量在一定

---

① 见于田野调查所得阿坝州茂县叠溪镇点将台第 1、2、3、6 龛铭文。

程度上说明了当地的经济水平。但值得注意的是四川境内出现了捐钱之外的捐地和捐物等各种情况。

安岳县石羊镇茗山寺清乾隆碑铭文记载："施山地主：匡正文，男启富建立。"同一地"功映天壤"重修虎头寺序碑铭文记："施山地匡正文，弟正寿。"铭文从侧面揭示了石羊镇乾隆年间经济的发达，联系茗山寺的造像规模，以及当地同时期开凿的毗卢洞、孔雀洞、华严洞等巨型佛教龛窟，当地佛教事业发展得以维系背后的强大经济实力可见一斑。

乐山市沙湾区葫芦镇四峨山庙《共劝义举》残碑记："胡金有施榛子一根，胡定超施水梨子一根……赵奇钦施桢楠一根……"历史上的沙湾区虽在茶马古道之上，但是条件艰苦，向来为僚人迁居之处。据文献资料记载，古代沙湾地区有寺庙100余座，可见佛教在该地发展之盛况，但现在域内仅见塌方后残存摩崖造像一处，不足10米长，另在开元寺内见有残存的石刻佛教造像。葫芦镇四峨山所处的地理位置为条件极其恶劣的高山深林，当地生产力一直很落后，但当时乡民为建修四峨庙踊跃参与。身无分文的百姓均以捐赠木料的形式来积累功德支持佛寺建造，这一方面真实反映了当地百姓生活窘困的状况，与巴中严武碑记述相比较，两地的经济状况悬殊不言而喻。另外也从侧面反映出佛教在当地传播中受欢迎程度。

（三）具有四川地域断代史的价值

佛教美术造像有对历史事件以艺术语言反映的情形，但仅凭作品也有错讹附会之处，[①] 而铭文记录则补正纯粹造像的这一不足。眉山市洪雅县将军乡苟王寨摩崖造像有铭文记："西蜀不幸，连年被鞑贼所扰，时戊戌嘉熙二年……"，"白千户住此亭台"，"曹宅占此"，"吴杨二宅占此。避难诸多人不请来此。时戊戌九月吉日记"。

这些铭文所指即是宋蒙战争关键时刻，四川战场"鞑马纵横，金戈骚动"的情形。[②] 宋蒙对决之时，四川战事对于避难长江下游的南宋王朝成为决胜关键，南宋派名将余玠亲自部署长江防务，以山筑城，先后建青

---

① 参见赵声良《敦煌石刻艺术史》"张骞出使西域"，中国青年出版社，2015，第143页。
② 参见肖卫东等《泸县宋代墓葬石刻艺术》，四川民族出版社，2016，第69页。

居、云顶、钓鱼、神臂等十余城抗击蒙军。铭文中所指"戊戌嘉熙二年"即 1238 年。[①] 铭文佐证了当时蒙军入侵、洪雅军民退守八面山苟王寨、附近难民避乱纷纷投奔山寨的历史事件。

此类铭文对古代历史上官职、地名、经济、民俗、大事记等都有记录，甚至成为填补地方史料的重要佐证，对于丰富地方断代史有极高的历史价值。

（四）民间文学艺术价值

四川各地佛教遗存铭文中古代文人墨客诗歌、游记、散文等文学作品及为装饰和衬托造像而凿刻的楹联，无论出于何种动机，其内在的文学价值都是不可低估的，无论义理章法还是文辞对仗等方面，都是民间佛教文学不可或缺的组成部分，同时也不乏书法精品的范例。这些文学作品为我们研究历史上当地的民俗及方言添了浓墨重彩的一笔。如：洪雅县柳江镇佛子岩第 1 龛凿刻楹联：

上联："一心普救人"，下联："两眼偏济世"，横批："德祥恩普"。

第 9 龛楹联：

上联："无俟陀山观泽柳"，下联："何须海岸见慈航"，横批："感应神妙"。

各龛楹联上下联字句对仗工整，内容均紧扣观音菩萨济世度人的慈悲形象，与造像结合以文学的形式为信众进一步解读了观音菩萨的居住地——南海，道场——浙江普陀山，"一心救世人，两眼观世音"，为民间文学代表。

（五）铭文是研究四川民间美术活动传承的实证

中国古代佛教造像自从唐代开始便快速走向本土化、世俗化，这其中华夏本土匠师功不可没，"菩萨如宫娃"形象的出现是民间匠师以生活为

---

① 参见（元）脱脱《宋史》，《宁宗本纪、理宗本纪一、二》，中华书局，1985，第 729~827 页。

原型的大胆革新。然而历代官修史志上鲜有留下古代民间绘、塑匠师的名字。① 因此少见的匠师具名铭文，对于研究我国古代民间美术技艺传承的重要意义可想而知。

所幸的是四川境内古代佛教美术遗存铭文中，我们发现了众多的匠师具名。如安岳县石羊镇茗山寺清乾隆六十年碑铭文刻"乐阳绘士范承贵、范承玺。匠师于映楠刊"，夹江县千佛岩有"石匠：张大具"等，不一而足。

这些工匠具名为我们提供了古代民间佛教造像技艺的传播方式、传播范围与发展脉络，还反映了四川佛教造像中各技艺涉及的工匠种类，包括"匠师""石匠""匠人""石工""崖匠""雕匠"等，其中"匠师"称谓常见于绝大多数款识中，它有时泛指开石、造像等工种，有时又特指雕刻造像工种。而"雕师"则特指专门从事雕刻的匠人；"绘士"则指雕刻完成后施彩绘的工种。安岳县茗山寺清乾隆六十年碑铭文就明确记载了雕塑"匠师"与妆彩"绘士"的分工，是我国古代佛教造像绘、塑结合创作程式的重要证据。同时也为研究古代佛教造像风格指明了道路。②

（六）铭文的民俗研究价值

各地铭文为我们提供了古代社会民风民俗的重要资料，包括饮食民俗、起居民俗、信仰民俗等，有些民俗随着社会的进步已经销声匿迹，这些铭文就成为历史的见证。同时重要民俗社团的名目也是我们研究古代各行业发展状况及佛教经济来源的重要证据。如梓潼县卧龙镇千佛崖清光绪十一年（1885）《广种福田功德碑》中就罗列了杜康会、财神会、桓侯会等15个民俗行会的名目。

① 这是与中国古代民间工匠的社会地位有直接关系的。西方艺术家拥有受人尊重的社会地位，有较多的署名可以从作品或史料文献中找到，中国古代民间工匠仅被看作以一技之长养家糊口的下九流之辈，故此一般不具备署名的资格。偶见造像榜题多记录捐资修造者姓名。我们田野考察中，见安岳县石羊镇毗卢洞紫竹观音下皇清乾隆乙卯年唐元祯立《装金碑》中有"因此发心鸠并，命匠装修金容，彩画四围"的记载，"命"字形象地说明了我国古代民间艺术匠师的社会地位。
② 李杰、弓淼：《中国美术考古学的风格谱系——以汉唐之间平面图像为中心》，《美术观察》2016年第4期。

　　四川地区的古代佛教美术创作活动时间长、范围广，其创作是伴随佛教传播因信徒需要而开展的，单凭造像我们无法更多地了解其背后的文化背景与内涵，而与之相随的铭文有力地帮助研究者对其做深入解读，从还原历史、挖掘文化传承的角度来看，这些铭文弥足珍贵。

　　四川古代佛教美术铭文遗存是当时当地百姓社会生活的真实反映，也是百姓心理诉求与精神寄托的外化，其淳朴的创作动机、丰富的记述内容、全面的研究价值都有待当代研究者重视考察。由于这些铭文多数裸露于户外，其保护工作十分困难，随着时间的推移，它们的日益消逝是不可逆转的趋势，因此对其的研究更显迫切，本文仅就笔者十余年的田野考察略谈一家之见，供方家指正。

地名与文化

——美国访学考察记

王　璐[*]

摘要：美国地名的含义十分丰富。在同一个地域，既体现了相当的殖民色彩，也包含着原住民的文化精神，前者如温哥华、克拉克、哥伦比亚河等，后者如奇努克（Chinook）等。这两类地名也体现了外来文化与原住民文化之间不同的文化内涵与价值归依。从两种文化第一次碰撞直到现在，这种不同一直存在。

关键词：温哥华　三文鱼　哥伦比亚河　奇努克

一　美国有个温哥华

每个国家的地名都有自己的特色，美国地名特色之一是殖民文化与原住民文化的交织。在美国，有城市与州共享名字，比如"纽约"和"纽约州"等，还有不同的州用相似的州名，比如俄亥俄州和南卡罗来纳州的州府分别为哥伦布（Columbus）与哥伦比亚（Columbia），也有很多不同行政级别的区域用同一个名字。

要说同名的问题，北美就有两个温哥华（Vancouver）。一般人说到"温哥华"，想到的多半是加拿大排名第三的西部大都市。殊不知，美国也有一个"温哥华"。2017年春，我到美国华盛顿州立大学访学，此大学就正巧位于华盛顿州的城市温哥华。

当我跟国内的朋友说我在哪里，总是颇费周折。除非他（她）完全了解美国，否则，解释起我所暂居的城市总得费一番周折：我得先解释华盛

---

*　王璐，成都信息工程大学教授，博士，研究方向为文学人类学。

顿州与华盛顿特区的区别，然后再解释此温哥华非彼温哥华；有时我会说我离西雅图很近，但这样一来可能会更混乱，因为加拿大的温哥华离西雅图也不远，最后，幸亏 google map 救了我，只需截图便一目了然。

美国的地名真是丰富多彩，从州名到各地方县名，有很多种类型，而一个名字的命名，看似很随意，但几乎所有的名字都有其特定的历史与文化含义，而对于美国这样一块"新大陆"来讲，发现者、探险家的名字，往往就被直接命名为地名，比如温哥华。

1779 年，英国皇家海军上校库克和他的船员在第三次探索太平洋期间，于夏威夷岛上遇害身亡，其中的见证人就是乔治·温哥华（George Vancouver）。没错，北美两处温哥华都是以这个人的名字命名的。那时，温哥华在库克的船队中是候补海军少尉，他参加了库克的第二次和第三次航行。库克去世之后，温哥华于 1791～1794 年间奉命带领船队探索北美太平洋海岸地区。①

1784 年，库克的日记在美国出版，其中关于他在广东卖海獭皮的成功激发了美国商人的兴趣。1787 年，来自波士顿的格雷（Robert Gray）为此第一次驾船访问美国的西北海岸，但失望而归。1792 年，他再次到达西北海岸，不巧遇到了去美国西北探险的温哥华。英美探险家的相遇使得这块哥伦比亚河沿岸的土地归属权发生了争执。格雷的这些发现并没有使他获得任何名声，他只是用武力购买毛皮的船长，为此还杀害了不少美国土著人，但美国政府利用他进入哥伦比亚的优先权来支持对这片领土的拥有权。经过多年的纷争与调停之后，英美两国最终于 1846 年签订新协议，温哥华市正式落入美国人之手。1857 年 1 月 23 日，美国的温哥华市正式成立。该市用"温哥华"命名也说明美国认同英国探险家对于此地的贡献。29 年后，1886 年 4 月 6 日加拿大的温哥华才被正式设立为市。

但是，在人们眼中，美国的温哥华不如加拿大的温哥华地位显赫，因为加拿大的温哥华比美国的温哥华面积更大、人口更多，它不仅是不列颠哥伦比亚省以至加拿大西部最大的都会区，也是加拿大的第三大都会区，它对于加拿大的重要性，大于美国的温哥华对于美国的重要性。

---

① https：//en. wikipedia. org/wiki/George_ Vancouver.

　　美国温哥华的上级行政单位对于美国来说名字更显赫，一是克拉克县，县治温哥华，再往上就是华盛顿州。

　　对于美国西进的历史意义，刘易斯（Meriwether Lewis）与克拉克（William Clark）是关键人物。其实温哥华最后被划入美国的版图，也是与他们的西部探险有关，同时，刘易斯和克拉克也使用了先前温哥华所在远征队的地图。①

　　当刘易斯和克拉克 1803 年出发远征的时候，现在位于美国中部的圣路易斯还是美国的西部边疆。1803 年，美国通过路易斯安那购地案从法国手中买下北美洲大片领土，但是并不了解买下领土上的民族及自然资源，于是美国总统托马斯·杰斐逊从联邦国会获得拨款，资助远征探险活动，他还任命自己的私人秘书梅里韦瑟·刘易斯出面率领远征队。刘易斯拥有美国陆军上尉军衔，他选择曾一起服役的前陆军中尉、美国独立战争英雄乔治·罗杰斯·克拉克（George Rogers Clark）的弟弟威廉·克拉克一起领队。1804 年 5 月 14 日，远征队从密苏里州的圣路易斯出发。这次探险是由美国哲学学会（APS）发起的。刘易斯和克拉克在天文学、植物学、气候学、民族学、地理学、气象学、矿物学、鸟类学和动物学等方面得到了学会的指导。② 在这次探险中，他们与 70 多个印第安部落进行了接触并描述了超过 200 种新的动植物物种。这次探险其实是美国帝国主义理想的一部分，因为杰斐逊总统急切地想要寻找一条打通大西洋与太平洋的水上通道，同时通过详细地了解并掌握更西部的边疆，以表示美国"发现"的权利，与法国、西班牙等国抢夺西部的拥有权；此次远征其实也是商业主义的，也想开展西部与土著的毛皮贸易。

　　利用在美访学的暑假时间，我驱车沿着当年刘易斯与克拉克探险时在华盛顿州与俄勒冈州走过的一部分路线行进，凡他们走过的小道，均在路边竖有下面类似的标志（见图 1），因开车不便未能拍摄成像。

　　2004 年，俄勒冈州西北角建立了刘易斯和克拉克州立历史公园（见图2）。里面设有小型的博物馆，展示了当年他们在美国西北部的探险经历。在旅途中，他们绘制了大约 140 张地图，第一次获取了西部地理的广泛知识以

---

① https://en.wikipedia.org/wiki/Lewis_and_Clark_Expedition.
② https://en.wikipedia.org/wiki/Lewis_and_Clark_Expedition.

及主要河流和山脉的形势地图，他们的地图被称为填补了美国西部的空白。

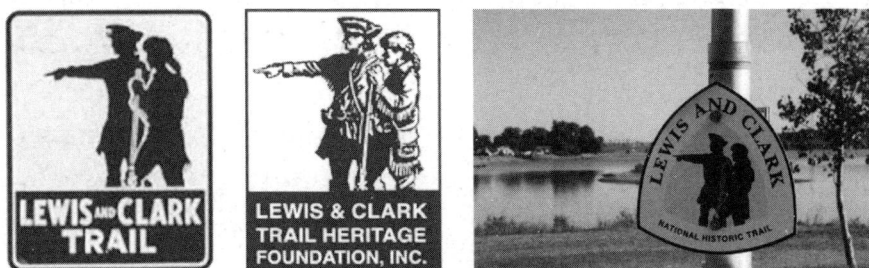

图1　刘易斯与克拉克探险路标

资料来源：http：//www. gatesofthemountains. com/area - history/lewis - and - clark/。

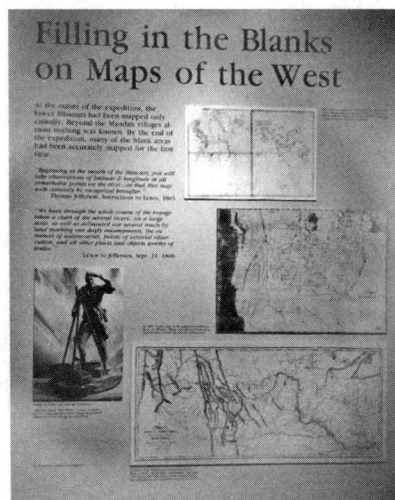

图2　刘易斯和克拉克州立历史公园

资料来源：https：//en. wikipedia. org/wiki/Vancouver，_ Washington。

这空白到底是怎么填补的呢？那时的中部即是1803年从法国手上买来的土地，就是当时的美国边疆，刘易斯和克拉克的探险之路从圣路易斯出发，一路向西，把美国的边疆一直推进到了太平洋入口。

克拉克县是华盛顿州的第一个县，县名正是为了纪念刘易斯与克拉克远征中的克拉克。克拉克县于1845年8月20日由俄勒冈地区的临时政府成立，在当时涵盖现今的整个州。直到1889年，该地独立出来成为美国的第42个州。直到华盛顿州这个名字被采用以前，作为俄勒冈州的郊区大县，克拉克的名字沿用了 44 年。和温哥华的探险不一样，克拉克的探险代表的是美国人开拓边疆的精神。克拉克这个名字还被美国很多州用作县名，比如内华达、印第安纳、俄亥俄、密苏里、阿拉巴马、阿肯色、威斯康星等州。

华盛顿这个名字的出现毫无新意，因为美国国父、开国总统华盛顿这个人太重要了，重要得到处可见到这个地名。据统计，到 19 世纪中期，已经有几十个地名是使用"华盛顿"这个词，到现在至少有 120 个。然而用它作州名，却只有一个。

二　三文鱼

三文鱼，是英语 Salmon 的音译，其学名为鲑鱼。我对三文鱼的迷恋已经很多年，然而一直只爱一种吃法，就是三文鱼刺身，觉得刺身才让人有超滑嫩爽的口感，无鱼可比。将三文鱼肉冰冻，蘸上芥末，简直就是夏天里最爽口的味道。

然而，在温哥华，Salom 不只是鱼，回到命名的话题上，三文鱼又成为一个名称。

作为三文鱼之一种类型的"奇努克"是温哥华小学的名字。从华盛顿到克拉克到温哥华，这些名字都与原住民无关，对于此地来说，这些名字全部来自欧洲殖民者。但从学校、医院，具体到海港、街道，开始出现与原住民有关的名字，Chinook 就是其中的一个。

在互联网上搜索温哥华公立学校，竟发现有两个学校的名字都与三文鱼有关：一个是 Chinook Elementary School，一个是 Salmon Creek Elementary School，并且两所学校离得很近。

从网络资料得知，奇努克三文鱼（Oncorhynchus tshawytscha）是太平洋大麻哈鱼属中最大的一种，在美国也被称为国王鲑鱼或黑嘴鲑鱼，以及不列颠哥伦比亚的春季鲑鱼。奇努克是所有太平洋鲑鱼中最大的，经常超过 14 公斤（30 磅）。分布范围北至加拿大麦肯齐河和库格鲁库克（Mackenzie River and Kugluktuk），南至加利福尼亚中部海岸。[1] 因此，哥伦比亚

① https://en.wikipedia.org/wiki/Chinook_salmon.

河沿岸的城市，其实与三文鱼有关，这从很多命名中可以体现出来。

图3　1900年建立的奇努克小学

资料来源：https：//en. wikipedia. org/wiki/Vancouver，_ Washington。

有意思的是，说到奇努克，也指美国的奇努克人。奇努克人是美国太平洋西北地区土著居民的一支，他们说奇努克语。早在1792年温哥华来探险之前，美国船长格雷就到过这里，当他们问及该村庄的名字时，他们听到的发音像"Chinook"，不知道此名是不是因此而产生。1805年，刘易斯和克拉克探险时在哥伦比亚河的下游遇到了奇努克部落。他们对奇努克人进行过比较完整的描述，据说这也是迄今为止最完整的描述，虽然他们只学会了极少的奇努克语单词。[①] 他们之所以这么仔细地去研究奇努克族，在他们看来，住在哥伦比亚河口的奇努克印第安人将是他们与外界进行贸易的重要民族。

为何美国西海岸三文鱼与原住民关系如此密切呢？俗话说"靠山吃山，靠海吃海"，生活在太平洋海岸附近的奇努克人，以三文鱼为主要食物。因为这样的食物来源，使得他们与其他沿海部落在土地上的冲突相对较少，没有因彼此的领土冲突而被迫迁徙，保持了定居的生活模式。同时因为拥有丰富的自然资源，生活也很安宁。然而，白人的到来打破了他们的宁静。

西方世界早在18世纪晚期就知道了太平洋鲑鱼，温哥华就经常通过与

---

① 〔美〕斯蒂芬·安布罗斯（Stephen E. Ambrose）：《美国边疆精神的开拓：刘易斯和克拉克探险》，郑强译，译林出版社，2017。

西北海岸土著人的贸易来获得鲑鱼作为探险时的食物。见到三文鱼，竟然是探险成功的象征！他们称自己到了"鲑鱼国"。同时，他们对于鲑鱼数量的巨大表现出无比的惊奇，他们看到，死的鱼数量惊人，印第安人大量晾晒三文鱼，然后放在篮子里，一堆是12个篮子，7个在底部，5个在顶部。据他们统计，总共估计有50吨。他们发现，奇努克的部落处于交易的最好口岸，即哥伦比亚河的入海口——这是得天独厚的贸易市场！①

美国总统杰斐逊曾经向每一位西部印第安代表表示，美国人想要的是贸易，而非土地。探险队开始也只是为了帝国贸易而存在的移动商品展示台。他们给原住民带去了鹿皮靴和铜壶，给酋长们带去了纪念章和旗帜，以及现代世界的明亮的镜子和大量的法兰绒，② 然而，到了后来，他们的真正目的已经不仅仅是去提供商品那么简单了。

三　哥伦比亚河

经过了寒冷的冬天，探险队开始回程。途中，路易斯和克拉克发现哥伦比亚河沿岸的许多植物都长高了，于是他们又决定将此地耕种，以生产出大量"文明人"舒适生活所用的必需品。确实，他们的想法如今已经实现，现代"文明人"正在这里享受着高度舒适的生活。今天的华盛顿州是美国领先的农业州。③

---

① 〔美〕斯蒂芬·安布罗斯（Stephen E. Ambrose）：《美国边疆精神的开拓：刘易斯和克拉克探险》，郑强译，译林出版社，2017，第25章。

② 〔美〕斯蒂芬·安布罗斯（Stephen E. Ambrose）：《美国边疆精神的开拓：刘易斯和克拉克探险》，郑强译，译林出版社，2017，第25章。

③ 华盛顿是一个领先的农业州（以下数据来自华盛顿州农业部和美国农业部、美国国家农业统计署、华盛顿外勤办公室）。2013年，华盛顿农产品的总价值为102亿美元。2013年，华盛顿排名国家生产第一的红莓（占美国总产量的92.7%）、啤酒花（79.2%）、绿薄荷油（72.9%）、皱纹豌豆种子（60%）、苹果（57%）、甜樱桃（50.9%）、梨（49.5%）、康科德葡萄（36.5%）、胡萝卜处理（36.5%）、绿色豌豆进行处理（34.4%）和薄荷油（31.4%）。华盛顿州的秋季马铃薯产量（占全国产量的四分之一）。油桃、杏子、葡萄（所有品种）、甜玉米加工（占全国产量的四分之一）和夏季洋葱（占全国产量的五分之一）都名列全国第二。苹果产业对华盛顿尤其重要。由于干燥、温暖的夏季和华盛顿中部寒冷的冬季适宜苹果树生长，自20世纪20年代以来，加州一直引领着美国的苹果生产。该州绝大多数的苹果作物产自温纳奇-奥肯加地区（包括Chelan、Okanogan、Douglas和Grant郡）以及Yakima地区（包括Yakima、Benton和Kittitas县）。

哥伦比亚河是华盛顿州与俄勒冈州的分界河。从俄勒冈的波特兰机场到达华盛顿州，必须跨过哥伦比亚河，在华盛顿州成立之前，克拉克县就是俄勒冈的郊县，原本属于同一个州，现在，一河隔两州。

两州居民都享受着哥伦比亚河的美景，同时也享受着美国西北州的优惠政策，即在俄勒冈州购物不用缴纳销售税，而在华盛顿州生活和工作不用缴纳州所得税，采购华盛顿州的食品也是不用缴纳销售税的。因此，凡是购买非食品类的大件商品，大部分人会驱车去俄勒冈州。

哥伦比亚河四周的物产很丰富，雷尼尔雪山下的苹果别有风味，夏天的各种野生蓝莓、红莓到处都是，随便采摘。华盛顿州立大学校园里就有很多野生黑莓。但是河里的三文鱼（以前是原住民的主要生活来源）却遭到重创，直接影响了哥伦比亚河沿岸的原住民生活，其影响不仅是物质的，更是精神的。

从第一次和欧洲人相遇，印第安部落的命运就已经注定了。商业捕鱼风起云涌，在商人们的大量介入后，三文鱼遭到了最大限度的捕捞和利用，他们将其制作成罐头，各个罐头商之间竞争激烈，造成生产过剩，以致最便宜时罐装三文鱼每磅不到10美分，大约是鸡肉、羊肉、牛肉和猪肉价格的一半。因为商业捕鱼还产生了种族冲突。据说当时的一条不成文的规定是，由于担心鱼类价格下降，中国人不允许在哥伦比亚河捕鱼。[1]1882年通过的美国种族主义政策《排华法案》，减缓甚至阻滞了中国工人的流动。

大萧条之后，哥伦比亚河鲑鱼的商业收成持续下降，从1937年的2470万英镑降到1938年的1880万英镑。在20世纪50年代和60年代，商业捕鱼量持续下降，主要是大坝的修建造成三文鱼的栖息地遭到破坏。在21世纪初，经过各种拯救措施后，据说每年捕获量可以达到近500万磅[2]，但每年从哥伦比亚河上运来数千万磅鲑鱼的时代已经一去不复返了，越来越多的非印第安商业渔民前往阿拉斯加捕鱼，因为那里的捕鱼季节较长，与哥伦比亚河相比，鱼类更丰富。

---

[1]　"Commercial Fishing"，https：//www.nwcouncil. org/history/commercialfishing

[2]　"Commercial Fishing"，https：//www.nwcouncil. org/history/commercialfishing.

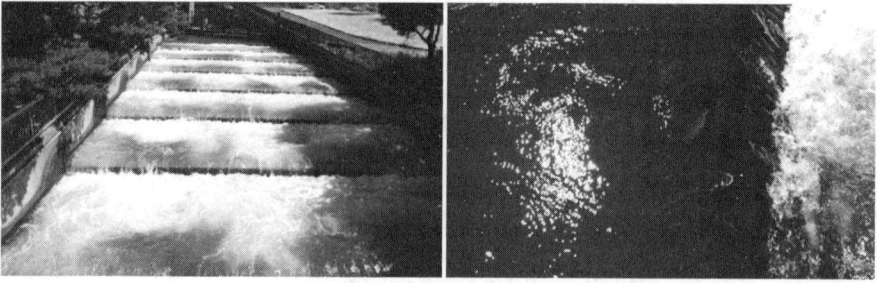

图4　Bonneville 水坝上特设的鱼梯和回流的三文鱼

资料来源：http：//blog. sina. com. cn/s/blog_ 90af9049010175za. html.

哥伦比亚河流域的水系是目前世界上水力发电最发达的地区之一。在哥伦比亚河流域可以发现超过 400 座水坝，其中 56 座是专门为水力发电建造的。今天，哥伦比亚河流域在历史上可供鱼类产卵的栖息地中，已有超过 55% 被水坝堵塞。也就是说，这些水坝使三文鱼只能到达不到一半的河系孵化栖息地。据华盛顿州立大学的 Bobbi Johnson 研究，生活在哥伦比亚河的奇努克三文鱼，已丧失了三分之二的遗传多样性。①

然而，今天一些印第安人的生存方式仍然是捕鱼。一些印第安家庭拥有在海上漂流的权利，但是大部分的印第安人捕鱼范围都局限在 Bonneville 和 McNary 大坝之间的条约保护区内了。

每年 6 月，奇努克部落依然要举行仪式，迎接三文鱼洄游到哥伦比亚河。

2016 年 6 月 17 日，在华盛顿哥伦比亚州立公园的奇努克角，奇努克部落主席托尼·约翰逊（图6右）领着鼓手们迎接独木舟的到来。该部落每年 6 月下旬都会举行第一次鲑鱼洄游的庆典仪式，为期一天的活动是为了感谢鲑鱼返回哥伦比亚河。按照奇努克人的传统，部落成员（从左至右）凯西·约翰逊（Casey Johnson）、戴夫·贝克（Dave Baker）、玛利亚·格兰姆斯（Maria Grimes）和萨姆·罗宾逊（Sam Robinson）把这一季的第一批三文鱼骨头带到了哥伦比亚河（图7），目的是让其他鱼类知道它

---

① *Increased mitochondrial DNA diversity in ancient Columbia River basin Chinook salmon Oncorhynchus tshawytscha.* http：//journals. plos. org/plosone/article 华盛顿有超过 1000 座大坝，包括大古力水坝，修建的目的多种多样，包括灌溉、电力、防洪和蓄水。

们受到了尊重。①

图5 哥伦比亚河与斯内克河流域大坝分布
资料来源：http：//www. dili360. com/cng/map/497. htm.

图6 迎接三文鱼洄游到哥伦比亚河
资料来源：http：//www. discoverourcoast. com/astoria – and – warrenton/21232/。

---

① http：//www. discoverourcoast. com/astoria – and – warrenton/21232/Chinook Tribal Chairman Tony Johnson，right，leads drummers greeting the arrival of a canoe at Chinook Point in Fort Columbia State Park in Washington. Part of the tribe's annual First Salmon Ceremony in late June，the day – long event expresses thanks to the salmon for migrating back to the Columbia River.

图7　奇努克部落成员将三文鱼骨头带到了哥伦比亚河

资料来源：http：//www. discoverourcoast. com/astoria – and – warrenton/21232/。

四　奇努克

温哥华的克拉克县（Clark County）有个里奇菲尔德（Richfield）野生动物保护区。除了一年一度的鲑鱼仪式，这个部落每年也在华盛顿里奇菲尔德的木板屋（plankhouse）举行一次冬季聚会。

这是一个复原的奇努克木板屋（Cathlapotle Plankhouse），它是建立在里奇菲尔德的考古遗址上的，这个考古遗址就是路易斯和克拉克当年在探险途中遇到的奇诺克人小镇 Cathlapotle。2005 年由 100 多名志愿者建造而成（见图8）。野生动物保护区已经创建有专门的网站，网站信息显示，每年从 4 月（春天）到 10 月（秋天）木板屋向公众开放，每年大约有 3500 名学生参观 Plankhouse，这里是实地考察教育的保护区，也是土著文化的教育和解释中心，奇努克印第安人全年的文化活动都在这里进行。①

---

①　https：//ridgefieldfriends. org/plankhouse/.

图 8　奇努克木板屋及大门前的人鱼像首领

资料来源：http://www.discoverourcoast.com/astoria-and-warrenton/21232/。

　　我们7月到达这里，不知为何，木板屋并未开放，我们只能从门缝向里张望。炎热的夏天一片安宁，保护区内树木葱绿，孩子们一路寻找蓝莓、黑莓，随手摘来吃，新鲜爽口。强烈日光下金黄的野草，似乎历经多少年从来没有人踏足过，在炎热炙烤的夏日里，这块土地却显得极其沉默。

　　INDIA PLANKHOUSE（印第安木板屋）的标志也显示在奇努克小学（见图9），就在校园草坪中一个不太起眼的地方。但是当我把照片给女儿的同学看时，她竟然不知道这个东西在校园的哪个方位，说从未看到过，她已经在这个学校待了四年，这让我很惊奇。2017年，奇努克小学没有组织学生前往木板屋参观，问到学校，说是因为预约排队太久没有等到，看来在最好的春秋季，到那里参观的学生还真是不少。

图 9　Chinook 小学校园地面上的彩色鹅卵石

资料来源：http://www.discoverourcoast.com/astoria-and-warrenton/21232/。

如今的 Chinook 已经成为一种符号，在各个领域被广泛使用。①

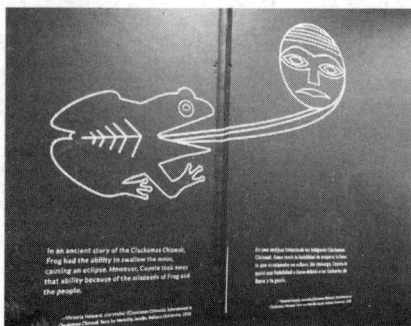

图 10　OMSI（俄勒冈州的科学工业博物馆）墙上是奇努克传说故事

　　然而具有讽刺意味的是，奇努克，这个曾经与探险家历史性接触的部落，现在还作为美国人原始文化教育的族群，却是没有得到联邦政府承认的部落政府。在美国有 567 个联邦政府承认的部落政府，非政府承认的部落是没有联邦指定为主权实体的部落，② 奇努克就是其中一个。奇努克的 2700 人至少有 50 人生活在美国温哥华克拉克县（Clark County），而其他的成员则分布在华盛顿的太平洋地区，考利茨（Cowlitz）和瓦基卡姆县（Wahkiakum），以及俄勒冈州的克拉特索普（Clatsop）和哥伦比亚县（Columbia），他们想争取合法身份以经营学校、医疗服务、部落鱼仪式和生意，但与联邦政府进行了 160 多年的谈判，至今无果，③ 其中颇多周折。但他们从未放弃。部落副主席罗宾逊说："我们必须保持信念……我

---

① Aircraft：Air-Sport Chinook，Birdman Chinook，Boeing Chinook（UK variants），Hermanspann Chinook Vessels：MV Chinook，USS Chinook（PC‐9），M/T Overseas Chinook. Chinook，Montana，Chinook，Washington，Chinook Pass，Chinook Scenic Byway，Chinook oilfield. Other uses：Chinook（dog），Chinook（draughts player），Chinook（newspaper），Chinook Jargon，Chinook salmon，Chinook Sciences Chinook wind.

② http：//www. chinooknation. org/。联邦政府承认印第安部落的强制性标准有七个，见：http：//www. nativevillage. org/Messages% 20from% 20the% 20People/mandatory_ criteria_ for_ federal_ a. html。

③ 在 2001 年 1 月 3 日国会承认他们的部落地位时，奇努克似乎成功地获得了美国政府的支持。但是，在 2002 年 7 月 5 日，乔治·布什政府执政后，由于国家对部落识别过程和地方问题还有疑问，包括来自邻近的昆诺部族的反对，这一决定又被推翻了。见 "Chinook tribe pushes for recognition，again". The Oregonian，p A1 + . The Oregonian. November 30，2012. Retrieved November 30，2012。

们走在我们祖先的道路上。"① 他们的主要领导人还说，他们不需要施舍或任何人的土地，他们只是想要部落的身份和权利。② 他们要求的是自由，并不是现代人所渴望的财富。当欧洲人最初来到北美的时候，那里的原住民甚至不知道财富的价值何在，也不在意"文明人"利用财富所获取的那种享受。③

图 11　发现军团 1805 年 10 月在哥伦比亚河下游与奇努克相遇
资料来源：https：//en. wikipedia. org/wiki/Lewis_ and_ Clark_ Expedition。

贾雷德·戴蒙德说，整个现代世界都是由一边倒的结果来塑造的。这些结果必须得到不容变更的解释。④ 然而，历史的缝隙依然存在。查尔斯·曼恩（Charles C. Mann）写了一部书《1491：哥伦布时代美洲启示录》，书中写道：

　　17 世纪的耶稣会传教士路易斯·亨内平写道，印第安人"认为每个人都应该有自己独立的观点，不受任何阻碍"。"美洲的各个部族是最难控制的东西。"另外一名耶稣会传教士快快不乐地观察到，所有

---

① "Chinook Tribe Pushes for Recognition, Again". The Oregonian, p A1 + . The Oregonian. November 30, 2012. Retrieved November 30, 2012. http：//www. oregonlive. com/clark－county/index. ssf/2012/11/chinook_ tribe_ pushes_ for_ recog. html.
② http：//www. oregonlive. com/clark－county/index. ssf/2012/11/chinook_ tribe_ pushes_ for_ recog. html.
③ 〔法〕托克维尔著《论美国的民主》，马丽仪译，国家行政学院出版社，2013，第二章。
④ 〔美〕贾雷德·戴蒙德（Jared Diamond）：《枪炮、病菌与钢铁：人类社会的命运》，谢延光译，上海译文出版社，2016，前言。

这些蛮人都有着野驴一样的法律：他们生而自由，死而自由，无拘无束。①

印第安人的自由观以最直接的方式，使原住民村庄成为了殖民者忠诚度的竞争者。……北美洲最初的英国村庄地处英国下议院数千英里之外，它们很可能抛弃了体现欧洲生活特征的层级严苛的社会制度的一部分内容。但同样显而易见的是，它们也注入了美洲原住民文化中民主、随意、傲慢的特性。②

《外交事务》曾发表文章表示这部书应当成为所有高中和大学世界史课程的必读书目。原因是它让"我们从大梦中惊觉"，"颠覆了我们从前的认知，即我们从来都认为哥伦布之前的美洲是一片荒野。恰恰相反，印第安社会的规模比人们此前所想象的更大，甚至更为古老与先进，对环境也产生过更大的影响"。③ 该书详述了1942年之后的原美洲山河如何被清空，历史如何开始被重建。而在清洗的过程中，印第安人④最重要的精神被新来的主人继承了，那就是民主、随意、傲慢的、追求自由的特性。从现在的奇努克人身上可以看到，他们要的身份和权利，不过是为了自由，虽然比起自己以前的主人身份，这样的自由要有限得多。

很多美国人喜欢华盛顿州，喜欢美国西部的自然风光。与东部相比，西部意味着什么呢？这让我想起了《了不起的盖茨比》，小说讲述了生在美国西部的盖茨比的发迹经历以及最后死在纽约的故事。作者最后说："我现在才明白这个故事归根结底是属于西部的——汤姆和盖茨比，黛西、乔丹和我都是西部人，或许我们具有某种共同的缺陷，微妙地令我们难以

---

① 〔美〕查尔斯·曼恩（Charles C. Mann）：《1491：哥伦布时代美洲启示录》，胡亦南译，中信出版社，2014，第993页。
② 〔美〕查尔斯·曼恩（Charles C. Mann）：《1491：哥伦布时代美洲启示录》，胡亦南译，中信出版社，2014，第1000页。
③ 〔美〕查尔斯·曼恩（Charles C. Mann）：《1491：哥伦布时代美洲启示录》，胡亦南译，中信出版社，2014，第23页。
④ 本书认为"印第安人"是一个含混的、从历史角度来说并不恰当的名称。或许对美洲初始居民而言，最准确的描述词是"美洲人"（Americans）。

适应东部的生活……我总觉得东部给人一种扭曲的感觉。"① 所以《了不起的盖茨比》的作者帮他起高楼，宴宾客，又狠心地让楼塌下去，人去楼空，还让他死于非命。通过对美国东西部的对比，作者菲茨杰拉德肯定了西部，否定了已经物化了的东部。

也许对于生活在美国西部的人来说，西部就是人生经历之后的返璞归真，生活在这里的华裔的观点尤其如此，他们到美国都经历过努力的奋斗。但在美国与居住在当地的一位华裔谈到美国教育公平问题时，他有些抱怨地说，白人需要打败90%的人进入大学，华裔却需要打败95%的人，墨西哥人只需打败80%的人，印第安人只需打败更少的人。看来华裔的意见最大，说墨西哥人喜欢生一堆孩子，而印第安人根本就不爱读书。

是的，或许可以说印第安人"积习难改"，但是什么样的"习"呢？难道不正是如今人类学家们所赞美和坚守的文化多样性与地方性知识吗？遗憾的是，即便如此，面对现代社会的诸多挑战，美洲大陆原住民的文化"积习"无论曾经多么坚固，如今也已难以拯救自己的部落了。② 历史有一套自己的逻辑，但是有时也让人惊奇。比如达尔文，本来差点儿成为牧师，最后却成为进化论者，神学最后被科学征服。读《圣经》长大的西方人发现了《圣经》中从未提到过的美洲，这可真是新鲜事。所以，哥伦布以为自己到的是印度，叫他们"印第安人"，也就是英文所称的 Indian。从此，美洲的原住民都有了这么一个共同的殖民称呼。如今，印第安人的保留地已在地图上变成了支离破碎的图案，原本丰富多样的母语地名也随欧洲白人的入侵、改写，日益消隐到了历史长河的波涛之中。

---

① 〔美〕斯科特·菲茨杰拉德：《了不起的盖茨比》，邓若虚译，南海出版社，2013，第192页。

② 可以作为佐证的是作家里克·鲁宾对印第安人境况的描绘。作者写道："他们曾经如此富有、丰满、圆滑，他们直接喝着海狮油，而且整个冬天都不用找食物。他们跳舞、唱歌、朗诵故事。他们把大船拖到河边，堆积了数吨的贸易货物——蔓越橘果酱、烟熏鲑鱼、干蛤、六种蔬菜、皮毛长袍和防撞战甲——然后划了一百英里左右的河去交易。"参见：http://www.discoverourcoast.com/astoria-and-warrenton/21232/。

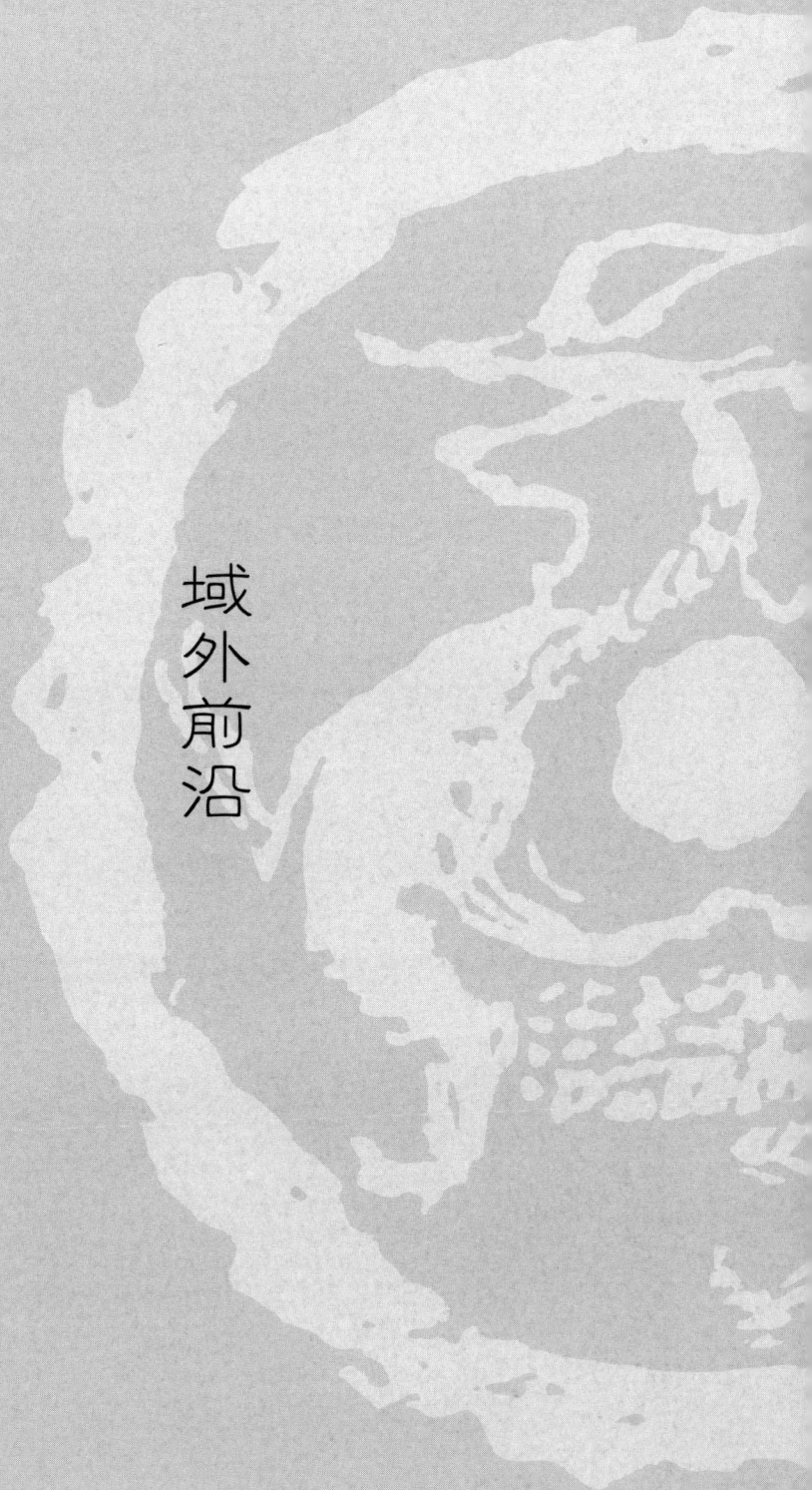

域外前沿

解读"之间":分析互动行为的
工具和观念(下)

〔法〕格温德琳·托特瑞著 刘婷婷译 冯源校[*]

摘要: 在为期一年的研究项目中,研究者想要观察巴黎郊区一所中学的几十名学生和前来向他们介绍自己的研究工作的社会科学研究者之间的交往互动,最终将重点放在皮埃尔(社会科学研究者)和雅丝米娜(中学生)两位互动参与者的关系上。项目小组主要使用了视频拍摄和播放工具来辅助观察:在现场主要用广角镜头和固定机位拍摄,然后通过慢放等技术手段细读视频,结合前期拟定的包含相关概念和观念等的理论工具箱,从情境化、个人化的视角出发,达到细致共同构建交往情境的元素的目的。

关键词: 互动行为 视频观察 情境观察 "跟随"法

一 同步叙述

我们的描述性方法的原则是,首先,采取皮埃尔和雅丝米娜关于同一

---

* 〔法〕格温德琳·托特瑞(Gwendoline Torterat),女,巴黎第十大学人类学系博士生,研究方向为文化人类学、考古学、语言人类学等。刘婷婷,四川大学文学与新闻学院博士生,研究方向为文学人类学。冯源,英国杜伦大学翻译专业硕士。法文标题"Ce que l' 《inter》dit. Outils et concepts pour questionner l'interaction",出自 B. Haug, G. Torterat & I. Jabiot(éd.), *Des Instants et des jours. Observer et décrire l'existence*, Paris, Éditions PETRA, 2017, pp. 35-84。本文译自英文"Reading the In-Between: Tools and Concepts for Analysing Interaction(part 2)",原文可见:https://www.researchgate.net/publication/314859285_Ce_que_1%27inter_dit_Outils_et_concepts_pour_questionner_1%27interaction_Reading_the_in-between_Tools_and_concepts_for_analysing_interaction。摘要与关键词为译者添加。本译文为该文的下半部分,上半部分参见〔法〕格温德琳·托特瑞《解读"之间":分析互动行为的工具和观念(上)》,王浩、周莉娟译,《文学人类学研究》2018年第一辑。

情境的完全同步的视点。如前所述，这让我们可以同步描述每个个体怎样投入和抽离出他们在持续进行的行为。并且，这揭示了某种被立即感知和经历的直觉的同步性，或者，按照柏格森（Bergson）的定义，"两个或多个事件在同时被瞬间地觉知到的可能性"。① 我们还必须考虑周围环境蕴含的不同因素，这些因素对个体的存在方式也有影响。

其次，被选出的两个片段——片段9（00：48：41～00：53：33）和片段10（00：53：34～00：57：03）——针对雅丝米娜和其他学生尝试用给定燧石敲击出燧石片的时刻。② 这两个片段被挑选出来是因为它们对个体参与度的呈现形成了鲜明对比。正如表1的描述，孩子们担当了敲击燧石的角色并尝试有所动作。他们靠近敲击燧石的区域，因为以前不曾做过这样的事，他们倾斜身子去仔细观察材料并触碰掉在地上的碎屑。他们的注意力大幅增加。雅丝米娜关注活动最重要的一部分，即皮埃尔一边进行口头讲解，一边示范规定性动作。

表 1   敲击燧石

皮埃尔的视角	雅丝米娜的视角
皮埃尔开始将孩子们分成四人一组，这些孩子要对敲击燧石进行简单介绍。[**解释一个指令：4**]⁽¹⁾ 房间的气氛变得紧张起来，在分组开始前学生开始改变最初的身体姿势。⁽²⁾	雅丝米娜还没有动 [**注意力停留在皮埃尔身上：2**] 朱尔斯建议他们组成一个小组。她微微点了下头表示同意并转向她的一个女性好友。她指着这位女性好友示意她们可以组成一组。在她的后面，一个女孩儿笑着问雅丝米娜她是否可以加入这个组。[**关注其他孩子：-1**]
皮埃尔一直坐在椅子上。他强调每个孩子都有机会。[**解释一个指令：4**]	
他用手示意他面前的四个孩子组成第一组，他们一会儿要示范敲击燧石。[**解释指令：4**]	组织小组的计划被破坏了，雅丝米娜现出失望的表情。[**关注皮埃尔：2**] 和她身边高兴的朱尔斯形成对比

---

① Bergson, H. ,*Duration and Simultaneity*：*Bergson and the Einsteinian Universe* (1922), Clina-men Press, 1999, p. 31.

② 此段分段请参见〔法〕格温德琳·托特瑞《解读"之间"：分析互动行为的工具和观念（上）》，王浩、周莉娟译，《文学人类学研究》2018年第一辑。

续表

皮埃尔的视角	雅丝米娜的视角
他向其他学生解释说现在活动由马里恩（Marion）和雅德（Jade）主持［**解释一个指令**：4］。除了雅丝米娜、朱尔斯、奥德丽（Audrey）和莱亚（Lea），所有的孩子都站起来走到他们身后的一排桌子那儿去。皮埃尔把石锤和燧石放在地上。他捡起一个白色的塑料盒，里面装着不同种类的片状燧石屑，然后他盯着空中看了几秒。［**沉思**：-1］ 当他站起来的时候，他做了一个手势让马里恩靠近一点。［**注意力在情境之外**：-3］很明显，她并没有看见。 孩子们现在都站起来并围拢过来。 皮埃尔因此让一个孩子把盒子给马里恩。他谢了那个孩子并回到原来站立的地方。［**注意力在情境之外**：-3］	雅丝米娜开始伸展双腿，她向朱尔斯做了一个鬼脸并告诉他，因为保持一个姿势不变坐了很长时间她的腿都酸了。她用双手撑着地，最终她完全站了起来。［**关注其他孩子**：-1］

朱尔斯是第一个被邀请成为燧石敲击者的孩子

皮埃尔的视角	雅丝米娜的视角
奥德丽捡起地上的一些燧石片并问皮埃尔它们有多锋利。皮埃尔拿着这些燧石片并展示这些石片的锋利边缘。［**解释一个指令**：4］ 他向这组队里的其他三个女孩儿展示一片新敲下来的燧石片并建议她们用一个手指轻触石片的边缘测试它的锋利程度。［**讲述史前时代**：5］ 皮埃尔双手拿着一块燧石，展示燧石的一个边缘。他再一次强调了在运用这些工具时应提高警惕性。［**解释一个指令**：4］ 他蹲下来拿起一块燧石，并保持蹲着的姿势。［**专注度**：4］ 他让这组队里的其他孩子坐下。［**解释一个指令**：4］ 犹豫片刻后，他转动燧石［**沉思**：-1］并建议朱尔斯从一个特定的点敲击燧石产生石片，他用手指标出了这个特定点。［**解释一个技术**：5］ 朱尔斯同意了。 "你会从哪个角度敲击燧石？"皮埃尔问朱尔斯。［**问一个孩子问题**：4］	雅丝米娜站起来，看着皮埃尔并专注地倾听。［**关注皮埃尔**：2］ 雅丝米娜尝试将中指放在燧石片的锋利边缘上。因为与燧石的初次接触，她笑了。她挑起眉毛并同意老师说的燧石片和刀片一样锋利。［**触摸物品**：3］ 她蹲下了，看着朱尔斯。［**回应一个指令**：4］

续表

皮埃尔的视角	雅丝米娜的视角
这个男孩儿指着燧石的一角。他把燧石放在大腿上。	
皮埃尔把石锤给朱尔斯。奥德丽靠近了一点，并说石锤可能会破裂。考古学家也这样认为，并把石锤从朱尔斯手里拿了回来。[解释技术：5]	
他向小组指出石锤上以前使用后留下的痕迹。[解释技术：5]	雅丝米娜站起来，以便更好地观察他在做什么。她微笑地看着。[注意力集中＋：3]。 蹲坐在下面她看不见人群顶部
朱尔斯拿回石锤，毫不犹豫地敲击了几次燧石，但没有成功。他只敲下了一些细屑。	她把裤脚放下到脚踝处，并塞进靴筒里。她把头发撩到背后，并把背心拽到腰部以下。[注意力集中：2]
皮埃尔问朱尔斯为什么他的尝试不成功[问一个孩子问题：4]	她向四周看了看其他孩子正在参与的活动。[注意力被分散：－1]
朱尔斯设法想出了原因，并尝试在更靠近边角的地方敲击燧石。	
皮埃尔看了朱尔斯几秒钟。 "就是这样了，没有什么难的！"他说。[解释技术：5]	双脚并拢后，她又把注意力转移回皮埃尔给朱尔斯的建议上。[注意力集中：2]
皮埃尔用石头打磨石锤的锋刃[技术性处理：6]	她弯下腰近距离观察燧石[注意力集中＋：3]
皮埃尔给了朱尔斯更多建议并指出应该敲击燧石的哪个点。[解释技术：5]	
进行了两次尝试，朱尔斯没能成功地敲击下一个燧石片。他觉得很难。	
皮埃尔拿过燧石并将之翻转。在翻转燧石的同时他很快去掉了燧石上的一些碎屑。[技术性处理：6]	
朱尔斯靠近并观察燧石变得平整的表面。	
皮埃尔向朱尔斯指出他应该敲击燧石的哪个点："你要敲击这里，燧石片会从这里掉下。"他解释道。[指示：4]	
皮埃尔用另外一个石块从燧石上敲击下了一个燧石片。燧石表面留下一道浅浅的白线。[解释技术：5]。	
他决定再把燧石边缘磨平整以便燧石变得更"坚实"（这个词是被测者所说）。	
最后他满意地把燧石拿给朱尔斯。[技术性处理：6]	

皮埃尔的视角	雅丝米娜的视角
朱尔斯又尝试了一次并成功获得了一个燧石片。	雅丝米娜靠得更近了。[注意力集中＋＋：4]
皮埃尔祝贺了朱尔斯 [经历到冲击：7]，并立即拿起燧石，用双手捧起燧石片。"做得好！"他小心地把燧石片和燧石剥离开并将注意力停留在燧石片上。他微笑地看着朱尔斯 [热情：7]。燧石片的大小合适，甚至比他之前画线的那个区域还要大。	雅丝米娜笑了 [经历到冲击：7] 并祝贺了朱尔斯。"做得好！"[注意力集中＋：3]
"当你知道怎么敲击燧石，你大体能知道燧石片会从哪儿掉下来。这难道不是很神奇吗?"这意味着史前人类也有能力控制他们的姿态和手势。[讲述史前时期：5]	
朱尔斯同意	
皮埃尔一直蹲着，他捡起一块石头和燧石。他问参与进来的那个女孩儿叫什么名字。[与小组里的一个孩子说话：2]	雅丝米娜加入了皮埃尔。她坐在椅子上，靠着椅背。[注意力集中：2]
他夸奖雅丝米娜有个好听的名字。[3]	受到夸奖，雅丝米娜微笑并谢了皮埃尔。[注意力集中＋＋：4]
	她把兽皮放在右边大腿上保护自己。[注意力集中：2]
皮埃尔在雅丝米娜要敲击的地方打磨燧石的边缘。[技术性处理：6]	她专注地看着皮埃尔。[注意力集中：2]
他也去掉了一些碎片让她能完成得顺利些。[技术性处理：6]	雅丝米娜向后退了点，皱起了眉头。她对于眼前的剧烈敲击感到几分畏惧。[在敲击前感到害怕：6]
他指出燧石上会阻碍雅丝米娜敲击的那部分。"你看这块儿——会阻碍你敲击的。"他猛击了几下以便去除燧石上的这部分。[解释技术：5]	
他把燧石给雅丝米娜。	她把燧石放在大腿上并用右手牢牢固定住。[注意力集中：2]
他专注地看着雅德，她正倾身望向放燧石的箱子，皮埃尔允许她拿一块燧石。[注意力严重分散：-3]	
他的注意力回到雅丝米娜的燧石并指出她应该敲击什么地方。他也画出敲击出的燧石片应有的轮廓。[解释技术：5]	拿着石锤，她看着这块儿石头。她微微点头以示她完全听懂了建议。[敲击前集中注意力：6]

皮埃尔的视角	雅丝米娜的视角
皮埃尔看着这块儿燧石。[**敲击前集中注意力：6**]	她猛击了第一下 [**经历冲击：7**] 她的敲击没有足够深地进入燧石。仅有两片碎屑掉下来。换句话说，她只去掉了燧石表面的壳层。
皮埃尔指出她刚才用石锤在燧石上敲击的点。[**解释技术：5**]	她看着刚才用石锤在燧石上敲击的点。[**注意力集中＋＋：4**]
敲击点应该向后退一点。	
他解释为什么她的动作导致了燧石表层破裂。[**解释技术：5**]	
朱尔斯说，可能她拿燧石的方式不正确。具体说来，她手指的位置可能阻碍了震动波的扩散从而导致了燧石表层以这种方式破裂。	
为了帮她顺利完成第二次尝试，皮埃尔再一次打磨了燧石边缘。[**技术性处理：6**]	她的上半身向后仰了一下 [**敲击前感到畏惧：6**]
皮埃尔告诉雅丝米娜敲击得更用力一点儿。[**解释技术：5**] 然后看着她的燧石片。[**敲击前集中注意力：6**]	她又拿起一块燧石并有一些犹豫。她举起石锤又放下，又第二次举起石锤。同时，她听取了最新被告知的建议。她再次看着皮埃尔，同意他的建议并专注于她的燧石。[**敲击前注意力集中：6**]
	她进行了敲击。[**经历冲击：7**]
	没能成功敲下燧石片。
	她明显感到很失望。[**注意力集中＋：3**]
	她调整呼吸，在几秒钟后恢复了注意力 [**敲击前集中注意力：6**] 并再次敲击。[**经历冲击：7**]
皮埃尔立即接住燧石并同时祝贺雅丝米娜。[**经历冲击：7**]	这次，一次猛击发出响声。她似乎听出敲击得到燧石片的独特声响。她立即了解了情况并表现出满意的表情。[**经历冲击：7**]
他把敲击下的燧石片放在手掌上，惊讶地说："一次完美的敲击。"[**热情：7**]	她的眼睛瞪大了，这次她笑得更开心了。她大笑。[**经历冲击：7**]
他看着雅丝米娜，笑道："这是从地狱来的燧石片！"[**热情＋：8**]	
她恰好敲击到了合适的位置并且力道适中。	
皮埃尔看着燧石并将之翻转过来。他把燧石片剥离出来并举起。[**热情：7**]	
光是这个燧石片锋利的边缘就可以让她想割多少野猪皮就割多少。这是一次完美的敲击。皮埃尔看着雅丝米娜再次微笑了。[**热情：7**]	

皮埃尔的视角	雅丝米娜的视角
皮埃尔告诉雅丝米娜她不能将燧石片带走，即使是她制造了燧石片。[**解释技术**：5]	
皮埃尔给小组成员讲这件事。[**质疑小组**：4]	雅丝米娜提到燧石片的边缘会有多锋利。[**直接的贡献**：4]
皮埃尔同意："燧石片非常危险，可以切割各种东西。"在警告孩子们的同时，他看着手上的燧石片并把大拇指从锋利的边缘滑过。[**解释一项技术**：4]	
奥德丽把她刚从地上捡起的一个燧石片交了出来。皮埃尔说他不想把这么锋利的工具给小孩儿，他们可能会用它做一些不好的事。[**解释指令**：4]	
皮埃尔再一次祝贺了雅丝米娜。[**微笑着向小组里的一个孩子致意**：3]	雅丝米娜从敲击燧石的区域站起来并让小组里最后一个成员莱亚接替她的位置。她整理了一下背心，把背心拉到了腰部以下。她笑着看新的参与者把兽皮放在大腿上以便保护大腿。她对裤子上留下的压痕感到有些惊讶。[**注意力集中 +**：3]

注：（1）括号中的粗体文本代表用来描述个体参与积极度的梯度系数。这些例子从完整的被测情境所绘制的分析图表中抽取出来，是绘制下文图表的基础。所以，这些梯度系数只应用于这个情境。每个新的田野调查都需要一套新的参考系统。

（2）楷体字代表背景环境中的细节，目的是将行为的发展放在情境中观察。

朱尔斯和雅丝米娜先后尝试了敲击燧石。他们接受了短时间的训练，每个孩子平均在敲击燧石的座椅上只待了五分钟。根据对其他没有在这篇文章中呈现出来的描述性片段的分析，每次敲击燧石似乎都遵循一个标准程式。开始，皮埃尔拿起一块燧石，敲掉一些不需要的燧石片，然后打磨燧石以去掉微小的碎屑。接下来，他指出孩子应该敲击的燧石上的特定点并勾出想要的燧石片的轮廓。细节揭示了敲击燧石所需的专门技术。依据皮埃尔没有深入讲解的一些要素，一个好的敲击者可以预测敲击出的燧石片的轮廓和位置。皮埃尔拿起燧石并再次打磨它，尤其是在孩子不能敲击出一个燧石片的情况下。然后这个孩子再次进行敲击，如果力道用在合适的位置，他就把燧石从这个孩子那里拿走并让燧石片留在燧石上。敲击发出的声响对每个人（包括孩子们）来说都是对预测有用的信号。如果燧石发出响亮的声音，他们就会表现出高兴的样子。最后，皮埃尔给孩子们展示成功敲击的结果并将燧石片举起以便孩子们能看到。这些细节性的描述清晰地揭示了每个人在主要情境中的参与模式各异，参与程度彼此不同。但是，这种形式的描述并不充分。叙事结构并不能充分捕捉到皮埃尔和雅丝米娜在不同程度上与对方连接的方式，一方对另一方来说有时在场，有时隐退。他们各自的参与和抽离组成了一个持续的、在一定程度上被有意识实施的往复过程。——这种无限持续下去的交互运动，才代表了他们相遇的本质。对图表的应用使得我们的研究可以朝着这个方向发展。

二　个体参与和共享距离

如前所述，我们创造了一个分析图表，其中包括某一情境中每个个体行为的描述并根据行为所提示的个体对情境的不同参与度，为这些行为标上强度值系数。虽然不是开始这项工作的基础，前面的叙事性描述在创制图表的过程中也起到了一定作用。基于对视频的细致观看而进行的系统描述是必需的。这个系统描述使得我们可以制作出以下两个曲线图（图1、图2）。它们与之前的两条叙事线索相呼应。X轴代表时间推移，基于两位被测者连续和同步的在场模式（皮埃尔是绿色的曲线，雅丝米娜是橙色的曲线）①，X轴被划分为从1到75的梯度系数。Y轴代表随着情境的进展，即两位被测者的参与度。每种在场模式都可能会得到加强或者减弱，这由其对小组其他成员的现场影响力的大小决定。例如，如果雅丝米娜开始积极地或者愤怒地投入讨论中并且整个小组受到了她的行为的影响，这个时刻的强度值会立即上升。因此Y轴依靠双重测量，既使得个体在某个共享情境中的参与度得到呈现，又避免了互动理论的方法，后者只考虑发生在参与者之间的行为模式。这或许和行为学领域对语言和非口头交流的量化和图解处理有关，因此它成为一个媒介，使我们能将姿势活动（gestural

---

① 在本译文的图1、图2中，皮埃尔的绿色曲线表现为灰色曲线，雅丝米娜的橙色曲线表现为黑色曲线。

activity）的瞬间相互关联视觉化。①

　　曲线图上面的曲线值是颠倒的。这使得我们能将两个被测人随着时间展开而表现出的不同参与模式看作镜像图。这些曲线使我们能够探究参与积极度或多或少在个体间被共享的时刻，这种探究并不仅仅通过姿态活动。我们所希望获取的正是这种对在情境中展开的“中间物”的解读。

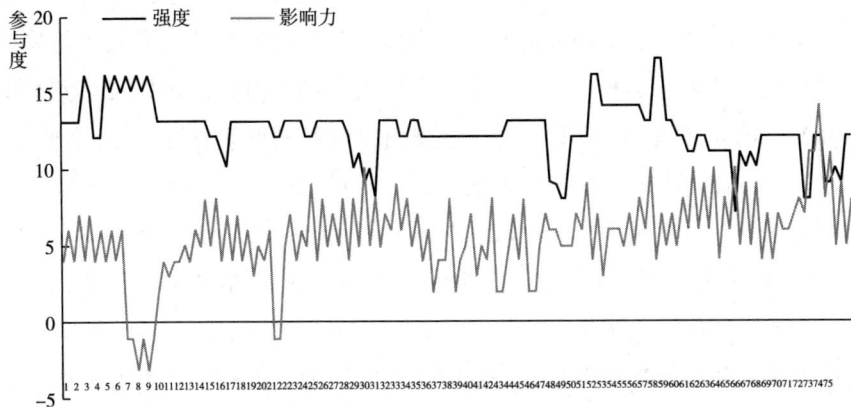

图 1　片段 9

说明：黑线曲线代表雅丝米娜，灰色曲线代表皮埃尔。

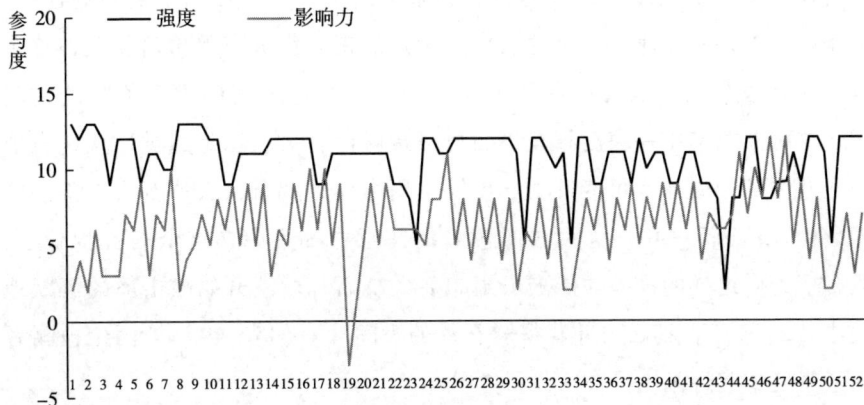

图 2　片段 10

说明：黑线曲线代表雅丝米娜，灰色曲线代表皮埃尔。

①　Cosnier, J. and Brossard, A., *La Communication non verbale*, Neuchâtel, Paris: Delachaux et Niestlé, 1984, p. 244.

在片段9的描述中，皮埃尔直接参与了教导朱尔斯怎样敲击燧石，当时雅丝米娜正坐着专心看他讲解。有几次，他们都从这个情境中游离开来。雅丝米娜被坐在后面的一些孩子分散了注意力［x（2~3，57）］，她向其他地方张望［x（51）］或者在朱尔斯加入皮埃尔之前私下与他交谈［x（5~9）］。同样，当皮埃尔向他的同事打招呼或者专注于默想一块燧石时（例如，思考如何以最好的方法敲击出一个燧石片），他也暂时从这种情境中游离出来。在这两种情况中，皮埃尔和雅丝米娜的暂时脱离情境并未获得彼此的共鸣。相反，在另外三个引人注目的时刻，可以观察到高度感知的、同步的紧张。第一次是在朱尔斯第一次敲击燧石的时候［x（48）］。第二次是在皮埃尔有力地打磨燧石的时候［x（64）］。第三次是朱尔斯的最后一次敲击，这次敲击使他成功得到了一个燧石片［x（71~73）］。我们正在分析的这三个时刻的共享瞬间之所以是"共享"的，主要是因为和材料的互动集中了两位被测者的注意力。燧石块促成了他们注意力的汇聚，他俩的注意力在这一个瞬间是共同的。但是，注意力汇聚并不意味着这两个人必然会有互动。

在片段10的描述中，雅丝米娜坐在敲击燧石的椅子上，皮埃尔用口头和身体语言与她交流。此时他们的关系更近了，图2揭示了他们的连接。两条曲线的差异变小，虽然这与事先确定的使它们分离的价值相关，这个现象还是很明显。他们各自经历的紧张进入一种瞬间的相互关联的共鸣中，这种共鸣与由一块燧石充当的材料接触面有关。正是通过这块燧石他们注意力的相遇才有可能发生。皮埃尔用力地磨燧石，去掉石头上微小的碎裂处［x（35~40）］，两位被测者的注意力都集中在这个准备步骤上，只有事先做这样的准备才能敲击出想要的燧石片。从开始敲击前的沉默地关注［x（43）］到敲击并获得燧石片的瞬间［x（45~49）］，两位被测者的紧张度一起逐渐上升。

个体因此采取了一系列的行动，这些行动会产生有限的非中性的影响。0线，象征着从情境中游离出的沉思的瞬间，这在我们所分析的片段中几乎没有表现。因此，皮埃尔和雅丝米娜很少处在应先于行动的内在状态。他们持续地加入或者脱离开主要情境——持续地让注意力集中或放松。A. 皮埃尔将这种关联性运动描述为由一系列"外向关系"（exoactions）生成的往复行为。① 正如这个新词的词源所暗示的，行为从个体及其内在状态中生发出来。但是，个体持续地参与或者脱离情境意味着我们将此运动描述为一系列的"远离行为"（ab-action）和"接近行为"（ad-action）是合理的。实际上，参与积极度的变化使得我们要么与自我相疏离（ab），要么与自我相接近（ad）。这些行为经常穿过我们而不产生影响。这也解释了为什么事后回忆个体的行为是困难的。

近几年，工作社会学提供了新的分析互动的概念分类，尤其是那些考察活动生态学（ecology of activity）的新概念，活动生态学与为了远程行为和远程办公而开发的技术交互界面相关。这种偏离的趋势似乎是必需的，因为有学者尝试描述面对面相遇的境况和普通对话，② 尤其是对基于技术发生的远程关系。通过区分技术的交互性和人的互动行为，③ 人和机器之间通过互动行为获得的"独特的互动空间"得以开启。④ ——或者，我们是否应该说在他们的互动行为"之间"得以开启？这种互动的情境"既不是与一个主观存在的直接相遇，也不是明确的事先确定的机械操作（……）而这种'在之间'的特质恰恰应该得到承认"⑤。

如果参与者之间的距离在"互动的"（interactive）情况下得到承认，那么在"交互的"（interactional）情况下，它是否也存在？"个体之间的距离"，或者说"互动中的不同程度的放松"。我们可以在这个方向上去解读那些基于经验的观察和对应的图表分析吗？这使得我们可以根据个体不同的参与模式进行分析。在戈夫曼的理论传统中，A. 肯顿（A. Kendon）赋予了建立在共享模式上的互动以重要性。但是，正如我们所见，我们的分析指向通常发生在一定距离之间的多元模式的个体参与。根据肯顿的观

① Piette, A., *Contre le relationnisme: lettre aux anthropologues*, op. cit., p. 19.

② Joseph, I., *Erving Goffman et la microsociologie*, Paris: Presses universitaires de France, 2002, p. 128.

③ Linard, M., *Des machines et des hommes: apprendre avec les nouvelles technologies*, Paris: L'Harmattan, 1996, p. 288.

④ Julia, L., Voutsas, D. and Cheyer, A., "Accessing network-based electronic information through scripted online interfaces using spoken input", 2003, https://www.google.com/patents/WO2001069449A2? cl = en&hl = fr, accessed 4 March 2015.

⑤ Weissberg, J.-L., *Présences à distance: déplacement virtuel et réseaux numériques*, Paris: L'Harmattan, 1999, p. 301.

点，一种互动的共时性是唯一的方法能保证参与者分享他们关于互动的观点。[1] 在这个案例中，虽然我们有所保留地承认互动的绝对形式的存在，我们也应该明确互动的其他形式，那些我们在情境内部同样能观察到的形式。

我们的目的是通过关注两个个体的相遇来为互动提供一种本体论的细节性描述。因此，我们必须使用一个词语系统，它能够基于某人在情境过程中的参与，来描述此人在与他人的关系中在场的不同方式。我们达到这个目的的方法是通过把参与某个情境的积极程度（X）与使个体间分离的距离（Y）——我们把这种距离叫作互动性的松弛——关联起来。另外，我们必须使用特殊词语以明确两个个体怎样在特定情况下建立起一定程度的联系。一言以蔽之，我们必须详细描述两个个体在一个共享瞬间的相遇中与个体有关的因素。

我们定义了一个情境中的六种互动模式：强共享独唱（intense share monody），弱共享独唱（relaxed share monody），强远距离独唱（intense teledy），弱远距离独唱（relaxed teledy），共享分隔独唱（shared heterody），外部分隔独唱（external heterody）。这些术语和音乐词语有关，尤其是"monody"这个词，[2] 其他几个术语从 monody 发展而来。Monody 被定义为"独唱或者单声部，例如单声圣歌和无伴奏独唱"。[3] 它最初用来描述一种音乐结构，这种结构中的每个部分在某些情况下可能会被齐奏打断，齐奏也就是同样的音符或者旋律被不同的乐器或者人声同时演奏。把这个概念用在个体上意味着定义一种和谐地在场形式，这种在场以即时互动的方式向他人呈现。继续解释我们的派生词，"teledy"用古希腊语里的前缀 τῆλε，tẽle（远），暗示着个体之间的距离因素，然而"heterody"用古希腊语里的前缀 τεροζ，heteros（他人，两者之一），意思是将个体从与他人

---

① Kendon, A, . *Conducting interaction: patterns of behavior in focused encounters*, Cambridge: Cambridge University Press, 1990, p. 256.

② lat. *monodia* （"solo, song performed by a single person"）, from the Greek μον□δία, *monodia* (same meaning) formed from μόνοζ （"alone"） and □δη （"song", "ode"）.

③ 这个定义来自以下网上词典：Monophony. *Grove Music Online. Oxford Music Online*. Oxford University Press, accessed May 11, 2014, http://www.oxfordmusiconline.com/subscriber/article/grove/music/18980.

的关系中隔离出来。这些概念分类用来描述不同形式的相遇。在这个意义上，它们并非必然地将个体置入某个单一的存在模式中，而是根据他们在情境过程中的参与情况，来描述他/她的不同形式的与他人的互动关系。

让我们厘清这些不同互动模式间的区别并用从工作坊中截取的短暂场景来说明一些模式的定义。

如果个体（A）和个体（B）以完全相伴随的方式，非常积极地参与到（X≥5）某个给定情境中，那么这个情境就是强共享独唱中的一种。例如，雅丝米娜刚敲击出了她的第一个燧石片，皮埃尔拿着这个燧石片，雅丝米娜微笑地看着他手上的燧石片。皮埃尔热情地将燧石片展示给雅丝米娜看。这一刻强烈的喜悦被这两个个体所共享。

如果个体（A）和个体（B）以完全相伴随的方式，但是没有那么积极地参与到（X≥5）某个给定的情境中，那么这个情境就是弱共享独唱中的一种。例如，工作坊开始的时候，皮埃尔（A）专注于向一个小组讲话，雅丝米娜（B）专心地看着皮埃尔。他们的参与对两位被测者都相同，并不具有显著的激烈程度。

如果个体（A）积极参与到（X≥5）某个给定情境中，同时个体（B）与此情境保持一定距离，那么个体（A）参与到了强远距离独唱。例如，皮埃尔（A）通过敲击燧石的声音知道朱尔斯已经成功敲下一个燧石片。他已经在向朱尔斯庆祝，但雅丝米娜还没有意识到她的朋友成功了。她只是看着朱尔斯。

如果一个个体（A）没有那么积极地参与到（X<5）给定情境中，同时个体（B）的参与更积极，那么个体（A）就处于弱远距离独唱的范畴。例如，雅丝米娜仅仅保持注意听皮埃尔（B）的讲话，皮埃尔热情地回应一个孩子的回答。个体（A）的消极参与将她与更积极参与到情境中的个体（B）分隔开。[①]

如果一个个体（A）没有那么积极地参与到（X<5）给定情境中，同时个体（B）仅仅消极地参与，那么这种情况就是共享分隔独唱中的一种。例如，在片段9的开头，工作坊开始前，皮埃尔集中注意力在准备材料上。

---

① 这段涉及工作坊开始时的一段片段，在这篇文章中没有描述。

他离开其他人，靠近放燧石的盒子。同时，雅丝米娜（B）在慢慢靠近活动区域，他们都没有进入情境中，因为工作坊还没有正式开始。①

如果个体（A）暂时从一个给定情境中脱离出来（X≤0），然而个体（B）更加积极地参与进来，那么个体（A）被认为进入了外部分隔独唱范畴。例如，当朱尔斯在准备敲击燧石，雅丝米娜（A）在看着其他地方。她的注意力被此情境外的事物所分散，然而此时皮埃尔（B）更积极地参与进来，他的注意力集中并向朱尔斯指出应该敲击燧石的哪个点。

下面的两个泡状图（图3、图4）将这些概念术语应用到我们之前分析的片段中。X轴代表决定个体参与积极程度的梯度系数（-4≤X≤15）。我们应该再次强调参与的积极程度应包含对整个情境的影响。这解释了X轴上的数字：加在影响力之上的积极度。至于Y轴，其上的数字代表了参与到情境中的皮埃尔和雅丝米娜间的距离（-3≤Y≤15）。这些将之前的两种测量方式关联起来的数据点由图上的气泡表示，绿色的是皮埃尔，橙色的是雅丝米娜②。当气泡重叠后产生了配色效果。数据的另外一层维度由气泡的不同大小表示。为了将数据的准确价值视觉化，这层维度是不可少的。换句话说，这些气泡给我们寻求证明的东西增加了另外一层价值。每个气泡有不同的数值，代表当皮埃尔和雅丝米娜同时参与到某个情境中的一些时刻。他们在图表上的位置决定了他们的在场模式并详细说明了他们的互动方式，使得我们可以证明这类图表如何通过片段9中的具体例子得到诠释。在X轴上，我们可以看出皮埃尔在某个时刻特别积极地投入情境中［X（14）］，这个点上Y轴上的值非常高［Y（11）］。这意味着，在同一时刻，雅丝米娜的参与非常不积极。从［Y（11）］中减去的［X（14）］表明雅丝米娜与［X（3）］相等的参与程度。我们可能会注意到在这个区域对雅丝米娜来说有很强的价值集中。

在这里，朱尔斯正在接受皮埃尔的教导学习怎样敲击燧石，同时雅丝米娜看着他们。在气泡集中区域的周围有明显的气泡扩散现象，这几

---

① 这段涉及工作坊开始时的一段片段，在这篇文章中没有描述。
② 原图上有绿色和橙色区别。本译文图3、图4中，橙色气泡集中在灰色区域，绿色气泡集中在黑色区域。

片段9

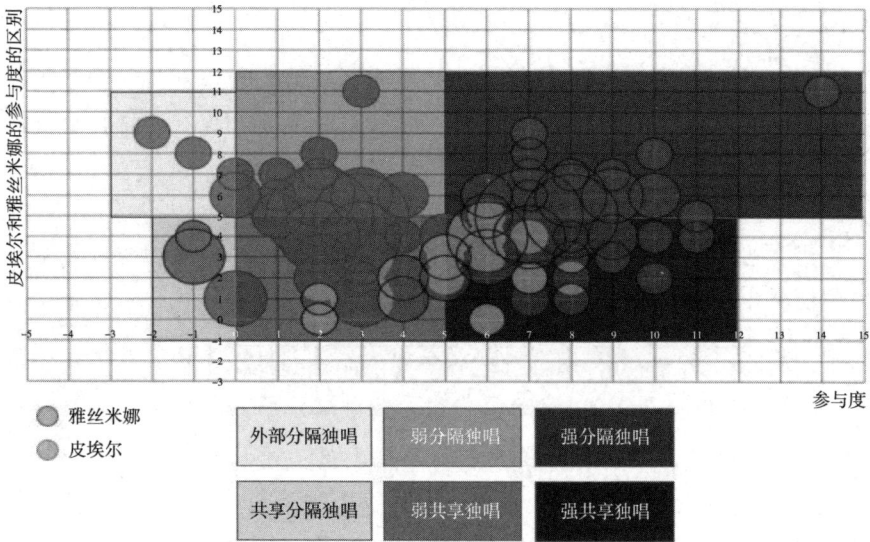

图 3

片断9

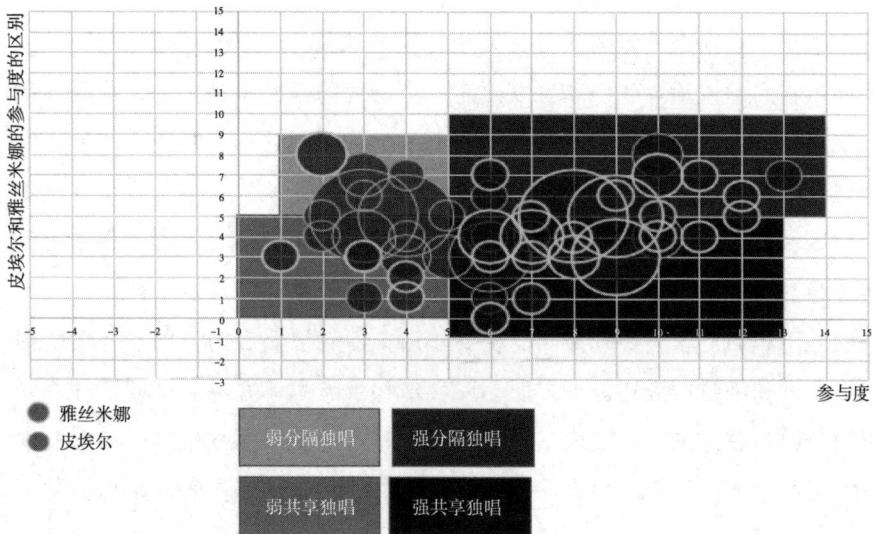

图 4

乎和之前的片段相同。在不同的一些点雅丝米娜变得更加不专心，皮埃尔则更积极地投入，并且这种对比在逐渐加强。这里，情况似乎与之前的片段非常不同，因为工作坊开头的 20 分钟已经过去并且讨论也变成了实操。

通过比较我们的分析与两位被测者的分析，我们可以获得一种基于经历这些情境的主观感受而得到的解释。这种解释基于皮埃尔和雅丝米娜的主观观点，是我们在工作坊结束几周以后询问他们获得的。[①]

> 他们中的一些人对这种材质并不熟悉，我不是说他们所有人都不熟悉。所以，他们必须克服这个困难。我的意思是他们可以适当地做一些手工活儿。基本上，他们是在和从来没见过的东西打交道，并且他们不理解（……）。我想他们因为某种赌注投入挑战中。向他们的朋友展示他们可以像老师要求的那样做好。并且，真的，他们做到了。（皮埃尔）

根据皮埃尔的叙述，孩子们的注意力更多地在小组的其他孩子身上，而不在材料上。这解释了为什么雅丝米娜对她没有直接参与，但一直在观察的敲击燧石的过程表现得兴趣阙如。

这里，在这个短暂的学习片段中，雅丝米娜坐在敲击燧石的椅子上，皮埃尔在和她说话。我们本可以预期一个持续的强共享独唱，因为既是绿色又是橙色的气泡集中在这一区域。但事实却不是这样。从图上来看，这个现象与两个区域有关，一个是橙色气泡集中的区域，一个是绿色气泡集中的区域。[②] 虽然前面的曲线图趋向于表明，对这个片段来说，皮埃尔和雅丝米娜间的互动是被共享的，这个替代性图的描述却揭示了两个人的专注度并不相同。这正是气泡图的主要作用，即对被测者的不同参与模式提供更微妙和细致的表述。一方面，皮埃尔和雅丝米娜并不共享同一种互动空间，因为总的来说，皮埃尔更积极地投入情境中，而数据显示雅丝米娜的参与度相比之下要小得多。X 轴上皮埃尔和雅丝米娜之间的距离揭示了这一点。另外，应符合戈夫曼互动理论的强共享独唱概念，只有在被两个

---

① 这些摘录来自同时对皮埃尔和雅丝米娜的采访（2014），而采访直接针对关于工作坊的某个描述。

② 在本译文图 4 中，橙色气泡集中在灰色区域，绿色气泡集中在黑色区域。

个体共享的情况下才有效。但是，只有皮埃尔的参与表现出与这概念相符。因此，单一个体的参与强度并不同时被另一个体所具有。

我的反应意味着……你看……我的意思是，我知道燧石片被成功敲击出来，但是她不知道。当然不知道，因为她没有建立起联系。如果你没有在一开始就解释清楚，她不会将声响，破裂的声音和燧石片的形成联系起来。所以，我想她的预测更多建立在我的反应之上。我说"好啦"（……）。在那个瞬间，你让他们感到高兴，因为你必须让他们高兴。对孩子们来说，这真是太棒了（……），太好了（……）。有一个东西从你看不到的燧石的另外一面出来。然后，有人告诉你这就是你想要敲击出的东西。（皮埃尔）

同时，雅丝米娜用几句话总结了她的印象：

当我看见其他同学在做的时候，我就在想，他们感觉怎样？我想知道他们脑子里在想什么？他们只是说，好的、不错！或者他们有其他某种独特的感受。当轮到我做的时候，我不知道为什么，一开始我有一些尴尬，我不知道为什么。（雅丝米娜）

两个被测人的同步参与似乎并不受相同规则的制约。皮埃尔和雅丝米娜很明显没有思考相同的问题。

你必须把孩子们完全带离他们的环境（……）。在那个环境中，他们在吃东西，下课铃声才响，其他孩子在外面吵闹。所以，是的！他们处在他们熟悉的环境中（……）。我想他们看见我们的到来，有点像外星人出现（……）。当你进入那种环境时，我们每个人都或多或少是外人。并且考虑到我们去那里要做的事，并不能总是很顺利（……）。所以，更重要的是情感因素，他们和朋友的关系。他们并不在乎我，因为我只是一个信息的疏导管，仅此而已，他们没有任何要向我证明的东西。另外一方面，他们确实需要向自己和朋友证明点什么。（皮埃尔）

因为图 4 提供了另外一种对叙事性描述的阐释，我们必须考虑皮埃尔和雅丝米娜之间正在起作用的互动模式，以及在相遇情境的背景下他们的互动所具有的特征。这些图证明了互动空间①的存在，互动空间既是当下的，也在随着情境的展开而变化。换句话说，连接这两个个体的关系是不稳定和脆弱的。我们因此可能会质疑关系这个概念的有效性。对整体场景的描述意味着关注在场的个体如何理解彼此，如何互动或者进行集体行动。因此，为了获得对个体间所发生的关系更为微妙和细致的理解，有必要抛出一个相反的问题。"具体来说，我们应当允许自己受到与他人间距离的影响，让自己被他人的表达所感染，这一切发生在分割彼此的空间中，空间即是面对面关系得以形成的基础。"② 威尼考特（Winnicott）的观点更进了一步，他提出存在于任何关系中的共同区域或者共同空间的概念。在任何两个个体间的关系中，这个区域都可以被经历到。③

所以，当两个个体的相遇依存于一种脆弱的关系时，我们应该为这样一个身处集体情境里的相遇赋予怎样的价值呢？我们还能怎样定义相遇呢？我们必须用细节充实互动理论的模型，但更为重要的是超越互动理论。我们不能基于报道人分享的与他人的互动，仅仅满足于了解共享的、存在的不同面向。④ 正如我们观察到的，这些共享时刻很少出现，并且持续时间短暂，最重要的是，特别依赖于个体在情境中的参与积极度。它们只代表了我们所描述和分析的工作坊片段中极小的一部分——间或出现的几秒钟。最终，将我们与他人分隔开的空间难道不是任何关系所围绕的轴心吗？如果我们接受这个观点，就必须挑战两个概念，一是作为与持续的和流畅的互动同义的"关系"，另一个是"互动"。只有在一个学习情境中，互动可以被看作共享空间时，互动概念才是有效的 。但我们已经看到事实证明了这不可能。因为"之间"（inter）表明了不连贯性，我们建议

① Lallier, C., Colleyn, J.-P., *Pour une anthropologie filmée des interactions sociales*, op. cit., p. 68.
② Lallier, C., Colleyn, J.-P., *Pour une anthropologie filmée des interactions sociales*, op. cit., p. 106.
③ Winnicott, D-W., *Playing and Reality* (1975), London: Routledge, 2005.
④ Goffman, E., *Interaction Ritual: Essays in Face-to-face Behavior* (1967), New York, Pantheon Books, 1982.

对互动和关系概念做出更精确的描述。"内向化关系"（intraction）与深入内心的，主要是心理上的活动同义。它意味着个体向内心的某种隐退，这常常很难被外在的观察者诠释。正如我们之前提到的，"外向关系"（exo-action）在另外一方面，超越了个体，是指向他人的外向化行为。这两个概念使得我们可以实事求是地描述互动，一种断续地发生在个体间的行为。"之间"有效地暗示了广泛而多样的互动行为，正如我们概括出的六种互动模式。我们是否在本质上对他人来说是不在场的？我们有意识的行为的流动，对应着"行为所包含的，持续变化着的不同模式和强度的在场与消失（……）以某种强度影响到了另一个个体"。① 现在我们可以断言，相对于他人的不在场和联系的缺失，这些情况常常被错误地打上互动的标签。认为在一个情境中可以实现完全地互动的想法只是一种幻觉。

三　结语

> 让事情自己发生，不去促成，也不拒绝，只是观看和倾听，不加思索的观看和倾听，便是在接纳那连接你与他人的孤寂。
>
> 弗朗索瓦兹·多尔多（Francoise Dolto）②

从相遇的情境化的存在到文章中对相遇的分析，我们一直致力于提供对个体间相遇的尽可能细节化的审视，把相遇看作一个可观察到的时空整体。力图打消民族志学者中存在的一定程度的怀疑主义，我们采用的方法包含了关注我们所经历的情境的微小细节，以及那些每天都对我们产生影响的关系。正如我们已经概述过的，个体和他人间的关系首先由个体在情境中的参与积极度决定。我们所建议使用的仍然处于试验阶段的工具包，是用来在表述人类学家所说的"与他者的关系"时，添加一些微妙的差别，深度和细节。在我们的案例中，我们选择关注与他人的相遇中最本质，却也是最短暂易逝的面向。让我们回想一下我们分析过的情境，其背

---

① Piette, A., *Contre le relationnisme: lettre aux anthropologues*, Lormont, le Bord de l'eau, 2014, p. 19.

② DOLTO, F., *La Solitude*, Paris: Éd. Mercure de France, 1985, p. 59.

景发生在一个教学性质的讲习会上。我们的建议不是否定那些起作用的因素，而是要创立一个词语工具包，它可以对任何在教学的背景下发生的情境进行适当描述。与我们所观察到的学习方式有关的问题会成为今后的工作重点，也就是我们分析工作的第二阶段。[①]

通过对这两个个体在同时发生的各自的经历中所呈现出的状态，以及他们参与和脱离情境的不同形式进行图表分析，我们倾向于将注意力集中在皮埃尔和雅丝米娜产生彼此连接，为彼此增添活力的那些时刻。我们现在可以合理地描述在一个考古专家和一个女学生之间的相遇。如果我们考察所有被两位参与者共享的，具有不同强度的独唱（monody）案例，我们可能会得出这个结论，亦即一个情境化的关系并没有明确地在他们之间建立。这种关系在情境过程中以非系统的方式发展，从来就没有完全断裂过，也不曾全然合一。关于这种类型的相遇，我们后续的研究，可能会关注来自 Prehis to Scene 项目的其他研究人员和其他学校的学生之间的相遇。我们也相信将分析延伸到其他情境中是有价值的。

贯穿个体生命的行为，不管多么细微，似乎都不能完全将自身与他人相连。与互动理论的方法相反，我们尝试证明这些行为是建立在对个体来说独特的多种支持因素上。使得一个人行动的原因在某些方面不一定与激励另外一个人行动的原因相同。"互动中的孤寂"：这似乎可以恰当地描述大部分促进或者阻止我们关系形成的行为。而孤寂，就是这些行为的必要媒介——甚至，也许是维持我们大多数互动的条件。

参考文献

Bergson, H., *Duration and Simultaneity: Bergson and the Einsteinian Universe* (1922), Clinamen Press, 1999, p. 252.

Bidet, A., M. Boutet, F. Chave., "Au-delà de l'intelligibilité mutuelle: l'activité collective comme transaction. Un apport du pragmatisme illustré par trois cas", *Activités*, Vol. 1, No. 10, 2013, pp. 172 – 191.

---

① Piette, A., *Contre le relationnisme: lettre aux anthropologues*, Lormont, le Bord de l'eau, 2014.

—, "La multi-activité, ou le travail est-il encore une expérience?" *Communications*, vol. 1, no. 89, 2011, pp. 9 – 26.

Castel, R., Cosnier, J., Joseph, I., *Le parler frais d'Erving Goffman*, Paris, Éd. de Minuit, 1989, p. 319.

Cicourel, A. -V., "The Interpenetration of Communicative Contexts: Examples from Medical Encounters", *Social Psychology Quarterly*, Vol. 2, No. 50, 1987, pp. 217 – 226.

Cosnier, J., and Brossard, A., *La Communication non verbale*, Neuchâtel, Paris, Delachaux et Niestlé, 1984, p. 244.

Czarniawska-Joerges, B., *Shadowing: and other techniques for doing fieldwork in modern societies*, Malmoö, Sweden: Herndon, Oslo: Liber, Copenhagen Business School Press, Universitetsforlaget, 2007, p. 134.

Delalande, J., "Culture enfantine et règles de vie", *Terrain. Revue d'ethnologie de l'Europe*, Vol. 1, No. 40, 2003, pp. 99 – 114.

Dolto, F., La Solitude, *Paris, Éd. Mercure de France*, 1985, p. 128.

Geertz, C., *Works and lives: the anthropologist as author, Standford*, Standford University Press, 1988. p. 157.

Goffman, E., *Interaction ritual: essays in face-to-face behavior* (1967), New York, Pantheon Books, 1982, p. 270.

—, *The presentation of self in everyday life, Edinburgh*, University of Edinburgh, 1956, p. 162.

Guernier, M. -C., Durand-Guerrier, V., Sautot, J. -P., *Interactions verbales, didactiques et apprentissages: recueil, traitement et interprétation didactiques des données langagières en contextes scolaires*, Besançon, Presses universitaires de Franche-Comté, 2006, p336.

Joseph, I., *Erving Goffman et la microsociologie*, Paris, Presses universitaires de France, 2002, p. 128.

Julia, L., Voutsas, D., Cheyer, A., "Accessing network-based electronic information through scripted online interfaces using spoken input", 2003, https: //www. google. com/ patents/WO2001069449A2? cl = en&hl = fr, accessed 4 March 2015.

Kaufmann, L., Clement F., "Les formes élémentaires de la vie sociale", FORNEL, M., LEMIEUX, C., (coord.), Naturalisme versus constructivisme?, Paris, Éd. de l'École des hautes études en sciences sociales, 2007, p. 334.

Levinas, E., *Time and the Other*, Duquesne University Press, 1987.

Kendon, A., *Conducting interaction: patterns of behavior in focused encounters*, Cambridge, Cambridge University Press, 1990, p. 308.

Lahire, B., *Monde pluriel: penser l'unité des sciences sociales*, Paris, Éd. du Seuil, 2012, p. 393.

Lallier, C., Colleyn, J. -P., *Pour une Anthropologie Filmée des Interactions Sociales*, Paris, Éd. des Archives contemporaines, 2009, p250.

Lahlou, S., "Attracteurs cognitifs et travail de bureau", *Intellectica: Revue de L'association Pour la Recherche Cognitive*, Vol. 1, No. 30, 2000, pp. 75 – 113.

Levinas, E., *Le Temps et l'autre*, Paris, PUF, 1983, p. 91.

Linard, M., *Des machines et des hommes: apprendre avec les nouvelles technologies*, Paris, L'Harmattan, 1996, p. 288.

Mead, G. -H., *Mind, Self and Society: From the Standpoint of a Social Behaviorist* (1934), London, University of Chicago Press, 2009, p. 440.

Piette, A., *Contre le relationnisme: lettre aux anthropologues*, Lormont, le Bord de l'eau, 2014, p. 93.

—, "Les enjeux d'une anthropologie existentiale: vigilance et dissection", *Recherches Qualitatives*, Vol. 1, No. 33, 2014, pp. 19 – 40.

—, "Au cœur de l'activité, au plus près de la présence", *Réseaux*, Vol. 6, No. 182, 2013, pp. 57 – 88.

—, *Fondements à une anthropologie des hommes*, Paris, Hermann, 2011, p. 208.

—, *Propositions anthropologiques: pour refonder la discipline*, Paris, Éd. Pétra, 2010, p. 394.

—, *Ethnographie de l'action: l'observation des détails*, Paris, Éditions Métailié, 1996, p203. Remy, C., "Ni cliché, ni séquence: s'arrêter sur l'image", *Ethnologie française*, vol. 1, no. 37, no. 1, 2007, pp. 89 – 95.

Rosa, H., *Social Acceleration: A New Theory of Modernity*, New York, Columbia University Press, 2013, p. 470.

Rousseau, T., "La Communication dans la maladie d'Alzheimer. Approche pragmatique et écologique", *Bulletin de psychologie*, Vol. 5, No. 503, 2009, p. 429 – 444.

Schutz, A., *The Phenomenology of the Social World* (1932), Evanston, Northwestern University Press, 1972, p. 255.

Vasquez Donoso, C., "Espacer l'organisation: trajectoires d'un projet de diffusion de la science et de la technologie au Chili", 2009, https：//papyrus. bib. umontreal. ca/xmlui/ handle/1866/3510, accessed 4 March 2015.

Vermersch, P., *L'Entretien d'explicitation* （1994）, Issy-les-Moulineaux, ESF, 2014, p. 205.

Weissberg, J. -L., *Présences à distance*：*déplacement virtuel et réseaux numériques*, Paris, L'Harmattan, 1999, p. 301.

Winnicott, D-W., *Playing and reality* (1975), London, Routledge, 2005, p. 214.

附　录

表 1　情景梯度的分析

	皮埃尔行为的积极度	雅丝米娜行为的积极度	皮埃尔的影响	雅丝米娜的影响
7	表达了回应且显出热心的态度 热心对小组的交谈	—	—	某个人回应她的态度促进了她的回应
6	表达了一个重要的回应 通过手势强调他关于史前历史讲的内容		某人做了意料之外的回应	某人在她的基础上发表观点
5	向小组谈及史前历史	对讨论有很大贡献	某人嘲笑他说的话 一个小孩儿移动了位置 几个回应同时发出 有人想回应＋＋	
4	向小组解释一个指令 对小组提出一个问题	对讨论有直接的贡献	某人回答了他 孩子们看着他＋＋ 某人想回应＋ 某人微笑了 （讨好地）	某人回应了她
3	微笑着注视	举手 强烈想为讨论做贡献 同意	某人更加专注地听他讲 孩子们看着他＋ 有些人举手了 某人想回应	某人补充了另外的观点
2	对小组中其中一个孩子说话 把注意力集中在小组上	注意力集中在讨论上	孩子们在周围转悠 孩子们观察他 某人很认真地听他讲 某人遵守他的指导	改变了她的注意力 某人很认真地听她讲 某人同意她说话
1	等待，聆听和观察都不专注	目光闪烁 听讲时眼睛看着自己的靴子	某人礼貌地回答 某人无精打采看着他	某人礼貌地回答 某人无精打采地看着她 某人同意她的观点

	皮埃尔行为的积极度	雅斯丝娜行为的积极度	皮埃尔的影响	雅丝米娜的影响
0	什么都没做，且无明显外部信号	没有		
-1	胡思乱想	和朱尔斯一起		
-2	有会意的眼神但注意力分散	注意力分散，身体移动		
-3		目光和注意力都强烈游离于该场景		
-4	注意力不集中，且在一次交流中大笑	说明了一件无关的事情		

重拾的碎片：《纯真年代》中的
考古学和人类学考察

〔美〕凯特·特朗普勒　詹姆斯·M. 尼斯著

王僳婷译　刘芷言校*

摘要：通过时间的抽离和社会科学的客观抽离，伊迪丝·沃顿的《纯真年代》对 19 世纪 70 年代纽约社会进行了人类学考察。作者分析了小说写作中随处可见的人类学概念、隐喻和方法，揭示了沃顿一以贯之的批评视角：将当时的纽约社会作为一个时间上远去的"他者"并试图给予其客观的科学评价。与此同时，作者也批判性地指出，就像小说主人翁的命运一样，沃顿对于纽约社会的大部分描绘来自她确立了它不再存在的彻底性。这种自设的距离感，不仅不能使作者完全与被观察对象分离，更会使置于其中的观察者本身产生迷茫和不适，从而揭示了人类学家在理解和与被考察对象生活时所面临的困难和问题。

关键词：伊迪丝·沃顿　《纯真年代》　小说的人类学考察

当一个外国人不习惯所在社会的风俗时，他能很轻易感受到这种差别。他会将自己的习惯与外界隔离起来，以便进行观察。一些如面包一样稀松平常之物会突然间变得难以解释，或者会有一些在你看来无法解释的疯狂的事情。一

---

* 凯特·特朗普勒（Katie Trumpener），斯坦福大学比较文学专业博士，现为耶鲁大学比较文学系教授，研究方向为文化史、英国与英语文学等；詹姆斯·M. 尼斯（James M. Nyce），布朗大学人类学博士，现就职于美国鲍尔州立大学（Ball State University），研究方向为社会文化人类学、质性民族志等。本文英文标题：The Recovered Fragments：Archeological and Anthropological Perspectives in Edith Wharton's The Age of Innocence，为费尔南多·波亚托斯主编《文学人类学：人、符号和文学的跨学科新方法》中的一篇，原文出处：Fernando Poyatos，edt.，*Lliterary Anthropology：a new interdisciplinary approach to people，signs and literature*，John Benjamins Publishing Company，1988，pp. 161 – 169。译者简介：王僳婷，四川大学文学与新闻学院博士生，西南财经大学讲师，研究领域为文学人类学；刘芷言，四川大学文学与新闻学院博士生，研究领域为文学人类学。摘要与关键词为译校者添加。

段时间后，你甚至会迷惑这些到底是否真实。

——弗兰克·奥康纳《乡土风俗》

我对于社会生活的所有观点都取决于这个问题：我们怎样来认识那些传统赋予我们的枷锁？因为当我们意识到它们的存在时，我们也可能会去打破它们。我将其视为那些致力于研究社会结构的人们的使命，通过这种方法使得那些束缚我们的精神枷锁逐渐被打开。

——弗兰兹·博厄斯《我相信》

伊迪丝·沃顿在 1929 年所作的《纯真年代》中，描述了她成长的时代和地方，运用了考古学以及后来成为一门新兴学科的人类学的概念、视角和隐喻。同时，小说本身也是社会科学方法应用于作者自身文化研究时遭遇困难的一个例证。

乍看之下，这似乎是一部詹姆斯[①]式的礼仪小说，用主人翁——外来者埃伦·奥兰斯卡对一个封闭社会圈的闯入来推动故事发展并自此改变了另一主人翁——纽兰·亚契对他所属文化的看法。简而言之，埃伦扮演着一个可以对这个社会进行评估和审视的角色。同时，沃顿把这种实验性文化混合的每一个因素都复杂化了。埃伦·奥兰斯卡虽然在纽约出生但在国外长大，所以她既不完全疏远也不完全属于纽约社会。

小说一开始，沃顿就将读者和故事做了两点抽离：时间的抽离和社会科学的客观抽离。故事主要发生在故事结束的前 30 年，故事成书的前 50 年。因此，故事本身就是对当时已经消失了的纽约亚文化的回顾性研究，是一部对"像在冰川中保持多年的芬芳永恒的身体一样"[②] 储存于情感和记忆中的独特习俗和生活方式的民族志。

过去，正在以现在的视角被再现，通过富有年代感的细节描述，使读者可以感知故事发生的时代。比如，在故事的叙述中，主人翁之一纽兰正

[①]　译者注：亨利·詹姆斯（Henry James，1843 年 4 月 15 日至 1916 年 2 月 28 日），英国及美国作家。出身于纽约上层知识分子家庭，其作品对 19 世纪末美国和欧洲的上层生活有细致入微的观察。资料显示，其与同时代的伊迪丝·华顿保持着长期的友谊。

[②]　Wharton, Edith. 1968. *The Age of Innocence*. New York：Charles Scribner's. ［Originally published in 1920］: p. 53.

在阅读当时的人类学、科学和文学作品。① 包括"一卷新的赫伯特·斯宾塞（Herbert Spencer）的著作，一个多产的阿尔冯·都德（Alphonse Daudet）的精彩故事，一部叫作《米德马尔契》（*Middlemarch*）的小说，都是时评里最受关注的"②。"我们可以从中知道老纽约人在七点的餐桌上都读些什么……"③

用时兴的书本，"一本最新的精彩的瓦尔特·帕特（Water Pater）的《再生》（*The Renaissance*）"④，来描写每个年龄段的时髦消遣和女性时尚，不仅仅是为了营造和丰富该小说的设定背景，更是将这些细节作为读者可感知的旧纽约的文化遗产。这些在消失的世界中"重拾的碎片"⑤，永远固定在特定的时空之中，就像保存于庞贝古城的陶瓷碎片一样，成为"一个失落城市的熔岩"⑥ 或是大都会博物馆陈列柜中的 Cesnola 藏品，成为"由玻璃、粘土和褪色青铜制成的难以辨认的国内器皿、装饰品等小而细碎的私人藏品和其它一些年代模糊的遗存"⑦。

尽管时间的流逝使得 19 世纪 70 年代那样一个顽固而天真的时代出现在 20 世纪 20 年代显得尤其特别，但沃顿谨慎地向我们表明了过去人们对自身的看法与其后时期的观点截然不同。老纽约的居民们并不能意识到他们所处的世界是那样顽固，他们认为它处于不断变化之中；正如沃顿所言⑧，他们一直在"与时间对话"，预测未来及其将带来的变化和对生活的破坏。主人

---

① Wharton, Edith. 1968. *The Age of Innocence*. New York: Charles Scribner's. [Originally published in 1920]: p. 69.

② Wharton, Edith. 1968. *The Age of Innocence*. New York: Charles Scribner's. [Originally published in 1920]: p. 139.

③ Wharton, Edith. 1968. *The Age of Innocence*. New York: Charles Scribner's. [Originally published in 1920]: p. 139.

④ Wharton, Edith. 1968. *The Age of Innocence*. New York: Charles Scribner's. [Originally published in 1920]: p. 71.

⑤ Wharton, Edith. 1968. *The Age of Innocence*. New York: Charles Scribner's. [Originally published in 1920]: p. 309.

⑥ Wharton, Edith. 1968. *The Age of Innocence*. New York: Charles Scribner's. [Originally published in 1920]: p. 28.

⑦ Wharton, Edith. 1968. *The Age of Innocence*. New York: Charles Scribner's. [Originally published in 1920]: p. 309.

⑧ Wharton, Edith. 1968. *The Age of Innocence*. New York: Charles Scribner's. [Originally published in 1920]: p. 137.

翁纽兰的妈妈和其他人一样，感觉到那些她认为定义了她自身文化和习俗的东西正在被逐渐侵蚀，因此她几乎痴迷于保持事情不发生任何变化。

不变的还有那个年代的纯真。一个看起来很简单的例子：纽兰的未婚妻——梅，拒绝看到她不想看到的东西，更重要的是，"将思维、想象力和心灵经验对抗起来，从而自我封闭"①；或者像劳伦斯·莱弗茨这样的角色，背后隐藏着深深的罪恶。用一个无辜的面具掩盖的，正是一个完全专注于抵御不适的封闭社会的虚伪。②

更具讽刺意味的是，如果这本书的标题表达了20世纪20年代怀旧的美国人对过去的感受，那么它也蕴涵着一种旧纽约的女性理想。这种"纯真"是纽兰对他所在的文化质疑的第一个社会标准。梅，就像一个道德戏剧中的演员被赋予这种文化角色。正如纽兰所认识到的，她的"纯真"是唯一的愚蠢之举，但她养成的这种"纯真"使她最终能够保住她的丈夫和婚姻。这种社会训练的效果在纽兰所在的圈子里的其他女性身上体现得更为明显。③

格特鲁德·莱弗茨受旧纽约婚姻观的约束，必须忍受她丈夫的许多不忠行为。纽兰的姐姐詹妮因为从未结婚，甚至在中年时仍坚持扮演处女角色。纽兰有足够的洞察力认识到，他那个年代的女性并不都有去做出改变的潜力。

毫无疑问，她（梅）只是回应了他对她说的话；但她即将迎来她的22岁生日，他在想什么年龄的"好"女人开始为自己说话。他决定从这位年轻女子的眼睛上取下绷带，让她看到这个世界，但是她之前的几代妇女谁能够摆脱家庭的约束呢？他颤抖了一下，想起科学书籍中的一些新想法，以及肯塔基洞穴鱼的例子，鱼儿们的眼睛因为没有用处而停止了发育。她

---

① Wharton, Edith. 1968. *The Age of Innocence.* New York：Charles Scribner's. ［Originally published in 1920］：p. 146.

② Wharton, Edith. 1968. *The Age of Innocence*, New York：Charles Scribner's. ［Originally published in 1920］：p. 99.

③ 伊莉萨白·安蒙斯在《沃顿与美国的争论》一书（1980）中详细论述了沃顿对人类学的运用及其与女权主义的关系。安蒙斯认为，沃顿与美国的争论是与美国宗法结构的争论。虽然安蒙斯对沃顿的作品提出了有趣的观点，但她对人类学在《纯真年代》的作用的认识有限。沃顿的小说不仅指出了美国社会的父权倾向，也指出了社会阶层结构中普遍存在的囚禁倾向。参见 Ammons, Elizabeth, 1980. Wharton's Arguments with America（《沃顿与美国的争论》）. Athens, G. A.：University of Georgia Press.

本能地做出那些传统教导赋予她的回答，甚至将其称为原创。

"原创的！我们都是一样的，就像从同一张折叠纸上剪下来的那些玩偶一样，就像墙上的图案一样"。[①]

实际上，纽兰对纽约的爱情观和婚姻观越发感到沮丧，这使他意识到自己所处社会的所谓文明习俗，与那些原始部落的"野蛮"仪式相差无几。两者都对习俗和社会形式有着同样的盲目信仰。"实际上，纽兰认识到，所有的人都生活在一种象形文字的世界里，真实的东西从来没有被说过或完成过，甚至没有被思考过，只是由一组任意的符号表述着。"[②]

沃顿对她作品的第二次修改肯定是基于人类学的考察。人类学隐喻在小说中随处可见，沃顿经常用这些术语来描述纽约社会。小说里有诸多关于社会、仪式、禁忌、图腾和部落纪律等的讨论。所有这些都迫使读者不得不从民族志研究的角度来审视这本书的人物角色，同时关注他们的故事。像沃顿本人一样，读者将"收藏家的耐心和博物学家的科学精神"用于"调查他的朋友的事情"[③]。但沃顿和读者在认识到文化结构的缺陷和局限性的同时，仍然以自己的方式接受这个社会。尽管纽兰似乎无法容忍纽约，但他越是客观地审视它，越是感到更加强烈的疏离感。人类学的研究已经向纽兰展现了一种观察社会交往的新方式，即将他赶出自己所处的社会，并一度无法重新进入其中。而埃伦·奥兰斯卡也是一样，她在自己出生的环境中感到陌生，能够通过自然历史学家或人类学家的那种距离感来认识自己所在的时代，但却像在"用望远镜的错误末端"来客观地看待它[④]。

纽约（和作为延伸的美国）就像一个前线的哨兵，要么试图保持过时的欧洲标准，要么就像纽兰的朋友温塞特所说的那样，成为"一小块地方

---

① Wharton, Edith. 1968. *The Age of Innocence*. New York: Charles Scribner's. [Originally published in 1920]: pp. 82 – 83.

② Wharton, Edith. 1968. *The Age of Innocence*. New York: Charles Scribner's. [Originally published in 1920]: p. 45.

③ Wharton, Edith. 1968. *The Age of Innocence*. New York: Charles Scribner's. [Originally published in 1920]: p. 33.

④ Wharton, Edith. 1968. *The Age of Innocence*. New York: Charles Scribner's. [Originally published in 1920]: p. 77.

性文化补丁，因为缺乏良好的交替耕作和施肥：成为前人带给他们的旧欧
洲传统的最后残余"①。而当时的纽约也在否认自身文化的这种相似处，坚
持认为自己是拥有不那么复杂文化的社会样态。梅就将波卡洪塔斯视为美
国女性的典范。这种想法就像她对纽兰的态度一样是那么狭隘。在纽约的
价值观中，她的这种狭隘主义（"他妻子向外国人表明自己放松的方式是
在她的谈论中固执地保留本土性"）象征着美国人的短视。②

于是，纽约人纽兰看到了自己的恐惧，梦想自己和埃伦一起逃离美
国，这对他来说意味着对社会规则的摆脱。但是没有一个人能够轻易从自
己所在的文化中逃离；就像埃伦说的，离开自己的圈子就像被驱逐。如果
一个人不能按照自己所习得的文化传统那样生活，他就会被一种更大的疏
离感所困扰。纽兰就似乎悲剧性地无法做出妥协，尽管生活的诸多突发性
问题十分清晰，却还是有比被驱逐更无法承受的改变。

纽约的艺术家们显然没有被纽约的社会规则所困扰。

这个小而滑的金字塔里除了纽兰们的世界，还有四分之一属于这些艺
术家和写作者们。这些社会结构中人性的碎片从未表现出整合的欲望。③

也许伊迪丝·沃顿希望读者在故事中扮演的角色是考古学家爱默生·
西尔顿。他的表弟西林顿·杰克逊是一个大家熟知的纽约社会场景的忙碌
观察者，相比之下，爱默生是一个更加科学和客观的观察者。大概是由于
他对社会科学的全心投入和对历史文化的挖掘，使得他对纽约生活拥有一
种超然的视角和远离它的力量。虽然他和纽约的一个望族结合了，但他和
他的妻子并没有成为别人期望的样子，而是仅在每年以一个花园聚会来完
成他们所有的社交活动。履行了社会义务后，他们在一年里余下的时间都
过着不受干扰的生活，"旅行的时候，他会带她去探索尤卡坦的坟墓，而

① Wharton, Edith. 1968. *The Age of Innocence*. New York: Charles Scribner's. ［Originally published in 1920］: p. 126.
② Wharton, Edith. 1968. *The Age of Innocence*. New York: Charles Scribner's. ［Originally published in 1920］: p. 198.
③ Wharton, Edith. 1968. *The Age of Innocence*. New York: Charles Scribner's. ［Originally published in 1920］: pp. 101 – 102.

不是去巴黎或意大利"①。在纽约，这种做法对于想要成为薄赫绵的人来说已经是最大的余地了。

社会压力给纽兰的困扰取得了实质性的胜利。当艾伦不可避免地被梅的"天真"诡计引诱离开时，纽兰并没有不顾旁人的意见去挽留她。相反，他选择被梅和家人重新同化并在自己剩下的婚姻生活中伪装和表演，行尸走肉般地履行着自己的社会义务。

在书的最后一章中，26年过去了，亚契夫人经历的那些渐渐消失的社会传统已经完全消失了。沃顿也不带讽刺意味地告诉我们，这个新社会虽然不再有繁文缛节，但显然也有它的优点和缺点。新纽约几乎不再有任何的社会约束或义务。对于沃顿来说，纽约已经从一个极端走向另一个极端。中美洲考古学和美国革命前的建筑，当它们不再有用时，却激起年轻人的研究热情。塞斯诺拉古董和所有从中汲取的教训，都被忽略在旧博物馆里，成为沃尔夫博物馆里仅供收藏的英雄雕像。曾经被忽视的东西现在变得不新鲜了，以至于不能再批判地运用到美国人的生活中去。

在沃顿看来，文化研究不再有助于理解美国社会，因为美国社会和它的任何价值观都不能被完好保存。美国人成了"社会原子在巨大万花筒中旋转"②的结果。现在的历史旨趣被认为是自我中心的和扭曲的，因为没有任何人的过去可以当作一个可供提取的账户，上一代人总是被我们感性地认识和误解。③

纽兰·亚契曾经几乎藐视他所处的那个时代，现在他自己也变得年老和过时了，成了旧时代的代言人。比起岁月变化带给他的惊喜，更多的是这种变化带来的恐惧。他曾经视为囚笼的社会结构，现在也成为仁慈的记忆。故事的结尾表明，纽兰是一个悲剧式的人物，他最后意识到自己和梅一样被所处的文化笼罩着并且无能为力。在他年轻的时候，他就知道"当一个人的想象力轻易被它所生活的环境征服时，随之而来的便是生活水平

① Wharton, Edith. 1968. *The Age of Innocence*. New York: Charles Scribner's. [Originally published in 1920]: p. 220.

② Wharton, Edith. 1968. *The Age of Innocence*. New York: Charles Scribner's. [Originally published in 1920]: p. 353.

③ Wharton, Edith. 1968. *The Age of Innocence*. New York: Charles Scribner's. [Originally published in 1920]: p. 352.

的提升和对命运长线的审视"①。纽兰看到了一个纽约之外的世界以及在另一个世界里生活的人们，看到了纽约以外的城市和世界之外的世界。② 在某种程度上，纽兰知道没有一种文化、一套价值观在本质上优于另一套。但最终他无法接受这种"哥白尼"社会宇宙的后果，因为这将破坏他生活的意义和秩序。

沃顿本人显然不能完全接受自己的结论。因此，结语不足以维持小说中所采用的批评视角。沃顿试图说明所有文化都有共同准则，它们既把所有文化联系在一起，又把所有文化禁锢其中。然而，在结语中，当代美国社会被描绘成一个几乎完全没有维护社会秩序与和谐的原则的社会写照，这不仅与书的其余部分相悖，而且似乎还在软化其负面的信息。人类学的相对主义突然被一种怀旧情绪所取代，这引起了诸如詹姆斯·图林顿这样的批评家的误解，他们已经认识到了作品的人类学视角，从而误解了这本书。他写道：

> 她的方法是为了证明男性在包裹他们在其中的文化、意义和习俗中的重要性，并警告那些在文化上被贬损或疏离的人，以及那些在彻底颠覆这一微妙的网络环境中破坏这些微妙网络的人。③

根据小说的尾声，图林顿最终认为沃顿不仅描绘了一种保守的社会秩序模式，而且维护了社会秩序。

那些涵盖作者自己一生的历史小说（从《名利场》和《米德尔马契》到薇拉·凯瑟的《迷失的女人》），往往把他们的文化描绘成在作者从童年岁月到编年史的年代之间发生的根本性的变化。像这些作家一样，沃顿将个人经验与历史真相交织在一起。然而，在这样做的过程中，她放弃了其他作品的客观性，如此细致地确立了这一点，这也使得它像一部古老纽约的民族志小说。

沃顿对于这个纽约社会的大部分描绘来自她确立了它不再存在的彻底

---

① Wharton, Edith. 1968. *The Age of Innocence*. New York: Charles Scribner's. [Originally published in 1920]: p3. 51.

② Wharton, Edith. 1968. *The Age of Innocence*. New York: Charles Scribner's. [Originally published in 1920]: p. 295.

③ Tuttleton, James W., 1972. Edith Wharton: The Archaeological Motive, *The Yale Review* 61 (Summer): p. 564.

性。为了审视自己的文化，读者必须与之保持距离。这种距离可能是历史或批判理论的产物。纽兰和伊迪丝·沃顿自己的例子是多么重要。他们很难以局外人的身份去观察其他文化，这就证明了人类学家在理解和与他们的观察对象生活时的困难和问题。

沃顿的失败更令人失望，因为本书其余部分的批评观点是复杂的、微妙的，几乎是现代派的，这是那些批评沃顿的政治和艺术保守主义的先发制人的批评家们没有注意到的事实。沃顿不仅把自己纳入了人类学新学科延伸出的文化习俗小说中，而且融入了对个体之间冲突的处理。在文化和历史方面，她预见到了后来的发展。其中，隐含在书中的是她的比较文化和处理社会秩序和偏差的方式。同时，她把文化作为一种"系统"的描述，需要对文化的后结构分析进行解码。这本书的组织原则在伊迪丝·沃顿的社会隐喻中被揭示为一个没有围墙的博物馆。对于纽兰和读者来说，旧纽约变成了一个可以观察和理解美国社会的学习画廊。对于纽兰（和埃伦）来说，这是他们静静地盯着玻璃棺材（塞斯诺拉文物）的时候，看见的被回收的骨碎片。①

小说的反讽和悲怆，源于沃顿大体上能够在小说和自己的事件之间架起一个几乎看不见时间、距离和视角的博物馆玻璃，使读者能够嘲笑小说人物的自尊心和自负。而遗憾的是，他们和他们所珍视的一切都已经过去了。

小说的一个关键场景是在大都会博物馆赛龙拉翼，纽兰的眼里只有埃伦，将她视为自己生活的新中心，将他们的爱视作对他的生活方式的局限性和压迫性的突破。而埃伦，作为一个永久的被驱逐者，则意识到无论纽兰多么努力，他永远无法摆脱自己的文化和社会。同时，她看到两种文化之间的差距，也知道那些所谓的文化习俗都会在最后消失殆尽。

"这似乎很残忍"她说，"过段时间，没有什么事情比这些小事情更重要了，这些小事对现在将他们遗忘的人来说曾经是必要的和重要的，而现在只能在放大镜下用力去猜测和贴上标签：'使用未知'。"②

---

① Wharton, Edith. 1968. *The Age of Innocence*. New York: Charles Scribner's. [Originally published in 1920]: p. 309.

② Wharton, Edith. 1968. *The Age of Innocence*. New York: Charles Scribner's. [Originally published in 1920]: pp. 309 – 310.

学术评论

聚焦"差异"：全球化背景下的跨学科对话

孟　榕[*]

摘要： 在 2018 年 7 月于四川大学召开的"全球化背景下的跨学科对话"会议中，四川大学、意大利佩鲁贾大学、巴西帕苏丰杜大学等高校学者，如曹顺庆、徐新建、克里斯提娜·帕帕、雅各布、阿库乌雾等，从比较文学、人类学、法学、少数民族文学等学科出发，分别对差异之"所由"（差异的演变）、"所别"（差异的差异）、"所显"（差异的表述）及"所去"（差异的未来）进行阐释，就"差异"这一全球化背景与现代多民族国家中亟待正视的话题进行交流，为其后一系列学术交流与合作奠定基础。

关键词： 差异　全球化　跨学科　多民族　文学人类学

一　差异的意义

正如托德·梅《重审差异》一书总结的那样，以福柯、德里达等为代表的法国思想家的共同倾向就是关注差异。[①] 关注的成果之一是形成了影响深远的"差异哲学"。与此对应，汉语也有"和而不同""求同存异"等说法。代表汉文化主流的《论语》曾言："性相近也，习相远也。"先天之"性"只是"相近"，而非"等同"，在将同异并提的同时，为"异"的存在留了必要的余地。相比西方对于全球化背景下文化"同质化""均质化"等静态化、平面化的表述，中国的"和"更隐含了相异文化和谐共

　＊　孟榕，四川大学文学与新闻学院 2017 级硕士研究生，研究方向为文学人类学。
　①　Todd May, *Reconsidering Difference*：*Nancy*，*Derrida*，*Levinas*，Deleuze, Pennsylvania State University Press, 1997.

处、动态交互的内涵。①

2018 年 7 月 1 日，"四川大学·意大利佩鲁贾大学·巴西帕苏丰杜大学跨学科对话会"在四川大学望江校区文科楼召开。会议由四川大学文学与新闻学院、四川大学双一流学科群、中国多民族文化凝聚与国家认同协同创新中心和教育部社科重点基地四川大学中国俗文化研究所联合主办。与会学者钻研于各自领域，具体讨论议题虽未预先给定，但现场对话时却呈现出不谋而合的共同焦点，用主持人徐新建的概括来说，就是"聚焦差异"。

出席研讨会的学者有中国四川大学、意大利佩鲁贾大学、巴西帕苏丰杜大学、中国西南民族大学、中国重庆文理学院的专家与相关专业的师生。各位学者聚而论道，从全球化背景出发，聚焦"差异"，立足于各自研究领域，如比较文学、法学、人类学、少数民族文学等，形成了覃思精微、异彩纷呈的学术对话。会议由四川大学文学与新闻学院教授、协同创新中心秘书长徐新建教授主持。他强调此次国际学术对话的主旨在于，为全球化背景下的跨学科、跨国家交流合作提供学理依据，希望与会学者围绕"差异"问题进行跨学科讨论，由此展望在多元文化间促进对话的未来前景。

与会议主题"全球化背景下的跨学科对话"相暗合，与会师生的"多国家""多民族""多学科"形成世界的结构性微观呈现。与会师生分别来自中国、意大利、巴西等国家和地区，同时，对话会中为数不少的少数民族师生也是中国境内多民族文化的缩影。全球化背景下的"多国家"与现代民族国家的"多民族"分别从世界与国家层面印证了"差异"命题的必然性与必要性。除了迥异自然环境与文化传统所带来的繁复材料，与会学者的"多学科"更从学理层面多角度照亮"差异"之所来、所显与所去。

除了静态呈现会议背景"全球化"，与会学者的研究生涯亦是世界学术话语权力动态博弈的写照。超过半数的学者来自第三世界国家，但他们大多曾求学、访问于欧美国家高校。在撷取彼处之创新成果、消化彼处之成熟范式后，他们开始将所学所习变为理论工具，作为有别于欧美话语的学术创新共同体发声。联系"全球化"作为以欧美国家为主的西方资本主

---

① 徐新建：《"性近习远"：人类文化的不同而和》，《文化遗产研究》2015 年第 1 期。

义世界体系逐渐渗透、规训世界各个角落的历史, 由全球化非主导国家所参与的"全球化背景下的跨学科对话"显示了与会学者们在西方中心主义外进行理论创新的希冀。

徐新建教授将各位学者基于自身研究实际的发言进行精妙归纳, 连缀、收拢到"全球化背景下的跨学科对话"这本无字之书中。正如音乐的形成需要节奏的循环往复, 本次学术交响反复萦绕的旋律是"差异"。作为主持人的徐新建教授发挥着类似乐队指挥的作用, 他将比较文学变异学作为"差异之所由"(差异的演变)进行阐发, 为其后四位学者的发言作为"差异之所别"(差异的差异)、"差异之所显"(差异的表述)及"差异之所去"(差异的未来)埋下伏笔。在"差异"这一全球化学术对话所无法避免的命题牵系下, 与会三方将明晰彼此的基本观点与理路, 未来更高层次的合作与交流才得以可能。

二　差异的演变

四川大学文新学院学术院长, 协同创新中心常务副理事长, 双一流学科群的首席专家曹顺庆首先在此次跨学科对话中发言。他以《比较文学变异学》为题向参会学者介绍了以他为代表的中国比较文学学派的创新性研究成果。[①] 曹顺庆教授先简略梳理了比较文学研究领域中美国学派和法国学派的研究理路与特点, 然后从二者研究的空白领域: "比较文学的变异性与异质性", 引出中国比较文学学派的创新话语——比较文学变异学。他指出, 比较文学变异学聚焦于来自不同国家与文明的文学现象在影响交流与相互阐发中呈现出的变异状态。在比较文学学科长期以来囿于欧美中心主义的情况下, 变异学首次突破求"同"思维, 提出了"差异也是可比性"这一创新性观点, 成为比较文学学科理论的突破点。在此基础上, 变异学发现, 文化与文学的变异是文化创新的重要路径。由此, 比较文学变

---

① 《比较文学变异学》(英文版)(*The Variation Theory of Comparative Literature*) 由德国斯普林格(Springer)出版社出版发行。其主要原理是: 通过研究文学现象在影响交流以及相互阐发中呈现的变异, 探究比较文学变异的规律。该著作首次以英语提出了中国比较文学学科理论话语: 比较文学变异学, 受到了国际学界的广泛关注与高度评价。

异学为东西方文学比较奠定了合法性基础，建立起新的比较文学学科理论体系。最后，曹顺庆教授总结道，在全球化背景下，变异学在跨国变异、跨背景变异、跨文化变异、跨文明变异、他文化等方面都成果斐然。

作为此次学术对话之嚆矢，曹顺庆教授的发言可谓非欧美国家学者争取学术话语权的经典案例：早年访问于美国康奈尔大学、哈佛大学的他沉浸于西方比较文学治学成果与理论后，发前人所未见，鞭辟入里地提出美、法比较文学学派的研究未及处。在提出中国比较文学学派的独特话语——变异学外，他更从学理方面为比较文学学科赋予正当性。

主持人徐新建教授对曹顺庆教授的发言进行了进一步阐发：首先，相比其他学派将"全球化"和"均质化"对等的做法，比较文学变异学则将目光投注于全球化背景中的差异性。其次，曹顺庆教授从学理角度进行深化，辨析了"variation"和"difference"的不同：文化与文学的"差异"是"difference"本身，其在传播过程中产生的"变异"则属于"variation"。文化与文学传播中的"变异"主要有两个层面：第一个层面是"误读"，第二个层面则是"转变性的接受"。正视文学在全球化背景下的差异性，是比较文学变异学的独到之处。

三　差异的差异

作为第二位发言者，佩鲁贾大学克里斯提娜·帕帕（Cristina Papa）教授做了题为"The Customary Rules in Umbria（Italy）Scharecropping System"（《（意大利）翁布里亚地区分成制系统习惯法》）的发言，她以意大利翁布里亚地区习惯法的在地司法实践为例，追溯了文化人类学背景下的习惯法研究。帕帕教授从早期人类学家作为律师参与土著社会生活的学科史讲起，梳理法律人类学的研究脉络，历数将法律（包括习惯法和现代法）作为透视窗口，进行土著文化实践原则研究的人类学科研成果。就意大利翁布里亚地区而言，当地司法实践经历了从去差异化，推行普适法律到认识差异、尊重差异的转变。伴随此过程的是原住民的文化与传统逐渐得到尊重与保护。

徐新建教授将曹顺庆教授与帕帕教授的发言进行对比，他认为，二者的发言在两个方面实现了互补性对话。第一，从学科角度而言，曹顺庆教授从比较文学学科出发，强调了全球化背景下差异的重要性，帕帕教授则从法学和人类学的交错处分析了作为差异性表征的在地法律实践；第二，从知识系统而言，比较文学关注宏观的、精英的文化事项，法学人类学则从微观的民间案例出发，以小单位社区的观察强调文化的差异性。帕帕教授的发言也使在座师生了解到全球化背景中跨学科对话的复杂性和具体性的知识。二者互为印证，初步展示了"差异"命题之必要性。

巴西帕苏丰杜大学雅各布教授（Jacopo Paffarini）的发言同样聚焦于"差异"，对"Comparative Law and Social Sciences—How to Read Foreign Law?"（《比较法学与社会科学——如何理解异域法律？》）进行了阐述。作为一位比较法律学者，他将法律作为有助于深描当地传统文化与社会互动的概念，关系着人们对"亲属""家庭"等人类学研究之经典命题的认知。他以欧洲法律建立之难入手，说明学术界对"法律"认识的深化。过去法律工作者秉持"法律移植理论"，认为法律是悬置于社会诸种具体事项与实践运作的体系，与社会现实需求无关。因此，早期的法律工作者将推行普适性法律为己任，力求"去差异化"的法律，然而他们在盘根错节的社会事项中常常碰壁。当前，比较法学者开始正视在地法与现代法的差异。他们认识到，法律与当地社会信仰、道德、准则等文化实践息息相关，因此法律不仅是建立同一法律制度的工具，而且是认识各地文化差异的透视点。

徐新建教授认为，雅各布教授所提到的法律实践从"去差异化"到"在差异中"的转变殊途同归地呼应了本次国际化学术对话的主题："全球化背景下的文化差异"。同为从人类学与法学的交错领域出发，帕帕教授与雅各布教授分别从纵向的学科史维度和横向的学理维度阐释"差异"，在前者肌擘理分的法学人类学演变叙述后，后者如抽丝剥茧般揭示法律在社会中扮演的角色。

四　差异的表述

作为诗人兼学者，西南民族大学阿库乌雾教授发言的题目为《从"拉布峨卓"到"西昌"：民族表述的差异和变迁》。他以自己的微博诗歌写作为例，从凉山彝族自治州的首府"拉布峨卓"被表述为"西昌"，透视少数民族在被表述中遭遇遮蔽的现状。"拉布峨卓"本是具备彝族独特文化形状的地方，但是在现代化的坐标中，沦为偏远、贫困的小山城"西昌"。以此为切入点，阿库乌雾教授列举了索玛花、神羊、虎等彝族传统文化符号在西昌城市建设中被空心化滥用的场景。面对彝族传统失落、文化符号被矮化为商业噱头等沉重问题，阿库乌雾教授将他对现实问题的关切倾注于神秘瑰丽的有力诗句，发出作为彝族主体性诗人之振聋发聩的自表述。最后，阿库乌雾教授提出的"中国多民族文学在全球化背景下如何进入世界文学、比较文学的国际交流？"的命题将推动中国境内多民族文学创作与研究的进程。

徐新建教授指出，阿库乌雾教授作为彝族主体性作家和学者所关切的"拉布峨卓"形象变异问题，从国内多民族文学传播方面为中国比较文学变异学提供了必不可少的补充。值得注意的是，作为彝族诗人的阿库乌雾早已通过创作实践，在全球化背景下的多民族文学史上留下了里程碑。在其2015年发表的《凯欧蒂神迹——阿库乌雾旅美诗歌选》中，阿库乌雾创造性地从彝人视角关照美国印第安文化，摆脱往日用汉族眼光审视美国的窠臼，使中国少数民族直接与美国少数民族对话，中国少数民族文学版图因之大大扩展。① 阿库乌雾教授参与跨学科对话，事件本身就提示了全球化背景下各民族差异性文化碰撞、激荡所能带来之精彩可能性。阿库乌雾教授在发言结尾所提出的疑问更为听众指出了中国多民族文学创作与研究的创新生发点。

五　差异的未来：冲突还是求和

本次跨学科对话中最后发言的是巴西帕苏丰杜大学的库贾瓦（Henrique Aniceto Kujawa）教授，他的发言题目为"The Traditional Law and For-

---

① 转引自梁昭《彝人诗中的印第安——阿库乌雾〈凯欧蒂神迹〉的跨文化书写》，《民族艺术》2016年第1期。

mal Law：Brazilian Bases of Territorial Disputes Involving Indigenous People and Farmers in the Rio Grande Do Sul-Brazil"（《传统法与国家法：巴西南大荷州土著与农民的地方性区域争端》）。库贾瓦教授在发言中以和阿根廷接壤的南大荷州为例，讨论土著法律的历史。他简述了巴西独立以来，当地土著的法律与土地所有权遭受忽略，以及其后当地土著不断争取权利的过往。库贾瓦教授娓娓讲述了土著在地法与国家法冲突是如何嵌入巴西社会生活的图景，包括土著文化与主流文化并存、尚无定论的土地纠纷、因之爆发的武装冲突等。

针对库贾瓦教授的发言，徐新建教授提出：面对殖民者与被殖民者的文化差异，库贾瓦教授所展现的前景是冲突。这种看待文化差异的观点和亨廷顿教授、曹顺庆教授有相似之处。但是若将目光投注于中国传统哲学，文化差异的结果未必是冲突，"不同而和"的社会交往智慧将引导世界走向"各美其美，美美与共，天下大同"的美好图景。文化隔阂导致的"文明冲突论"所引起的紧张，如何被中国古老智慧消解，对于有限资源所引起的利用纷争，形而上的哲学论断是否具有实际影响，同样处于社会权力动态博弈的场域，学术话语由何生发，为何种机制服务，扮演着怎样的角色，惜乎会议时间有限，徐新建教授未充分展开。而其言所未尽之处，引导着与会师生的不尽思考。

小　结

会议结束，曹顺庆教授作为中方代表、佩鲁贾大学潘丹意（Daniele Parbuono）教授作为国际学者代表发表了对本次跨学科交流会圆满进行的感谢，同时也对未来在意大利和巴西举行的国际对话会表示期待。

在这火热的 7 月，来自各学科的国际学者们品过川菜、看过熊猫、游览过宽窄巷子，用身体再次印证了饮食差异、物种差异与在地文化差异后，依依不舍地作别成都。比较文学变异学、比较法学、人类学、少数民族文学、城市人类学等这些看似不相及的领域产生共鸣，在"差异"旋律的回环往复中浑然一体，不禁让人想起中国一句古话："故礼以道其志，乐以和其声，政以一其行，刑以防其奸。礼乐刑政，其极一也，所以同民心而出治道也。""同民心""出治道"的古代中国梦想在 21 世纪的全球化背景下仍未过时。书斋论道如何"求同存异"？社会实践能否"和而不同"？已将目光投向中国多民族文学交互影响、共成一体的客观历史的文学人类学学者亦提出在保留各民族文学、文化特性的前提下协同发展①，恰与此次对话形成互文。此后，四川大学将与意大利佩鲁贾大学、巴西帕苏丰杜大学等高校形成具有全球视野的学术合作共同体，奏响此次跨学科对话之余音。无数新的可能性，也将在其中升起。

---

① 徐新建：《中国多民族文学研究的意义和前景——国家社科基金重大项目开题报告》，《中外文化与文论》2013 年第 2 期。

一种"整体观"视野下的跨学科研究与表述范式

——评潘年英的《文学与人类学演讲录》

荆莹莹*

摘要：《文学与人类学演讲录》是潘年英在海内外各大高校和学术机构演讲整理形成的文字结集。内容涉及文学和人类学等学科的诸多理论知识和前沿信息。其观点犀利，见解独到。尤以其在文学人类学和非物质文化遗产保护研究等领域倡导的"大文学观""寨子文明""土著文明说""原生态文学"等概念和思想，具有独树一帜的创新色彩，也充分体现了"破学科"研究的学术范式与价值。

关键词：潘年英　文学人类学　大文学观

21 世纪以来，文学人类学作为一门新兴的学科，在我国已有近 20 年的发展，其对文学研究观念与范式革新的积极促进作用正在日益显现。我国的文学人类学最初是以文学研究为开端的，叶舒宪将文学人类学定义为"以人类学的视野思考和研究文学的学问"[1]。潘年英先生也是国内较早自觉关注文学人类学的学者之一。其从开始关注人类学起，便深刻地意识到了文学的人类学转向对于开拓文学研究领域和人类学研究的新视野具有重要价值。自 20 世纪 80 年代初以来，潘年英先生一直坚持以西南少数民族地区的文化与文学作为主要的观察和研究对象，使其得以较早地确立了一种"大文学观"的文学视野，从而把文学的存在从当代延展到遥远的古

---

* 荆莹莹，湖南科技大学人文学院现当代文学 2014 级硕士研究生，研究方向为现当代文学、文学人类学。

[1] 叶舒宪：《文学人类学的理论与方法——当代中国文学思想的人类学转向视角》，《河北学刊》2011 年第 3 期。

代，从文字时代延展到口传时代，进而形成了一种朦胧模糊的文学人类学观念。

而在此后的 30 余年里，潘年英先生始终坚持行走在民间大地上，在广阔而丰富的田野实践中拓展了自己的观察范围和研究视野，也使自己的"大文学观"理念更加完善。《文学与人类学演讲录》就是作者这些年思考和对话的阶段性成果。这本书是作者"最近几十年应朋友之邀在海内外多家高校和学术机构演讲的文字结集"①。在这部演讲录里，作者研究和讨论的内容是非常广泛的，涉足的学科是多种多样的，诸如文学、人类学、考古学、语言学、民族学、民俗学、地理学、社会学、历史学、生态学、影像学、建筑学、美学等学科，而其在当中提出的诸如"寨子文明""西南土著文明""原生态文学""边缘文学""大文学观"等学术概念，则具有整合以上学科知识的功能和效应，体现了一个学者在多种学科间自由游弋的优势，是一种实实在在的"跨学科"和"破学科"的学术研究。而这一优势的凸显，也在某种意义上促成了"文学人类学"这一学科在实践上的逐步圆满和成熟，成为一种独具特色的文学研究与表述范式。

一 文学人类学"跨学科"研究的实践范例

"文学人类学"作为一门学科，无论是从人类学的角度阐释文学，还是借用文学的形式表述人类学思想，其本身都体现了跨学科和破学科的特点。而这样的"跨"或"破"，并非仅仅是一种简单的理念嫁接而已，而是要通过研究者具体的写作实践来实现。潘年英先生作为在此领域里最早的先觉者和先行者之一，其"文学人类学"写作实践的辉煌成绩不仅有目共睹，而且独树一帜，② 为学界所瞩目。而这部演讲录显然与其之前的"笔记人类学"不同，其文字虽然是作者应海内外多家高校和学术机构演

---

① 潘年英：《文学与人类学演讲录》，民族出版社，2015，第 1 页。
② 潘年英的"文学人类学"写作实践以其 2000 年在上海文艺出版社出版的"人类学笔记"系列（包括《木楼人家》《故乡信札》《伤心篱笆》）为代表，同时还有上海文化出版社先后为其出版的人类学田野文丛系列图书，包括《黔东南山寨的原始图像》《雷公山下的苗家》《寨头苗家风俗录》《丹寨风土记》《寻访且兰故都》等作品。

讲的文字整理结集，但并非信马由缰，信口开河，而是立足于坚实的田野考察研究基础来加以整合发挥的。诚如作者在自序中所说的，他的演讲，都是有所准备的，演讲时起码有一个演讲的提纲，然后现场发挥。① 由此我们不难看出，作者对于演讲其实是有所"预谋"的，换言之，当讲学不可避免之时，作者则会有意识地自觉利用这样一种表述形式，来完成"文学人类学"从形式到内容、从理念到实践的整体呈现。

众所周知，"文学人类学"这一学科，本身是一门新兴学科，是在最近 20 年的时间里发展起来的。1996 年，中国文学人类学学会成立，隶属中国比较文学学会。1997 年，中国文学人类学学会在厦门大学召开首届学术年会，潘年英教授当时是厦门大学的高级访问学者，直接参与了这次会议的策划、组织与学术活动。到 8 年之后的 2005 年，潘年英教授已经调到湖南科技大学人文学院任教授，此时他不仅已经在该院发起成立了国内第二个"文学人类学研究所"并亲任所长（国内第一个"文学人类学研究所"早一年在四川大学文学与新闻学院成立，所长为徐新建教授），同时还与该校的几位同行一道策划、组织召开了中国文学人类学的第二届年会。在这次年会上，潘年英教授被增选为中国文学人类学学会的副会长。在人才济济的高校中，潘年英教授之所以能够以一个普通的研究者身份，跻身于嘈杂拥挤、阵容豪华的文学人类学学术研究队伍之中来，其中最重要的考量，恐怕与他此前业已取得的"文学人类学"创作系列成果②出版的辉煌业绩。一方面是这些成果本身的"跨"科学特点业已引起了学界的高度关注，③ 另一方面是"文学人类学"作为一门新兴学科，其从一开始就存在多种理解和争论，或者说，该学科的切入角度也是多种多样的，如今的格局，大抵以叶舒宪教授为代表的古典文学的人类学疏证、厦门大学彭兆荣教授为代表的文学研究中的知识考古学与仪式视角、四川大学徐新

---

① 潘年英：《文学与人类学演讲录》，第 1 页。
② 潘年英的"文学人类学"写作实践除了上述的上海文艺出版社出版的"人类学笔记"系列和上海文化出版社出版的田野文丛系列外，还有贵州人民出版社的《文化与图像》(2001) 和广西人民出版社的《走进音乐天堂》(2007) 等作品，在读者中均有良好的口碑。
③ 余达忠：《时间深处的故乡——潘年英作品的人类学视野》，载《潘年英研究资料集》，风雅书社，2007，第 192~199 页。

建教授的文学中的多民族与多空间视角以及以潘年英教授为代表的"文学人类学"创作为基本的构成。由此我们不难看到，"文学人类学"在潘年英教授这里，既是一种研究视角，同时也是一种表述形式，其主要特点是在广泛而深入的田野作业的基础上，以"文学创作"的手段，来书写和表述文化存在的奥秘。因为这样的书写既区别于通常的人类学研究，也不同于一般意义上的文学创作，所以被其称为"人类学笔记"或"文学人类学"写作实践。①

在这部演讲录中，潘先生立足于此前对文学人类学的比较系统的研究和写作实践，即以他所著的"笔记人类学"系列作品为基础，做了进一步的整合与拓展。因为是演讲，所以很多东西是即兴发挥的，这也就更加考验作者的多学科知识的整合能力。如在《土著者说》中，作者讲述的是自己的三次难忘的田野经历，但作者讲述的不仅是田野考察的故事，而是通过这样的考察，获得了怎样的地方知识。我们印象最深的是作者讲述的高坡苗族到黔南地方打猎的故事，本来，苗家人在打猎途中顺手牵羊拿走人家一点儿东西，这在苗族文化传统中并不是一件不道德的事情，但当地的汉族却以为苗族造反了，结果上书朝廷并夸大其词，最后直接导致朝廷的重兵围剿，苗族惨败。潘年英先生在讲述这些故事的时候，初听起来像是传奇，但由于他同时信手拈来般列举了很多史书和典籍里对这事情的记载，让人不能不彻底信服。更让人敬服的是，潘年英先生同时还有大量的图像资料为证。在《清水江传——一条河流的生命史》一文中，作者更是旁征博引，以大量的考古学材料、文献材料以及亲自拍摄的图像资料，证明了一条河流的开发史，正是一条河流的文化史。像这样的文章，在本书中比比皆是，从《田野故事与乡土知识》到《透视贵州高原的"寨子文明"：土著观点与他者视角的观照》，从《图像人类学视野下贵州乡村建筑的时间痕迹》到《击鼓说话——从一个奇特的"寻亲"案例看鼓与苗族的文化认同》，潘年英先生采用的研究方法，正是叶舒宪先生反复强调的文学人类学的经典研究法——多重证据法。② 所以，研读本书，不但没有使

---

① 潘年英：《从文学自觉到文化自觉》，第 45～92 页。
② 叶舒宪：《文学人类学教程》，中国社会科学出版社，2010，第 343 页。

人感觉到学术研究的枯燥乏味，反而让人在一种自由活泼的语言表述中获得开阔视野、增长知识的美妙享受。

二 "整体观"视野下的文学与文化研究

作为一种"跨学科"和"破学科"研究的实践范例，该书的内容既扩展了我们通常意义上文学研究的范围，也拓宽了当代文化研究的内涵。书名《文学与人类学演讲录》，很显然，作者的研究内容包括了两个方面，一个文学，一个是人类学，但如前所述，潘年英先生研究的对象可能是比较固定甚或细小的，但研究的视野却并不仅仅局限于某一民族，某一地区，而是以全球化为背景，以一种"大文学观"（其批评对象为文化文本时，亦可称为"大文化观"）的视野来审视、观察和评论研究对象，从而使其研究不仅在方法论上实现了"跨"和"破"，同时也在批评视角上实现了"跨"和"破"，为文学人类学的研究树立了可资参考和借鉴的表述范式。

那么，何谓"大文学观"或"大文化观"？潘年英教授在《在边缘处求索——一种"大文学观"的写作思考与实践》一讲中就有精彩的解释。他首先把文学区分为"主流文学"和"非主流文学"，所谓"主流文学"就是被纳入我们批评视野的文学，对应的是公开发表和出版的文学，而"非主流文学"则是没有被纳入我们批评视野的文学，对应的是"民间文学"或"地下文学"，同时包括跨学科、跨文体的写作实践，比如著名人类学家林耀华先生的经典人类学著作《金翼》，其本身是用长篇小说的形式来书写的，潘年英教授认为这也是文学的 种。其次，潘年英教授还把广泛存在于我们日常生活之中的各种日记、书信、手抄本、墓志铭、地下刊物、网络文学、博客文章等写作，统统看作客观的文学存在。虽然潘年英教授没有给什么是"大文学观"下定义，但我们从他的举证中可以得知，他所谓的"大文学观"，实际上就是把一切文学的现实存在，统统纳入其研究视野之中。基于以上的认识，在这篇演讲中，潘年英教授提出了一个很有价值的观点，认为对一个民族文学水准的确认与评价，实际上是应该从文学的整体存在来看的，即既要看到主流的文学，更要看到非主流的文学，只有从文学的整体来看文学，才能看到文学的真实存在。① 在另外一篇演讲里，潘年英教授把"潜在写作"看作"大文学观"视野下文学的另外一种真实存在，这种存在虽然没有进入主流媒体的批评视野，但却在客观上提高了我们的当代文学水平，他为此特别剖析了"潜在写作"的两个案例（一个是高行健的文学创作，一个是曾庆仁的文学创作），指出两位作家不仅在文学上有很高的造诣，而且在客观上提高了中国当代文学的实际水准。② 潘教授的这些观点，即便不是振聋发聩的，至少也是犀利独到的。

由"大文学观"，潘年英教授进一步发现和发展了他的一系列文学与文化理论，诸如"原生态文学""土著文明""寨子文明""相对贫困论"等。必须承认，这些概念和理论于我们是非常陌生的。乍看之下，我们很可能会以为这是潘年英教授哗众取宠的刻意杜撰和标新立异，但只要认真读过这本书，看过他的这些演讲文字实录，就不得不承认他所说的不但言之成理，而且执之有据。这一方面固然得益于他长期的田野观察，另一方面也应该归功于他的人类学的"整体观"。不得不说，他在西南少数民族地区所做的田野作业，无论是时间长度还是空间深度，在当代学人中都是罕见的，他从大学毕业之后就一直坚持在西南少数民族社区行走和观察，这一走就是30多年，这使得他对西南民族地方知识有一种超乎常人的熟悉，所以这些概念和理论都不是凭空产生的，而是有所凭据的。而对人类学理论的自觉学习，又为他赢得了全球化普世知识的有力支撑，至少，从"整体"上看文学和文化，这就是经典的人类学视角。

要认识潘年英教授的"文化整体观"，我们以为从他的"相对贫困论"入手最为便捷。所谓"相对贫困论"，就是说贫困文化或贫困问题，有其绝对的一面，也有其相对的一面，但长期以来我们只习惯从绝对的数据上解读"贫困"，所以我们看不到"贫困"背后隐藏的"富有"，于是在文化和经济建设中"改造你没商量"，其实是用一种文化直接覆盖另外一种文化，最终导致原有文化的彻底消亡，但其实原有文化本身是"富有"

---

① 潘年英：《文学与人类学演讲录》，第 46~57 页。
② 潘年英：《文学与人类学演讲录》，第 102~120 页。

的。潘年英教授的这一观点最早发表于 1997 年①，而在此后的 20 余年时间里，他对此论进行了不遗余力的修订和传播，本书中有数篇演讲都重申了他的这一观点和见解，如在《土著者说》《文化自觉时代的新乡土建设》《再谈文化自觉与新乡土建设》《田野故事与乡土知识》《透视贵州高原的"寨子文明"：土著观点与他者视角的观照》《图像人类学视野下贵州乡村建筑的时间痕迹》《村落传统与地方性知识》等，从不同侧面、不同角度，对"相对贫困论"进行了新的阐释和解读。

三 从田野经验到地方知识到普世知识

众所周知，21 世纪是知识革命的世纪，知识的更新换代速度之快，超过了以往任何时代。其中，人类学对于学术知识革命的巨大贡献在于，对于"他者"文化的虚心认知态度和精神彻底改变了我们之前的许多成见。作为一个长期坚守在中国西南乡村田野中的学者，潘年英教授对此更有自己的体会和认识。他多次强调说："我全部的知识都来自田野和民间大地。"② 就这句话本身而言，我们可能会认为他有些夸大其词，毕竟作为一个在高校任职的知识分子，知识的来源渠道是多种多样的，但从他对这个问题的强调，我们也能感觉得到他对于田野作业的重视，而品读他的这部《文学与人类学演讲录》，我们就更能理解和体会他强调田野作业的那种背景和心情了。"我的研究方法一般都更多地依赖于我个人在田野中搜集得来的第一手材料，强调田野的真实亲历与现场的直接观察和体验，而我的成果形式也比较多地采用'文学'化的形式来表达和呈现。我选择讲故事的形式来表达我的学术思想。"③ 事实也正如他所说的，基于田野作业获得的许多知识，直接否定了我们之前的许多书本知识。比如在《田野故事与乡土知识》一文中，作者根据多年的田野经验，对苗族传统节日"鼓藏节"的文化内涵和节日名称做了准确的分析。"鼓藏节"是苗族很有名的节日，但是学界和历史文献对此节日的说法和写法一直没有统一，有些写

---

① 潘年英：《扶贫手记》，上海文艺出版社，1997。
② 潘年英：《文学与人类学演讲录》，第 12 页。
③ 潘年英：《文学与人类学演讲录》，第 127 页。

作"吃牯脏"，有些写作"吃鼓藏"，那么，正确的写法应该是什么呢？这个节日真正的文化内涵究竟是什么呢？作者通过多次参与苗族的"鼓藏节"，经考证得知，"鼓藏节"其实应该叫"藏鼓节"或"祭祖节"，其真实的文化内涵就是祭祖，因为苗族人认为祖先的灵魂是寄寓"木鼓"之中的，所以，平时把"鼓"深藏于神秘的山洞之中，到节日时则由鬼师和寨老去把"鼓"从山洞里请出来，与众人一起"联欢"，苗语称为"吃鼓"，所以"吃鼓藏"也好，"吃牯脏"也罢，均为汉语之误写、误读和误会。潘年英教授还发现，侗族地区也有"吃牯脏"的说法和活动，他通过田野考察，同样纠正了这一错误，就是说，侗族的"鼓藏节"跟苗族的"鼓藏节"其实没有任何关联，其节日内容也跟苗族的"吃鼓"风马牛不相及，"完全是一种曲解和误读，而侗族对于这个节日名称的'借用'则更是出于一种盲目的误读和误写"①。

在本书中，潘年英教授还提出了一些非常具有原创性的理论概念，比如"寨子文明""原生态文化""土著文明"等，如果没有认真读过潘年英教授的著作，一般人很容易把这些概念误作他一时心血来潮的杜撰，其实不然，这同样也是他基于长期田野作业后的总结和概括。比如在《透视贵州高原的"寨子文明"：土著观点与他者视角的观照》一文中，作者分析了贵州高原的"寨子文明"得以形成并能保存至今的原因是与族群认同、信仰认同、生存空间认同、族群的审美认同和地域认同等紧密相关的。作者认为，"寨子"既是贵州文化结构的基本单元，也是适应其为"山地"文化而建立起来的一种"文明"类型。所以，"寨子文明"理论的提出，对于重估"地方性知识"的价值和意义，进而从更加深厚的文化背景上来解读贵州"山地文明"存在的特殊内涵，从而为当下的地方文化建设提供了有力的理论支持。②

综而观之，潘年英先生的《文学与人类学演讲录》是一部独具文体创新和科学价值的学术著作，凝聚着作者在探索与实践文学人类学这一新兴学科所付出的心血和努力。诚如作者在演讲中谈到文学的价值时指出的那

---

① 潘年英：《文学与人类学演讲录》，第136页。
② 潘年英：《文学与人类学演讲录》，第163页。

样,"文学,它远不像我们想象的那么狭隘,它是一个非常广阔而美妙的世界,它也是我们在这个孤立无援的世界里唯一通向自由的道路。我们用写作证明我们的存在,也用写作解放我们的灵魂"①。同样,学术研究也可以有多种多样的风格和范式,精彩的演讲也可以帮助我们通达学术的广阔天地,让我们获得知识和美的享受。

---

① 潘年英:《文学与人类学演讲录》,2015,第57页。

图书在版编目（CIP）数据

文学人类学研究. 2018年. 第二辑/徐新建主编
. --北京：社会科学文献出版社，2018.12
　ISBN 978 - 7 - 5097 - 6615 - 6

　Ⅰ.①文…　Ⅱ.①徐…　Ⅲ.①文化人类学－研究
Ⅳ.①C958

　中国版本图书馆 CIP 数据核字（2018）第 294891 号

文学人类学研究（2018年第二辑）

主　　编／徐新建

出 版 人／谢寿光
项目统筹／张倩郢
责任编辑／张倩郢

出　　版／社会科学文献出版社 · 人文分社（010）59367215
　　　　　地址：北京市北三环中路甲 29 号院华龙大厦　邮编：100029
　　　　　网址：www.ssap.com.cn
发　　行／市场营销中心（010）59367081　59367083
印　　装／三河市龙林印务有限公司

规　　格／开　本：787mm × 1092mm　1/16
　　　　　印　张：15.75　字　数：243 千字
版　　次／2018 年 12 月第 1 版　2018 年 12 月第 1 次印刷
书　　号／ISBN 978 - 7 - 5097 - 6615 - 6
定　　价／89.00 元